SOCIOLOGIA DO AÇÚCAR

PESQUISA E DEDUÇÃO

LUÍS DA CÂMARA CASCUDO

SOCIOLOGIA DO AÇÚCAR
PESQUISA E DEDUÇÃO

São Paulo
2020

© Ludovicus – Instituto Câmara Cascudo e Eduardo Luís da Câmara Cascudo, 2017
1ª Edição, Instituto do Açúcar e do Álcool, 1971
2ª Edição, Global Editora, São Paulo 2020

Jefferson L. Alves – diretor editorial
Gustavo Henrique Tuna – gerente editorial
Solange Eschipio – gerente de produção
Daliana Cascudo Roberti Leite – estabelecimento do texto e revisão final
Carina de Luca, Sandra Brazil e Fernanda Campos – revisão
Ana Claudia Limoli – diagramação
Alf Ribeiro / Shutterstock – foto de capa

Obra atualizada conforme o
NOVO ACORDO ORTOGRÁFICO DA LÍNGUA PORTUGUESA.

DADOS INTERNACIONAIS DE CATALOGAÇÃO NA PUBLICAÇÃO (CIP)
(CÂMARA BRASILEIRA DO LIVRO, SP, BRASIL)

Cascudo, Luís da Câmara, 1898-1986
  Sociologia do açúcar : pesquisa e dedução / Luís da Câmara Cascudo. – 2. ed. – São Paulo : Global Editora, 2020.

  ISBN 978-85-260-2518-9

  1. Antropologia - Brasil 2. Brasil - Condições rurais 3. Cana de açúcar - Brasil I. Título.

20-39765   CDD-301.072081

Índices para catálogo sistemático:
1. Antropologia : Pesquisas : Brasil   301.072081
Maria Alice Ferreira - Bibliotecária - CRB-8/7964

Direitos Reservados

global editora e distribuidora ltda.
Rua Pirapitingui, 111 – Liberdade
CEP 01508-020 – São Paulo – SP
Tel.: (11) 3277-7999
e-mail: global@globaleditora.com.br
www.globaleditora.com.br

Colabore com a produção científica e cultural.
Proibida a reprodução total ou parcial desta obra sem a autorização do editor.

Nº de Catálogo: **4013**

Sobre a reedição de
Sociologia do Açúcar

A reedição da obra de Câmara Cascudo tem sido um privilégio e um grande desafio para a equipe da Global Editora. A começar pelo nome do autor. Com a concordância da família, foram acrescidos os acentos em Luís e em Câmara, por razões de normatização bibliográfica. Foi feita também a atualização ortográfica, conforme o Novo Acordo Ortográfico da Língua Portuguesa; no entanto, existem muitos termos utilizados no nosso idioma que ainda não foram corroborados pelos grandes dicionários de língua portuguesa nem pelo VOLP (Vocabulário Ortográfico da Língua Portuguesa) – nestes casos, mantivemos a grafia utilizada por Câmara Cascudo.

O autor usava forma peculiar de registrar fontes. Como não seria adequado utilizar critérios mais recentes de referenciação, optamos por respeitar a forma da última edição em vida do autor. Nas notas foram corrigidos apenas erros de digitação, já que não existem originais da obra.

Mas, acima de detalhes de edição, nossa alegria é compartilhar essas "conversas" cheias de erudição e sabor.

Os editores

SUMÁRIO

Inicial 9

Presença 13

Cana-de-açúcar, primeiro sabor 19

Conquista sem luta 27

Anatomia do açúcar 31

Senhor de Engenho 35

Capítulo da bagaceira 61

Rapadura 71

Voz do canavial 77

Doce... Doce... 85

Senhora de Engenho 87

Indústrias de sobremesa 93

Comida de Engenho 95

Negro de Engenho 103

Interlúdio da crioula e caiana 111

Sabor 115

Canta, canavial! 125

Os fantasmas de Engenho 137

Dinheiro e solidarismo canavieiro 149

Casa-Grande e cidade 155

Mel e açúcar: função social do doce 163

Canavial, trabalho macho! 173

Carro de bois 177

Cortesia 179

Imagem e representação 187

Religião e moral 203

Parêntese do sincretismo 219

Água do Lima no Capibaribe 225

As mortas dimensões da Casa-Grande 233

Torrão de açúcar 247

Moagem 253

Garapa 257

Elogio da gulodice 259

BIBLIOGRAFIA DE LUÍS DA CÂMARA CASCUDO 273

Inicial

> *Es que lo característico de la Historia*
> *reside en lo social que fue, no en lo personal*
> *que va siendo aún.*
> Silvio Julio
> *Le sujet parle de lui-même et me soutiendra.*
> Renan

Uma Sociologia do Açúcar será o comentário das consequências de sua produção no plano social.

Neste estudo, evitando a Economia que lhe dá importância na circulação do Crédito, e a motivação supersticiosa permitindo-lhe a dimensão mágica, evoco as figuras humanas na paisagem canavieira, psicologicamente outras sem o realce da moldura tropical.

A memória septuagenária obtém da própria substância mental os elementos constituintes do mural nas limitações de uma dinâmica em que o Tempo retarda a movimentação sugestiva. Sente-se que a biblioteca, sozinha, não reergueria o panorama dessas vidas imóveis. Compreende-se que essa História, como o Patriotismo de Victor Duruy, se *compose surtout de souvenirs*. A frase de Joaquim Nabuco parece-me depoimento pessoal do confidente: — "Nunca se me retira da vista esse pano de fundo que representa os últimos longes de minha vida".

Para mim os padroeiros da saudade não seriam unicamente os "Santos Pretos", mas todos os mortos da Casa-Grande e senzalas, prolongados na lembrança, atendendo à sentença do *Livro do Eclesiastes* (9,5): — "Os que estão vivos sabem que hão de morrer, porém os mortos não sabem mais nada; nem dali por diante eles têm alguma recompensa, porque a sua memória ficou entregue ao esquecimento!" Era indispensável recuar a observação para ampliar a perspectiva. Reaparecem o senhor, a senhora de Engenho, com escravos, feitor, mucamas. Terraço e cozinha. Bagaceira e telheiro. Cavalo de sela e cabriolé. A sombra das liteiras e dos silhões, com as longas *montarias* cobrindo o pé, vindas aos meus olhos de rapaz. Personagens maiores e mínimos comparecem na legitimidade da participação.

Não a política centrífuga do Açúcar, acionada na convergência das rodas encadeadas, mas o giro centrípeto do canavial ao escritório do "Homem", revelando temperamentos, move esse ensaio no rumo da investigação recordada.

Não estou pretendendo apresentar o açúcar independente do critério da Utilização, correndo sobre os trilhos da Oferta e Procura, pêndulo do Preço, fundamento da expansão. Ou demonstrar se constituiu trave ou esteio nos enxaméis financeiros do Brasil. Há, na espécie, maciça e longa bibliografia suficiente. Acontece que a justificativa das pesquisas "técnicas" é demonstrar o interesse útil da produção. O dogma utilitário é cada vez mais limitado ao próprio conceito material. Em última análise reduz-se à Pecúnia, circulação da Moeda, ampliação do Crédito.

Olho unicamente os personagens que o açúcar ambientou em quatrocentos anos. Personagens cuja missão teatral findara pelo desaparecimento do cenário propulsor. A transformação industrial, multiplicando a produção, foi despedindo os velhos intérpretes, incapazes de atender às exigências dos "papéis" novos, o entendimento da assistência moderna, as predileções contemporâneas.

Essas figuras viviam suas "partes" numa naturalidade contínua e normal. Não podiam contrafazer a declamação, interrompendo o desempenho. O senhor de Engenho era o senhor de Engenho onde estivesse. Assim a senhora, e todo o Mundo indeformável, autêntico, irredutível, povoando o reinado canavieiro. O senhor de Matoim estando na cidade do Salvador, o de Campos no Rio de Janeiro, do Cabo no Recife, do Ceará-Mirim em Natal, *sont dans la coulisse ce qu'ils sont sur la scène,* inconfundíveis, diferentes, característicos. Essas permanentes psicológicas emanadas da profissão e mantidas na mentalidade grupal dissolveram-se no nivelamento das classes citadinas abastadas, funcionalmente idênticas, para onde convergiram pelo determinismo da Usina.

Os últimos Senhores, resistindo no primeiro terço do século XX, eram anacrônicos, inatuais, saudosos de si mesmos, como um oficial do duque de Caxias mirando coluna de Exército motorizada, com apoio de aviação. Podia compreender a superioridade eficaz, mas nunca a criação da bravura pessoal, consagradora do ímpeto das cargas de baionetas sobre a rendosa astúcia das manobras.

Um episódio documenta essa violência antieconômica, reação sentimental ao imperativo categórico financeiro, desafio à lógica utilitária. Conta-o Wanderley Pinho. Quando o engenho Freguesia, em Matoim, foi vendido, com quatro séculos de trabalho, poupou-se "o que nele havia de nobre, grandioso, antigo. O Sobrado e o Telheiro do Engenho não foram entregues aos usineiros". Seriam desfeitos pelo Tempo e não pela justificação do aproveitamento construtor, desapossados pela edificação moderna. Não poderiam ser "substituídos"...

A Usina foi a fórmula de somar a dispersão das paralelas num ângulo de coesão unitária. Reunir em batalhão os destacamentos inoperantes na precariedade do armamento. Surgiu o recurso ao anonimato do colaborador acionista. A quota significava uma confiança no aumento da produção. Não seria necessário entender de açúcar para ser açucareiro. A técnica da captação das fontes, constantes e modestas, garantiria a regularidade do abastecimento. Pierre Gaxotte lembrava sob Luís XV a nobreza participando das indústrias. A tradição proibia-lhe o comércio, mas *la société anonyme lui permet d'être discrètement marchand de chandelles, charbonnier ou fabricant de jupons.*

Fechava-se o ciclo do senhor de Engenho pela admissão da concorrência anônima dos acionistas, deliberantes nas assembleias orientadoras. Desaparecia o fundador do açúcar, patrono da aristocracia rural, castelão da Casa-Grande, áspero, autoritário, generoso, imprevidente, triunfal.

Lembro George Macaulay Trevelyan (*An Autobiography and Other Essays*, Londres, 1949): — "Poderão ser inteiramente compreendidas e revividas essas paixões do Passado, agora frias e mortas, sem que o historiador leve, de sua parte, o calor da simpatia?"

Ternura sem algarismos.

Velha Casa-Grande de Engenho, boa noite!...

Natal, 2 de dezembro de 1970.

L. da C. C.

PRESENÇA

> — *La isla de la Madera*
> *que de azúcar nos mantiene.*
> Bartolomé Torres Naharro,
> 1530, Comédia *Trofea*.

*D*esde quando os portugueses conhecem o açúcar? Os mouros plantaram canaviais em Valência e Granada, leste e sul de Espanha. *Antiguamente no había azúcar sino en Valencia,* ensinava Fray Bartolomé de las Casas. No princípio do século XV funcionavam quinze fábricas no termo de Motril, Granada. As tentativas no Algarve (Tavira, Silves) são nevoentas, mas denunciam trabalho sob o clima africano da extrema lusitana na obtenção do produto inicial na Índia gangética, de que existe documento da vulgarização 1300 anos antes de Cristo: Código de Manu, Mânava-Dharma-Çastra, art. 318, citando o açúcar bruto, preto, ainda vivo no paladar contemporâneo. As canas valencianas plantariam o sabor sacarino nas línguas ibéricas, disputando posto ao mel de abelhas.

Vinham sabidamente açúcares do Levante, via Veneza, depois Sicília, onde ondulavam canaviais no século XIII. Em 996, aparecera em Veneza, feito no Egito, *novidade* de Alexandria, que o domínio turco fez cessar no plano da exportação. Na Europa era caro como joia e raro como a justiça. Açúcar para remédios e parcimonioso requinte de gente fidalga e rica.

Edmund O. von Lippmann, o historiador do açúcar, lembra o inventário de Joana d'Evreux, terceira esposa de Carlos V, Rei de França, 1372, arrolando quatro pães de açúcar. Carlos VI, em 1383, ofereceu a Leão VI, expulso da Armênia pelos sarracenos, treze arratéis de açúcar como valioso mimo. Um quintal é suntuosa oferta do Sultão ao Rei Carlos VII. Um burguês de Paris deixa em verba testamentária a um hospital de pobres três pães de sete quilos, para benefício de sua alma, digníssima de doce perdão. Era carga ciumenta nos barcos venezianos para o Ocidente, timidamente glutão.

Não motivam minha exposição essas origens sempre discutidas nas variadas fontes bibliográficas. Muita gente rejeita a dedução de Alexandre von Humboldt, dando vinte séculos antes de Cristo às porcelanas chinesas com o assunto em desenho.

Há quem reduza para a primeira metade da VII centúria.

Dante Alighieri, vivendo na farta e nobre Itália do século XIV, faleceu em 1321 sem que provasse o açúcar. Conhecia outras especiarias orientais, trazidas pelos venezianos ao Adriático.[1] O açúcar não seria acessível ao exilado em Ravena.

O Infante D. Henrique mandou buscar as mudas na Sicília, 1420, na maioria informadora. Data provável, embora apenas em 1452 o Navegador contrata com seu escudeiro Diogo de Teive um Engenho d'água na Madeira, onde as mudas foram plantadas. Os canaviais seriam, evidentemente, anteriores. Visitando a ilha em 1455, Cadamosto calculava a produção anual em 7000 arrobas. Não provinham unicamente do Engenho de Diogo de Teive, com três anos de função. Quatro anos antes, Nicolau Lanckmann vira *zuccarum in cannis* ao redor de Coimbra. Viveriam em Tavira e Silves algarvinas. Dois anos anteriores a Pedro Álvares Cabral deparar a ilha de Vera Cruz, o Rei D. Manuel regulamentava a exportação insular, permitida até 120.000 arrobas. Quase um século depois seria a produção da Bahia. Em 1500, Madeira, Açores, São Tomé mandavam açúcar para quase toda Europa, incluindo Constantinopla, índice do declínio egípcio. Desde 1472, Flandres era a estação central distribuidora, *but is another story...*

No território continental, em 1525, o porteiro do *Juiz da Beira,* de Gil Vicente, apregoava na burlesca audiência:

> — *Oh que matos pera pão!*
> *Que vales pera açafrão*
> *E canas açucaradas.*

---

[1] Dante cita apenas o cravo, *Caryophyllus aromaticus*, Linneu, cravo-da-índia, garofano, "Inferno", XXIX, p. 127-129: —
E Niccolò che la costuma ricca
del garofano prima discoverse
nell'orto dove tal seme s'appicca
Era caríssimo, vindo do Oriente a Siena, onde folgavam os perdulários na "costuma ricca". Não se menciona o açúcar na *Divina Comédia.*

Há um privilégio para a primeira refinação, concedida por D. João III, em 18 de junho de 1541 a um filho do veneziano João Antônio de Prioli. Seria a primeira. Portugal na Europa não produziu açúcar.

Poderia refinar o que viesse das ilhas. As canas seriam para chupar, fórmula preferencial onde a *saccharum officinarum* apareceu, Índia, China, Pérsia, Egito, Oceania, e o mais que dos autos constem.

A *História do Açúcar*, de Lippmann, *Geschichte des Zuckers* (Leipzig, 1890; Berlim, 1929), tem versão brasileira de Rodolfo Coutinho, edição do Instituto do Açúcar e do Álcool, dois tomos, Rio de Janeiro, 1941. Parece-me raridade bibliográfica. É fundamental mesmo com todas as restrições dos especialistas posteriores, entre os quais me excluo.[2] Não conheço *The History of Sugar*, de Noël Deerr (Londres, 1949).

E no Brasil? Pigafetta, acompanhando Fernão de Magalhães em dezembro de 1519 regista *Canne di zucchero, & altre cose infinite, lequali si izciano per breuita*. Ainda cana para cortar, descascar e chupar. Nenhuma almanjarra moía na região da Guanabara. Vestígios da expedição portuguesa de 1503 no Rio de Janeiro. A breve feitoria, restituída à mata pela destruição indígena, mantivera a cana-de-açúcar trazida por Gonçalo Coelho. Varnhagen informa que em 1516 fora incumbida a Casa da Índia em Lisboa de procurar pessoa capaz de montar um engenho no Brasil, oferecendo-lhe ajuda de custo, cobre e ferro necessários. Denunciava canaviais brasileiros, no Rio de Janeiro e noutros pontos. Explica a remessa do açúcar em 1526, de Pernambuco, que era Igaraçu, e Itamaracá, para Lisboa, com registro de arrecadação fiscal na Casa da Índia. Sete anos antes da produção em S. Vicente, terras de Martim Afonso de Souza.[3]

A existência da cana-de-açúcar; antes de maio de 1500, no Brasil, tem apaixonado curiosidades disputadoras. Há boa bibliografia que não me convenceu. Capistrano de Abreu observava que só nos convencemos quando estamos previamente de acordo. Era inevitável, em país tropical, o

---

[2] Moacyr Soares Pereira, *A Origem dos Cilindros na Moagem da Cana*. Investigação em Palermo. Prefácio de Gil de Methodio Maranhão. Instituto do Açúcar e do Álcool. Rio de Janeiro, 1955. Evidencia irretorquível engano de Lippmann e Noël Deerr registando a existência de cilindros na aparelhagem açucareira siciliana de 1449. Lembro que Goethe em 1787 visitou a Sicília. Da indústria que fora famosa tantos séculos, não encontrou vestígios nem ouviu a menor referência.

[3] Em carta de 27 de abril de 1542, Duarte Coelho informava ao Rei: — "Dey ordem a se fazerem enjenhos daçuquares que de la trouxe contratados fazendo tudo quanto me requeriam... Temos grande soma de canas prantadas".

encontro de gramíneas de colmo açucarado, mas sem circulação útil e sim um acidental regalo.

Na fase do Brasil Holandês, o funcionário Joan Nieuhof nega qualquer melhoria introduzida na indústria açucareira de Pernambuco, onde vivera, 1640-1649: — "Os holandeses jamais conseguiram se aperfeiçoar na produção do açúcar". Dá um reparo denunciador de experiência pessoal: — "Se ingerido logo depois de extraído, o caldo de cana solta os intestinos".

O período pernambucano de 1630-1654 confirma o prestígio da Casa--Grande. O assalto à Bahia em 1624 fora operação de saque, butim jubiloso de pouca duração, narrado por um soldado de fortuna, o alemão Johann Gregor Aldenburgk, sem a exaltação heroica da informação portuguesa da linda "Jornada dos Vassalos", seduzindo colaboração do irônico D. Francisco Manuel de Melo.

O holandês apoderara-se da aparelhagem governamental e não conseguira domínio no espírito do senhor de Engenho, Pai do Açúcar, que havia feito o batavo atravessar o Atlântico (Joannes de Laet). A energia flamenga e burocrática não penetra as varandas senhoriais. Planeja intensificação açucareira sem que conquiste a influência fundamental animadora (Nieuhof, Netscher, Wätgen). Desajustamento previsto pela argúcia do Conde Maurício de Nassau-Siegen ("Testamento Político"). O capitão não possuíra a solidariedade dos pilotos.

A elaboração, manutenção, persistência da insurreição de 1645 pertencem aos Senhores de Engenho (Calado, Rafael de Jesus, Lopes de Santiago). A Casa-Grande é o quartel-general e a palavra de senha é *Açúcar*! Impossível documento mais expressivo na revelação de força econômica que se manifestava socialmente como o espírito da terra e da gente, aclamando João Fernandes Vieira, senhor de dezesseis Engenhos, "Governador da Liberdade!". E o fiscalizador de canaviais e tachas de mel será comandante de tropas, batendo-se à espada, para restituir o Brasil ao Rei de Portugal.

Cumprida a missão guerreira, o senhor de Engenho vai perdendo os postos na Cidade, ocupados por oficiais, burocratas e fidalgos d'El Rei, governando o que não haviam defendido.

Os cronistas holandeses, residentes no Recife de 1638-1644, Piso, Nieuhof, Marcgrave, descrevem a mecânica açucareira. Os nomes indígenas da cana-de-açúcar, *viba, uiba, tacomaré*, são genéricos de taquara, ubá, hastes, longas pendoadas de festões. Nenhuma alusão no étimo ao conteúdo doce que fosse conhecido antes de 1500, seria incluído nas bebidas coletivas, as *cauinages* bulhentas e cordiais, registradas em Hans Staden, Lery, Thevet.

Em janeiro de 1583 o jesuíta Fernão Cardim, na Bahia dos 36 Engenhos moentes, recebe e prova "várias cousas doces tão bem feitas, que pareciam da ilha da Madeira". Já não seria indispensável o modelo insular.

Anotando Gabriel Soares de Souza (1587), o Prof. Pirajá da Silva justificava: — "A produtividade inesgotável da terra ideal é o massapê do Recôncavo baiano, corre por conta da sua constituição físico-química, dos microrganismos nitrificantes, dos fixadores do azoto atmosférico, além dos excelentes fatores meteorológicos".

Na primeira metade do século XVII o açúcar, um milhão de arrobas para Willem Piso, era indústria regular, permanente, vitoriosa, da planta estrangeira que se tornara nacional e familiar, como no século imediato ocorreria à outra alienígena, o Café. O *pau de tingir panos*, como dizia João de Barros, batizando o Brasil, desaparecia lentamente dos porões exportadores. Em dezembro de 1546, Duarte Coelho informava ao Rei D. João III: — "O brasill, senhor, está muito longe pelo sertão a dentro e muy trabalhoso e muy pelygroso de aver". Com o açúcar, escolhia-se terra de acesso fácil, nem longe e nem difícil porque o colhedor plantara a espécie aproveitável.

Ao correr do século XVIII não houve modificação nas canas plantadas e replantadas nas socas e ressocas. A inicial vinda da Madeira para o Brasil dizia-se *cana crioula*, era *cana-da-terra*, utilizada em todas as paragens, como um produto nativo, semelhante ao milho ou à mandioca. Os negros iorubanos julgam o milho (*Zeamays*) planta local. Durante quase três séculos a cana "crioula" foi a única variedade industrializada e consumida. Em 1810 chegou a cana de Cayenne, cana "Caiana", do Taiti, que o Almirante Bougainville levara às ilhas de Bourbon e da França, passando à possessão francesa sul-americana. Teria vindo ao Pará, sem expansão sensível, entre 1790-1793. Desde a segunda década do século XIX dominou a "Caiana", resistindo ao dente das raposas, mas não aos dos moleques. Outras variedades apareceram ao longo dos cem anos, em experiências ocasionais no Nordeste.

Depois de 1930 quase todas foram substituídas pelas canas de Java e outras híbridas "mais produtivas, resistentes ou tolerantes ao mosaico" (Renato Braga), doença devastadora dos canaviais.

Não será exagero quanto, em 1618, dissera o velho Brandônio no 3º dos *Diálogos das Grandezas do Brasil*: "O açúcar é a principal cousa com que todo este Brasil se enobrece e faz rico". Nobreza antes de Riqueza.

Esse conceito explica a consciência fáustica do senhor de Engenho.

CANA-DE-AÇÚCAR, PRIMEIRO SABOR

> — *O costume de chupar cana é geral.*
> Wied-Neuwied, 1815.

A primeira imagem, na evocação pessoal da visita a um Engenho de Açúcar, é o reencontro do menino chupando cana descascada, surpreso, encantado com a revelação sápida. Garapa, mel, rapadura, *batida* macia com erva-doce, todas as modulações ao tom inicial da lembrança serão decorrências, cortejos, subsequências.

Chupar cana é a forma em que nos vemos, criança, olhando o Engenho, mundo-novo entre máquinas e rumores inéditos. A primeira sensação do sabor é o gomo entre os dentes, o sumo refrescando o paladar, na visita suave e nítida da sacarose inesquecível.

Essa predileção é um regresso às fontes históricas do Açúcar, uma contemporaneidade que o Povo não permite envelhecer e desusar-se. Data de Tempo desmedido e nevoento, rebelde às disciplinas interesseiras da Cronologia.

Planta alimentar, gramínea que o cultivo adoçou a seiva leve e saborosa, a cana-de-açúcar foi plantada para a mastigação e não para o sorvo. Na Índia e na China, começa sua História, *history and stories*, entre os dentes plebeus e camponeses. Os mais possíveis quatro mil anos de existência não lhe alteram o processo do consumo inicial. Onde o açúcar for fabricado, chupa-se a cana. Brasil, Antilhas, pela América do Sul, Luisiana, toda a Ásia, orla mediterrânea da África, Síria, Egito, Filipinas, ilhas dos mares do Sul.[1] Continua na Índia, na China, na Pérsia, África dos sudaneses e bantos. Em todas essas paragens a cana é vendida em torinhas, convidando descascar e morder.

Os árabes refinaram o caldo das canas persas de Susiana. Quando? VIII ou IX séculos? Na cristalização o açúcar semelhava grãos de areia branca. Açúcar quer dizer apenas "grãos de areia branca". Nem uma referência ao gosto.

Durante a prodigiosa antiguidade da cana-de-açúcar, ignoramos quando fora obtida, doce e apta à imediata utilização natural, o homem teve para com ela a fórmula imutável da apropriação deleitosa. Quando virou um sólido, não abandonou as formas primárias dos serviços milenários. Não mudaram, em qualquer coordenada geográfica, as maneiras lógicas de possuí-la.

No Brasil, sua integração no cardápio indígena foi imediata aos plantios históricos. Amor desde a primeira experiência. Assalto aos canaviais e o saque transportado para consumo deleitoso. As tribos mais rebeldes e violentas rendem-se à cana-de-açúcar. Dificilmente plantavam-na, preferindo a aquisição predatória. Mas a consideravam incomparável. O sabor acompanhava a descendência mestiça do povoador português.

Pohl encontrava os impetuosos Xavantes de Goiás, em 1819, com a devoção da cana-de-açúcar, roubada e mesmo plantada. João Severiano da Fonseca em 1877 vê os caraíbas Palmelas, do Guaporé, formador do Madeira, chupando canas, como toda a indiada nos rios cabeceiras do Xingu, na constatação de Karl von den Steinen. O caiapó fabricava rapadura.

Henry Koster, no seu engenho Jaguaribe nas raias de Olinda, escreve em 1812: "Vários dos meus vizinhos e suas famílias vinham para distrair-se na conversação, e outros com o propósito de chupar cana-de-açúcar, que, uma vez provada, será sempre preferida". Em 1815, o príncipe de Wied--Neuwied, ao redor de S. Fidélis, na terra fluminense, descrevia os indígenas Puris: — "Deixam-se geralmente atrair pelos canaviais das fazendas, em cujas cercanias acampam: e podeis vê-los, sentados aos grupos, chupando cana durante quase todo o dia. Cortam, também, grande quantidade de canas e carregam para a mata". Em julho de 1817, C. F. P. von Martius registrava nos arredores do Rio de Janeiro: "Com a superabundância

---

[1] Fernão de Magalhães encontrava a cana-de-açúcar, março de 1521, na ilha dos Ladrões, Guam, Marianas, como estariam igualmente nas Filipinas. Essa expansão para o norte do Taiti comprovava a dispersão da gramínea, da Polinésia à Micronésia, e mesmo bem mais acima, no Havaí, Sandwich, sempre utilizada para chupar, embora obtivessem com o caldo, misturado com certas ervas, um alimento, dito completo, Bashees ou Biaschy, dando nome a uma ilha por Dampier, 1688. Pigafetta, o cronista de Magalhães, registara-a em 1522 na ilha de Timor.

de peixes do mar, nem se lembram os habitantes desta região de ganhar o necessário sustento com o cultivo do fértil terreno da floresta, que os cerca: a custo plantam o milho estritamente necessário, e maior quantidade de melancias, batatas e *cana, não sendo, contudo, esta última moída, mas sugada em estado bruto*" (*Viagem pelo Brasil*, I, 2).

Uma associação instintiva à imagem dos tipos de canas é o aproveitamento na mastigação saborosa: —

> *Cana-Caiana, Cana-Roxa, Cana-Fita,*
> *Cada qual a mais bonita,*
> *Todas boa de chupá!*
> *A Cana-Preta, Amarela, Pernambuco,*
> *Quero ver descer o suco*
> *Na pancada do ganzá!*

Na "embolada" dos cambiteiros a citação de seis canas bonitas sugere unicamente *serem boas de chupar*! Tome-se por termo a preliminar incontrariável. Nem uma alusão ao açúcar, ao mel, à garapa de Engenho.

Sei muito bem o prestígio do mel de Engenho, o secularíssimo *mel de furo*, ajudado de farinha, frutos, raízes, valendo pospasto definitivo.

Com fruta-pão os malaios têm uso, consagrado e venerado pelo solidarismo turístico. E não esqueço quanto se obtém do mel de engenho, a rapadura provisionadora da matalotagem velha, quota indispensável na jornada sertaneja, comboio de carga ou missão de dar — campo aos novilhos de ponta-limpa, amocambados nos serrotes e rechães. Era o açúcar no antigo Sertão de pedra e sol. Rapadura, infalível no bornal do caçador e boca de menino vadio. Também a "batida" cor de ouro claro, com erva--doce, castanha-de-caju, amendoim no litoral, mimo que se oferece aos amigos certos como no Tempo-Velho de Antonil enviavam os pães de açúcar, *Caras de açúcar*, agradando protetores e suplentes.

Mas a cana descascada, rolada, mordida para o sumo, é título superior de guloseima. Guloseima? Engana-fome, dispersa sede, mata cansaço e tristeza. Em 1816, L. F. de Tollenare viu no Recife os negros recém-vindos da África, expostos à venda: — "Estes desgraçados estão acocorados no chão e mastigam com indiferença pedaços de cana que lhes dão os compatriotas cativos que encontram aqui".

O rolete vendido nas cidades-grandes atesta o testemunho preferencial. O Professor Luís dos Santos Vilhena, na Bahia de 1788, encontra-o apregoado nas ruas do Salvador. Ausência do caldo no plano do registro, mas de impossível ausência. Quem olhou banguê, engenho, usina, sabe a notoriedade democrática, citadina, banal, do rolete de cana. Por ele apossavam-se do *zumo melifluo de que se hace el azúcar,* avisava Fray Bartolomé de las Casas.

Por toda África Negra, do Atlântico ao Índico, a cana-de-açúcar é vendida em pedaços nas praças e mercados, quitandas e feiras.[2] O preto arranca-lhe a casca com os dentes irresistíveis, de solidez e brancura, afastando pela evidência a possibilidade de provocar-lhe a cárie quem parece reforçar a resplandecente armadura dental. Semelhantemente ocorre por toda Polinésia e nas ilhas distantes do Pacífico, onde a *Saccharum officinarum* emigrou, partindo da Índia, segundo o dogma de Candolle. Muito mais a cana-de-açúcar que o mel de abelhas constituiu distração e regalo nos confins oceânicos do Sul. Quem viajou recorda em Taipei, Nova Délhi, Bali, Samoa, meninos roendo cana-de-açúcar, com a mesma deliciada compenetração brasileira em casos tais. Velhões solenes e bonzos majestosos pensando na Eternidade através da cana mastigada, sem pausa e sem pressa.

Uma visão do solidarismo humano na preferência pelo mesmo sabor. Um sabor sem mistério, surpreendente pela coincidência da escolha entre povos tão distantes e diversos.

Excluindo os felinos, que amam lamber o mel, ruminantes e roedores são artífices na devastação dos canaviais, notadamente dos tenros "olhos" da cana, zona condensadora do líquido adocicado e refrescante. Stanley viu os hipopótamos e búfalos, ao longo do rio Congo, viajando de noite, farejando as touceiras ao redor das cubatas negras, pisando quase sem rumor, resfolegando de impaciência faminta. Mordem no meio do colmo, balançando as imensas cabeças para vencer a resistência das raízes nos teimosos puxões. O elefante prefere os milharais e coqueiros novos, manobrando tromba e colmilhos possantes. Na Zambézia, onde há indústria

---

[2] Em Uganda, África Oriental, os canaviais eram utilizados unicamente para consumo pessoal. Agora, ampliados, industrializados, produzem açúcar, mas não pertenceu a iniciativa aos gandas, fiéis à cana chupada.

Ainda em 1586, o dominicano Frei João dos Santos informava dos cofres de Sofala, África Oriental: — "Há mui grandes canaviais de canas de açúcar ao longo do rio que os cafres semeiam e cultivam cada ano, não para fazer açúcar (como se poderá fazer se n'esta terra houvera engenhos) senão sòmente para comer; as quais canas são muita parte do mantimento com que se sustentam" (*Ethiopia Oriental,* 1891). Semelhantemente na Zambézia. Referindo-se a Madagascar, 1506, regista: — "Muitas canas d'açúcar, que lhe servem de mantimento e não sabem d'elas fazer açúcar". O mesmo da Etiópia, em fins do século XVI, quando o Brasil exportava açúcar. "Há muitas canas de açúcar, de que não sabem fazer açúcar, e servem-lhe de mantimento".

açucareira, mais de uma tonelada de canas cortadas para os mercados próximos desapareceu numa noite sem que fosse furto dos nativos. Os animais haviam "socializado" o saboroso combustível. A curiosidade é que não deixaram vestígios de bagaços. Foram regalar-se longe do depósito assaltado.

Em Angola a cana-doce, *kimuenge*, é para o povo quimbundo uma tentação real. Suficientemente doce, ocupa-o, entretendo o tempo em consumi-la. Com exceção do caju, fácil e camarada, comido andando, a fruta devorada sem esforço preparatório, excitando o apetite, não tem muito valor.

A cana-de-açúcar não tem impedimento supersticioso. É, na Índia, um dos raros vegetais não incluídos num complexo religioso. Para mim denuncia a planta cultivada, obtida pelo uso insistente do homem, e não nativa. Daí recusar o batismo *spontaneum*, aceitando o *officinarum*. Candolle não era etnógrafo, com eu não sou botânico. O mestre da *Origine des plantes cultivées* (1883) não daria importância a um elemento que me impressiona.

Esse carboidrato é o mais perfeito alimento ternário, intervindo pelo suco intestinal passa inteiramente à economia orgânica, comunicando ao sistema muscular grande resistência à fadiga. Recordo, no Sertão-velho, os tangerinos caminhando a pé, com um pedaço de cana na boca, combatendo a exaustão. Creio que, independente dos valores vitamínicos da cana-de-açúcar, enfrentando as avitaminoses (é raro o anêmico na região canavieira), é de salientar a ação da saliva, ativada pela mastigação. A ptialina, convertendo o amido em maltose, com percentagem infinitamente inferior na ingestão do caldo de cana ou mel, acrescida pela presença, agente e viva, dos carbonatos e fosfatos alcalinos e do sulfocianato de potássio, exercerá um impulso de revigoramento positivo no feliz mastigador. A função mecânica de umedecer e abrandar o bolo alimentício talvez seja bem menor aos resultados do processo modificador que sua penetração determina na assimilação e distribuição das vitaminas.

O hábito de chupar a cana-de-engenho onde quer que ela exista, Ásia, Oceania, África, e a imediata inclusão dessa técnica entre os ameríndios, como já se verificara na Sicília e nas ilhas espanholas e portuguesas atlânticas comprova antiguidade e a aceitação subsequente no patrimônio funcional dos povos que a ignoravam, positiva a veracidade do axioma etnográfico das utilidades reais serem os primeiros elementos transmitidos na convergência aculturativa. Há sempre uma razão poderosa, defendida pelo instinto, no subconsciente coletivo das raças notadamente quando mais ou menos incólumes à universalidade banal dos *lugares-comuns* da Ciência "sucessiva". Naturalmente fora a primeira forma de apropriação útil da cana-de-açúcar ao redor das colinas de Assam.[3]

A divulgação do caldo de cana nas garapeiras ambulantes e em locais fixos denuncia a continuidade do gosto popular pela bebida saborosa, doce, picada ou azeda, esta última quase desaparecida, mas tendo sido a favorita dos escravos negros nas senzalas e moagens do Brasil, transformando-a em líquido fermentado e, com os improvisados alambiques, num tipo inferior de aguardente. O mesmo faziam os seringueiros nas matas do Acre.

Creio também que o agrado pelo sabor doce é hábito adquirido na África Negra, possível e lógica influência dos mouros do Mediterrâneo. A escolha do escravo no Brasil pela garapa picada e azeda ("guardando-a em potes até perder a doçura", diz Antonil), é uma confirmação do seu paladar anterior e primário. Fidelidade ao gosto acentuadamente ácido, quando o português e seus mestiços escolhiam o caldo doce. Os africanos não possuíam nenhuma fruta positivamente açucarada. As duas mais vulgares, intensamente plantadas, o caju brasileiro e a manga indiana, têm um coeficiente de sacarose muito mais baixo que as obtidas no Brasil. Mesmo as goiabas são insípidas, comparando-as às nossas. Igualmente o indígena, de qualquer grupo étnico, não teve nem tentou ter pelo cultivo fruta adocicada, intencionalmente melhorada na acidez. Chupam laranjas--bravas que são limões intragáveis. Os mais exigentes assavam as laranjas, conseguindo leve melhoria no teor ácido. Ficaram no travoso e taninico ananás que, na primeira década do século XIX, permitiria a variedade incomparável do abacaxi (*Made in Africa*, 1965).[4] Creio ainda que a técnica de assar as laranjas, para obter uma nuança sacarina, levou o ameraba a assar a cana-de-açúcar, embora seja fórmula vulgar brasileira na terapêutica tradicional, destinada a combater as enfermidades das vias respiratórias.

Caldo de cana, mamão e leite de coco constituem alimento que a criança em Samoa engole desde a primeira semana de vida.

Com ironias e vênias, os canonistas da adega e cozinha não ultrapassam as limitações do paladar artificial pela sobrevivência literária, tornado maquinal na insistência dos mesmos sabores. Notadamente quando louvados

---

[3] Os registros dos grandes navegadores do século XVIII pelo Pacífico, Wallis, Bougainville, James Cook, informam as canas-de-açúcar populares e chupadas pelos nativos oceânicos. Ainda em 1773 não havia cana-de-açúcar na Nova Zelândia, mas o aborígene adorou o açúcar, oferecido naquele ano por Cook.

[4] Edição atual – 2. ed. São Paulo: Global, 2002. (N.E.)

por um estrangeiro, que Capistrano de Abreu dizia valer a Posteridade. Já não sentem que as impressões louvaminheiras são atos reflexos, despidos de substância pessoal julgadora. Cumprem uma solidariedade hereditária, ostentando com ar de novidade a mesma casaca bordada do bisavô. Morrem desmemoriados dos gostos fundamentais e permanentes porque apenas percebem os revelados pela técnica culinária ou da *pâtisserie* artística. Necessitam uma fase ascética de jejum, eliminando a sobrecarga de preconceitos sápidos, separando-os da verificação e legitimidade dos sabores iniciais e positivos. Um regresso ao estado de virgindade do paladar pela raspagem das excrescências acumuladas nas papilas gustativas adultas. Voltar às *horas de niño*, de que falava Menéndez y Pelayo, ou à *imperishable child,* da senhora Humphrey Ward. Vale dizer, à autenticidade da degustação.

Depois de tantas cautelas dietéticas o infeliz "civilizado" transformou, com a notável cumplicidade nutricionista, o estômago n'uma múmia, na monotonia inarredável das tabelas e cálculos de calorias recuperadoras. Creio ter chegado o momento de revalorizar todos os antigos venenos culinários e doceiros e evitar o despotismo das brancas, inócuas e pedantes virtudes das vitaminas publicitárias.

Chupar canas descascadas é uma dessas libertações. Uma fuga ao país infantil, histórico e clássico, viagem à aurora do Mundo, como diz Erico Verissimo. Invejo e louvo aqueles lentos e soberbos Bispos Ortodoxos em Atenas, roendo com majestade digna uma loura espiga de milho assado. Ou transportar pública e nobremente, no nobre ombro, uma cana-de-açúcar, como faziam em Porto Alegre, nas festas do Espírito Santo, os nunca assaz louvados gaúchos que Athos Damasceno evocou: — "E que senhores austeros, envergando fraques rabudos, não encabulavam de conduzir as compridas varas, com elas cruzando o largo burburinhante, como se carregassem consigo um troféu glorioso".

Quem dignamente te cantará?...

Conquista sem Luta

Um subproduto do açúcar, aguardente destilada da garapa ou do mel, possuiu no Brasil projeção econômica e presença na Cultura Popular como nenhum outro líquido da mesma origem em qualquer paragem do Mundo (*Prelúdio da Cachaça*, IAA, 1968).[1]

Ainda o açúcar incluiu as frutas nativas na doçaria em número superior às contemporâneas (Gabriel Soares de Souza, 1587). Não ocorreu semelhantemente na Índia, Pérsia, China, Egito, Antilhas, México. Graças a ele, com os mordomos auxiliares, ovos e farinha de trigo, os bolos portugueses fixaram-se no Brasil, capitaneados pelo pão de ló, ainda prestigiado na fabricação industrial e doméstica.

Do canavial ao saco de 60 quilos, o açúcar segue um *curriculum* de exigências técnicas minuciosas, impondo-lhe sujeição integral. "Do que padece o açúcar!", perorou Antonil, recordando-lhe os sofrimentos. Aprendeu a mandar obedecendo e a dominar servindo, como certas damas inteligentes. É de fácil aquisição, pronto às serventias, mas não renuncia o terreno possuído. É uma indústria de colaboração permanente, tropa auxiliar, exército colonial, suplente, mas decisivo e dominador.

Não briga, não debate, não guerreia. Valoriza as novidades em voga sem jamais opor-se à vulgarização. Transforma-as de concorrentes em colaboradoras. Café, chá, chocolate combateram e combatem pela hegemonia da utilização humana. Recorrem à argumentação dialética de nutricionistas e terapeutas. São inimigos irreconciliáveis pela identidade finalística. O açúcar aliou-se aos três, indispensavelmente acolhido no consumo habitual. O café, o chocolate, o chá possuem uma espantosa bibliografia elucidativa de suas aventuras pelo

---

[1] Edição atual – 2. ed. São Paulo: Global, 2006. (N.E.)

Mundo até a posse dos grandes mercados distribuidores. Todos os três sofreram acuradas impugnações médicas e religiosas, considerando-lhes a presença perigosa na ambivalência do pecado e do vício. O açúcar não se envolveu nas querelas nem tomou as cores por um dos combatentes. Continuou servindo aos três, em servidão amável e jubilosa. O resultado é que sua produção multiplicou-se por causa dessa tríplice aliança funcional. Enquanto fazem o café, o chá ou o chocolate, o açúcar já está na mesa, esperando no açucareiro o momento da participação. Café, chocolate, chá abriram e consolidaram terreno para o açúcar, inocente de qualquer campanha. Não teve as obrigações da guerra, mas na hora de dividir os despojos está recebendo sua quota-parte com dignidade e justiça.

É, sabido há séculos e séculos, amigo íntimo dos vinhos, de todos os álcoois, ajudando a propaganda, com os sucos de frutas gelados, os *bate--bate, batidas, cups,* aperitivais ou digestivas, na falta de outras desculpas malandras. Em percentagem maciça assaltou a farmacopeia, reinando nos xaropes e poções xaroposas. Da vulgaridade árabe, bate o étimo, *sharab* ou *sharub,* bebida. Na sua orgulhosa permanência nas farmácias de outrora, as saudosas Boticas provincianas, era comum avistá-lo nos vidros bojudos na forma sedutora de "açúcar-cândi": *kand,* suco das canas na primeira fase de coagulação, no tempo dos mouros. Seria gulodice para o menino Cristóvão Colombo. Regalo do rei Boabdil, que saiu chorando de Granada, onde quinze fábricas produziam açúcar.

Em líquido e sólido, complementar e refrescante no paladar de todas as espécies animais, uma adição do açúcar não perturba e antes consagra sabor e uso. Mais transportável que o mel, será muito mais universal que o tabaco, o trigo, o milho, o amendoim. Divulgação, propaganda pela evidência.

Antes do século XIV seria raridade custosa. Em seiscentos anos conquistou o Mundo dos organismos vivos, em todos os quadrantes da Terra, do inseto ao *Homo sapiens,* na unanimidade das gargantas, indispensável como água.

O índice de embebição, solubilidade, de alta resistência sápida, faz manter o sabor mesmo em razoável diluição, passando de condimento à substância básica, indisfarçável. Os estrangeiros sentem o açúcar e não o gosto das frutas complementares, em calda ou geleia. Em 1817, Saint-Hilaire queixava-se em Minas Gerais: — "Os Mineiros têm uma queda particular para a arte de confeiteiro; entretanto poder-se-lhes-á censurar o abuso do açúcar, que mascara o gosto dos frutos".

Apenas o Mineiro diria que, em Minas Gerais, Saint-Hilaire deveria ter o paladar mineiro, como temos língua francesa na *douce* France. Semelhantemente, tratemos de provar e gostar, no Rio Grande do Sul, do doce de batata-doce.

O doce perguntou pro doce
qual era o doce mais doce.
O doce disse pro doce
que o doce que era mais doce
era o doce de batata-doce!

Um doce alemão, francês, britânico, para nós do ciclo canavieiro, sugere, elegantemente, a imagem distante e muito bem-educada do açúcar.

Dulcis, e também *docilis*...

Anatomia do Açúcar

*Se reste an petit place dans votre
souvenir, rappelez-vous que parfois ma
presence vous fut douce.*
Maeterlinck

Sociologia do Açúcar será o conjunto das suas relações e consequências com-e-entre *of human beings as creatures of society*, como diria a doutora Ruth Fulton Benedict, da Columbia University. A função social do açúcar, estranha à missão nutritiva e mesmo ao registro de sua antiguidade existencial e repartição geográfica na face da Terra. Como se estudássemos a Psicologia do Sorvete, a Fisiologia do Chicle, ou Da Indispensabilidade Contemporânea das Cousas Inúteis.

Anatomia, *anatemnein*, *ana-tom*, seria exame mais íntimo na estrutura do açúcar, procurando as razões da universal penetrabilidade, individual e coletiva. Sendo *feito* para a polifagia oriental, tornou-se um nativo em todas as ilhas e continentes. Anatomia, libertou-se do cadáver e decorre das mais diversas motivações. *Anatomy of Spleen. Anatomie de la Lumière*. Anatomia de la Giralda. Da Pornografia Literária. Da Libidinagem Artística. Dos Vícios Úteis e das Virtudes Perniciosas.

Socialmente, a Vida jamais foi simples. Examinando a parafernália paleolítica, conclui-se que a permanência humana é um incessante processo de aculturação. Ao terminar o Paleolítico, nenhum grupo humano mantinha a integridade das culturas primárias. Menos ainda das unidades antropológicas. O Neolítico recordaria, saudoso, a vida *simples* do Mousteriano. Antes que surgissem os caudilhos salvadores e providenciais, a impressão é que o Tempo passado fora o melhor, embora seus contemporâneos não concordassem. *The "good old times" — all times when old are good*, dizia Lord Byron. Pensa-se apenas numa espécie de *survival of the Fittest*, na imagem do velho Herbert

Spencer. Numa época menos rápida, áspera, de interesse instantâneo e superficial no plano não econômico. Ninguém está aplaudindo o programa que a Civilização escolheu para representar no teatro do Mundo. Nem a peça nem o elenco agradam, exceto a eles mesmos. Entretanto esses 70 anos do século XX trouxeram mais interesse útil que os dez séculos que Carlyle denominava "silenciosos". É que existem mais fiscais e explicadores que pedreiros. Quase 70% da bibliografia contemporânea é de exegese e não de construção. Mais buzinas que motores. Menos informação itinerante que comentários.

Açúcar, que tens tu com isso?

A violência em que vivemos impossibilita a consciência do Sabor. O verbo *saborear* desapareceu nas funções da sociedade. Come-se conversando ou maquinalmente. Os molhos, condimentos, "apresentações" substituem a essência de cada acepipe. Engole-se. Sorve-se. *Morceau avalé n'a pas de goût*. Não há mais *fumet* nem *bouquet*. Triste do bicho que outro engole. A exigência de um *gourmet* é uma impertinência arcaica. O General Góes Monteiro contou-me que Freitas Vale, de S. Paulo, ia interrompendo as relações cordiais por causa de um velho *cognac*, oferecido e bebido sem as pausas valorizadoras.

Apesar do *Memorias de Cocina y Bodega* (1953), de Alfonso Reyes, a culinária francesa está diversa e desigual, subalternizada pela obediência à inflação turística onde o volume dilui a densidade tônica. Em 1929, Júlio Camba assinalava a consequência de 1914-1918: — *al lanzar sobre Francia una avalancha de extranjeros, desplazó de los restaurantes al cliente autónomo que, sintiendo la tradición culinaria nacional, hubiese podido defenderla*. Decadência sem deposição executiva, pela impossibilidade da sucessão. Quanto sobrevive de excelente circula em *cercle fermé*, *savoureusement*. Cozinha internacional. Apátrida.

Como medida positiva e real de Civilização vive a Sobremesa. Essa refeição, outrora tomada em mesa especial e privativa, leve, deleitosa, tenra, feita de substâncias brandas, delicadas, dispensando dentes, impondo técnicas de língua envolvente para a diluição deliciosa compreende vagar, minúcia, demorada apropriação na variedade dos sabores conjugados. Sob o signo do *Time is money*, esse percebimento é uma impossibilidade formal. Exige-se um bailado aos elefantes reumáticos e um minueto às girafas paralíticas.

O Progresso presidirá a produção do açúcar, mas nunca o seu consumo individual. Sobremesa é açúcar, adversário das degustações vertiginosas. O açúcar divulgado nos doces gelados nas ruas e confeitarias pertence à classe dos sabores admissíveis e apressados, doce tomando de assalto, entrando pela janela do paladar, alforriado de apreciação prévia. Não tem a distinção do convívio, entretimento, intimidade. São prazeres fortuitos, acidentais, efêmeros. Não permitem reminiscências. *God did not create hurry*. Falta-lhe dignidade.

Na proporção que os costumes se afinam e a elegância regula os contatos sociais, a sobremesa coroa a refeição, num supérfluo incomparável, *accessoires obligés*, como dizia Brillat-Savarin, com matiz de principal cerimônia, hora de gentileza, figuras de conversação, bom humor discreto e ágil. Os serviços anteriores dirigem-se às necessidades da nutrição. No edifício alimentar, a sobremesa é o friso de figuras airosas e lindas, sublimando os tédios lentos do enfartamento. Desde finais da Idade Média, os cremes de leite, frutas secas no mel, *pot de confiture*, reinavam no *dessert*; levantar, desservir, o derradeiro serviço "sobre-a-mesa", hora amável e leve da despedida gentil. Mesmo antes do Romantismo, as damas vaporosas, as fatais, as inspiradoras da Excitação, exigiam estimulantes tênues e capitosos *pour émouvoir des estomacs de papier mâché*. É a *patisserie sucrée*, o fino ácido despertador digestivo, as frágeis *sucreries*, as combinações estranhas e surpreendentes de audácia e Arte sápida. Constituiu a diferença absoluta entre *le plaisir de manger* e o *plaisir de la table*. Outros vinhos, os licores de abstração e devaneio açucarado; *la gentillesse du Mal*, momentos da Graça com malícia e sem profundidade *Tischreden, propos de table*, conversa de sobremesa, confidência natural e clara. Quando Lutero e Goethe são normais. Hora do açúcar, onde todas as idades se unificam na gustação dominadora.

Debatendo-se *on complicated problems of life today*, o homem defende o equilíbrio humoral do espírito pelo álcool ou pelo açúcar. Os demais sucedâneos são contraproducentes. *Flattez des erreurs populaires*! Mas as vendas e bodegas mais humildes oferecem esses específicos seculares — rapadura e cachaça! Os semelhantes derramam-se pelo Mundo. Com açúcar mastiga-se, indefinidamente, goma elástica. Seria possível fazê-lo com jurubeba?

Quanto caminhou desde Luís XIV, quando os apoticários o vendiam em Paris. O cúmulo da falência era não possuí-lo. *C'est comme un apothicaire sans sucre*. Scarron acusava a irmã de estreitar os orifícios do *sucrier* tentador. Era um revigorante para titões. *On en mouille des rôtis qu'on porte aux nouveaux-mariés la premier nuit de leur noces*, informou Brillat-Savarin. Com vinho e canela daria forças inacabáveis. Água e açúcar, o calmante clássico.

O mais antigo e fiel dos sabores. Deu-nos a pacificação de todos os amargos terapêuticos. Revelou a sedução viciosa, acompanhando-nos vida em fora, à velhice. Quantos sabores foram mutilados pela técnica ou imposição inventiva no despotismo doméstico? Doces preferidos, não mais identificados na senectude! Nós não mudamos no paladar. Eles é que sofreram o impacto modificador dos novos usos, fórmulas, estilos. Através de todas as mistificações, disfarces e simulações, o sabor do açúcar denuncia a velha entidade primária. "Estou aqui! Sou eu!" Reconhecemos o sabor imutável, na confusão das molduras sucessivas.

SENHOR DE ENGENHO

> — *A Natureza, como se desenrola aos olhos do observador, não se pode compreender sem o Homem... É o Homem que empresta alta dignidade e significação à Natureza que o cerca.*
> C. F. P. von Martius

> — *Mas hoje em dia os indivíduos perderam-se na multidão.*
> John Stuart Mill

O açúcar determinou a mais autêntica indústria de participação popular no Brasil. Café, algodão, cacau, borracha, pastorícia, sal não se aproximam dessa colaboração vocacional e legítima. Almanjarra, engenhoca, banguê, engenho-d'água, de bois ou de bestas, o trapiche de cavalos, a Usina voraz e lógica estabeleceram o gosto pelo açúcar e sua incontida satisfação irrefreável.

Antonil (1711) é informante avisado. Piso, Barléu, Marcgrave, os anteriores jesuítas, registaram a sociedade do canavial, bagaceira e Casa-Grande. Antonil ficou alguns meses no baiano "Engenho do Conde", o mais completo e famoso, vendo, ouvindo e provando, para depoimento sem preço contemporâneo.

Perto dos partidos de canas "não passa rapaz, ou caminhante, que se não queira fartar, e desenfadar à custa de quem a plantou". A garapa, paixão dos escravos sedentos. A fornalha assando raízes e frutos nos obscuros rega-bofes. "As rapaduras tão desejadas dos meninos." O caldo de cana, galactagogo, alimento e refresco. O mel na cuia de farinha. As "caras de açúcar" para mimos, solicitados ou espontâneos. Ali, amos, feitores, sinhás, angolas, guinés e congos tinham o ambiente sacudido pelo estômago e sexo. Mesmo borras, espumas, saldos das caldeiras borbulhantes, são acepipes "porque tudo é doce, e ainda que imundo, delicia".

Desde as iniciais alçapremas às turbinas, o maquinário, silencioso ou gritante, de madeira ou ferro, provoca a especialização da assistência reparadora: o mestre de açúcar, o *curioso*, o mecânico, a pequenina oficina, a chama da forja, ajustando o metal indispensável, máquina, enxadas, foices, aguilhadas, facões de gume em cimitarra, pás, os trinchetes posteriores. A Casa-Grande, as senzalas, o arruado de cochicholos em sequência de cupins, casa do compadre-feitor, agregados, moradas dos genros e filhos casados, dos capangas, negros-de-fiança, mucamas suplementares, abrigos das amásias discretas, dos que pediam proteção e homizio, correligionários *escondidos,* estrebaria e cocheira, uma disposição de colmeia confusa cujos andares, estendidos na horizontalidade ondulante dos vales e baixios, multiplicavam-se, fundando povoação, com o sino da Capela e o cruzeiro do Campo Santo. Vivem todas as profissões na diuturnidade funcional, oleiros, cesteiros, pescadores, carpinteiros, pedreiros, caçadores, ferreiros, lenhadores, tratadores de gado, bois de carro, vacas de leite, cavalos de estimação; horta, pomar reduzido às laranjas, limões, mamoeiros, quintal das plantas terapêuticas, chás, lambedores, sinapismo, purgantes, fomentação, defumador, vomitório. Ervas de cheiro para os gavetões de jacarandá, bauis de pragaria, malotas de couro que seriam amarradas no selim mourisco, pesado, largo, suntuoso.

A cana-de-açúcar faria o arco triunfal ao Barão e fora o bastão de apoio ao trabalhador pobre.

A Usina nascera do "Torcedor" de garapa. O Café somente admitia, como rendimento plausível, a grande propriedade e a escravaria numerosa. Assim proclamava Eduardo Prado em 1886. O pequeno plantador cafeeiro seria o próprio consumidor. A compensação correspondia à extensão. Uns pezinhos de café dariam para a xícara. Boca e não bolsa.

A cana-de-açúcar permitiria a fabricação da rapadura, indústria ocupando a família, isenta da obrigação do salário. Sobretudo a destilação da aguardente, que Henry Koster em 1810 viu sendo tarefa de marido e mulher. A pequenina tacha para o mel garantia vendagem infalível na vizinhança. Algumas touceiras de canas e o Torcedor primário manejado a braço forneciam garapa, doce ou picada, distribuída em cabaças arrolhadas com um nó de cana aos compradores de vinténs disponíveis. Era a velocidade inicial do fundador da Casa-Grande, daquele que começara "de baixo", sem que entrasse na irmandade comprando um Engenho. O herdeiro nascia Infante no canavial, incluído no almanaque de Gotha da aristocracia rural. Era uma credencial, como o filho de General, no Exército, ou o filho de Embaixador, na Diplomacia. Antecedentes promissores num concurso de títulos. O "Velho" não obtivera o comando de pai-rico. Pai--alcaide, recebendo o prato feito, a dádiva do cetro "senão vendo, tratando e pelejando".

Era o engenho, étimo de engenhar, compor, imaginar criando. Os canaviais atestam na posse útil e a varanda do Barão é o mirante dominador do reinado. O açúcar de todas as Antilhas, pequenas e grandes, não proporcionou o nascimento da aristocracia rural, os Barões do Melado, Viscondes da Bagaceira, proprietários de eleições até 1870.

Nascem os engenhos perto dos cursos-d'água, não que sejam todos ou a maioria movidos por ela, mas facilitando transporte das caixas para o centro econômico mais próximo. Assim fora em Cuba. Começam os plantios ao derredor das vilas, nas vizinhanças das autoridades d'El-Rei, podendo ser procuradas em pouco esforço de cavalo esquipador. Quase todos possuem casa na Rua, confortável, fechada, erma, adormecida e acordando com o estrépito da chegada senhorial, com seu cortejo, incluindo as liteiras de recato onde viajam, semideitadas como odaliscas, as Damas e Donzelas, de sangue-velho, vindo o avô com o Donatário derrubar mata, matar indígena, ver subir fumaça pelo cilindro do bueiro soberano, espécie de pilone--totem, marcando a presença do Bicho-Homem que vencera a solidão de selvagens e feras.

É uma cultura de fixação, ampliando-se em círculos concêntricos, cujo foco é a Cidade, com igrejas, conventos, Governador, Bispo, famulagem zumbindo como maribondo que morde, mas não sabe fazer mel.

O pequeno e jovem banguezeiro, ou sobrinho afilhado de senhor de Engenho, gira em torno do centro-simpático, calor e luz fecundantes. São encarnações ou desdobramentos do *Lord*-Protetor. Mesmas ideias, atitudes, raciocínios. Fanáticos. Intolerantes. Agressivos. Com abastança, a semente inerme do individualismo desperta e frutifica na independência. Relações frias com o ex-Patrono. Mas o nascimento do novo senhor de Engenho foi por cissiparidade. É apenas uma divisão orgânica no plano psicológico. Abandonou o pelotão, mas continua no Regimento da classe de comando, com idêntica atividade econômica, política, moral, doméstica e pública. Daí a sensível uniformidade desses elementos, passando da heráldica dos engenhos para a poltrona vitalícia do Senado. Liberais e Conservadores não diferiam em mentalidade e propósitos. Escapavam-lhes o geral, o coletivo, o povo, o realismo econômico do país. Viam a região, finanças circulares, eleitorado, concorrentes, a convergência de interesses familiares e grupais de que era vértice. "Não há nada mais parecido com um Saquarema do que um Luzia no poder", ria o Visconde de Jequitinhonha. Era uma velha zombaria de *Lord* Palmerston sobre os Whigs e Tories.

A profissão, realmente cumprida, estimula e ambienta o temperamento e esse modela a mentalidade. O pastor é a velocidade inicial do Rei, passando pelo caçador. O pescador dará filósofos e analistas, mas não guerreiros e administradores. O rei Luís Felipe dizia ao filho Joinville, que era marinheiro: — *il faut se garder de l'esprit matelot*. Os políticos de Sua Majestade Britânica temem esse "espírito", vale dizer, "decisão imediata". Sendo nação de marinheiros, o Ministro da Marinha, Primeiro *Lord* do Almirantado, e invariavelmente um civil.

As consequências mentais da indústria do açúcar constituem quase toda a mentalidade política do Império. Duas províncias excepcionaram — Minas Gerais e Rio Grande do Sul. Não fabricavam açúcar. Rapadura e aguardente, sim. Criavam gado e lavoura. Recordem Bento Gonçalves, os Ottonis e os "Leões do Norte". O Marquês de Olinda e o Visconde de Ouro Preto. O fausto social dos Senhores de Engenho dos vales pernambucanos e do Recôncavo baiano. A sobriedade mineira e gaúcha. Imagine-se o ciclo do ouro e dos diamantes no Nordeste que, sem ele, teve baixelas de ouro, orquestra pessoal, hospedando Príncipes. O Padre Dr. Guilherme Pompeu de Almeida na Bahia ou Pernambuco, Araçariguama seria lugar-tenência d'El Rei. Os zangões melodiosos fariam de Chica da Silva uma Marquesa de Santos.

A indústria açucareira facilitou a continuidade do comando no exercício diário da vontade imperiosa. Um microestado, com todos os órgãos, orientado pelo direito consuetudinário. Estado com alianças, entendimentos e a orla móbil e prestadia dos compadres fiéis. Inevitavelmente "influindo" num Partido Político como se fora num corte de partido em canavial. O lavrador, criador de gadaria, tem uma intervenção pessoal nas tarefas de campo. O fazendeiro galopa na vanguarda dos vaqueiros. O lavrador fecunda o plantio com o fermento da verificação diária. O senhor de Engenho era criador, plantador e também industrial. Essa trimúrti imobilizou-o na rede de embalo, no cadeirão de encosto, no banco de peroba da varanda vigilante, como o piloto-mor que não pode soltar as malaguetas do leme para fiscalizar porões e escaninhos da nau. Fica no posto, duro, hirto, heril, responsável pelas vidas e fazendas confiadas à sua perícia. Normalmente, orientava o rumo, comandando cinquenta missões diversas sem que figurasse em nenhuma. Além de suas porteiras e limites indecisos, moravam, ao alcance dos olhos, eleitores e outros Senhores, aliados à cadeira e pendão da hoste rural. Na França, o *gentilhomme campagnard* dependia do Rei. No Brasil, o Imperador dependia deles, porque davam maioria de votos à "lei de meios", o orçamento, combustível do Brasil. As audiências na varanda aos pedintes de vários estilos, as refeições ruidosas que datavam do século XVII, o cavalo aparelhado de prata, esgaravatar os dentes com palitos de ouro, a chuva de patacões, os bailes assistidos e apreciados como os paxás viam os bailados para escolha das favoritas, os bastardos e bastardas, queridos como Luís XIV queria aos seus, a escolta aguerrida, o traje branco; a voz roncante, autoritária, troante para ser ouvida, incapaz de cochicho e sussurro, eram *constantes* protocolares da figura, imponente e consciente. O Engenho dava para tudo.[1]

Perdendo a fortuna, não perdia o direito satírico de diminuir quanto não lhe pertencesse. Acre. Rancoroso. Insubmisso. Pedro do Bom-Tom, pernambucano de Júlio Bello. Vitorino Carneiro da Cunha, paraibano de José Lins do Rego. Noutras categorias, o homem-sem-dinheiro dissipa-se, desaparecendo entre a massa corista, desde que já não tem timbre para continuar tenor. No senhor de Engenho, o espírito da grei, veterana do primeiro terço do século XVI, continua por impulso adquirido, mantendo--se na primeira fila da ribalta, com a invisível coroa de Quincas Borba, apanágio que apenas ele percebe existir, sem que renuncie à prioridade social que não é xifópaga da reserva econômica.

Saint-Hilaire escrevia em 1822: "De um senhor de Engenho só se fala com consideração e adquirir tal preeminência é a ambição geral". Henry Koster pensava semelhantemente no Pernambuco de 1810. Monsenhor Pizarro regista que, em Campos dos Goytacazes, quem possuísse quatro palmos de terra levantava o Engenho, na ambição do título a crédito. Nas visitas às províncias, o Imperador D. Pedro II distribuíra baronatos aos seus anfitriões generosos. O Barão, nome exaltador da propriedade denominadora, era um orgulho regional, na vaidade coletiva: —

> *Pega o touro, amarra o touro,*
> *Bota o touro no mourão!*
> *Esse touro é fi-da-vaca*
> *Das meninas do Barão!*

Pelo Nordeste, vale dizer, da Bahia para cima, as grandes fazendas ficavam distantes das zonas urbanas litorâneas, pela necessidade do pastoreio

---

[1] O Engenho era vaca-leiteira de mil bezerros mamões, legítimos, bastardos, enjeitados e adventícios. O Padre Estêvão Pereira, em 1635, já falava do *engenho que tem mil bicos por onde podem pegar.*

livre, em campo aberto que não previa o arame farpado isolador, provocando reações psicológicas modificadoras. As propriedades açucareiras deveriam situar-se à margem de estradas carroçáveis ou das águas correntes, para barcaças sem quilhas. Essa propinquidade provocava o contágio partidário das cidades políticas. Uns "tomaram gosto", como o Barão de Cotegipe. Outros, como o Barão do Ceará-Mirim, contentavam-se com as honras, recusando assumir a presidência do Rio Grande do Norte em 1868. Quando lembraram que vindo para Natal evitaria o surto de cataporas assolando sua cidade, respondeu: "Prefiro as cataporas!" E ficou na Casa-Grande de S. Francisco no Ceará-Mirim.

O açúcar, para ser fabricado, obriga tarefa ininterrupta de grupos idôneos, plantio, replantio, limpa, irrigação, defesa aos coproprietários vocacionais, obstinados na percepção de utilidades sem trabalho. As safras movimentavam meia multidão. Parte, legal. Parte colaboradora deliciada nos salários sem esforço e com furtos serenos e rápidos, cana, mel, açúcar. O engenho *moendo* era um pátio de feira. Centro de interesse social em que não se sentia o econômico. Vendedores, visitantes sem convites, hóspedes, curiosos, todos comunitários nos produtos e subprodutos do açúcar. Junte-se a molecagem surgida de recantos inimagináveis e misteriosos, enxame miúdo, indesejável e exaurindo as guardas pela multiplicação dos assaltos e cedidos. "Botada--do-Engenho", que Melo Morais Filho fixou. Fim da safra, a *peja,* que Manuel Diégues Júnior salvou do esquecimento folclórico. A derradeira carrada coberta de ramagens e laços de papel, *salvando* o Senhor numa volta sonora pelo pátio da Casa-Grande, com os convidados e bebidas acessíveis. Missa pelo vigário. Às vezes, baile. Almoço sem fim, com discurso e brinde. Cozinha formigando de adjuntas, pagando-se com as obras abundantes das panelas intermináveis. Possível música, com a Filarmônica. Ao anoitecer, trovoada dos sambas e batucadas eufóricas, pegando o Sol com a mão. Saudado e saudando, como um Rei na sagração, o senhor de Engenho recebia as homenagens da tradição insensível à Contemporaneidade, mas posteriormente esmagada nas técnicas usineiras. Como evitar a sedução da popularidade natural, dirigindo-a, como água de rega, para as urnas eleitorais?

Não era a alma da Terra que diziam possuir o *chouan* bretão, mas uma modelagem de usos-e-costumes na insistência do Templo, inalterabilidade sugestionadora da paisagem social sobre a predisposição hereditária. O fazendeiro será político sem incluir-se no fandango eleitoral. Não se compreendia senhor de Engenho abstêmio do álcool sedutor, indiferente aos dois Partidos do Império, atraentes e aliciantes.

A Casa-Grande foi um símbolo de fartura distributiva. Convidados ou não, as refeições eram servidas a comensais incontáveis, ao redor da mesa, larga e grande. Na cozinha comiam dezenas e dezenas de bocas. Para os velhos casais doentes ou paralíticos ia o *de-comer* já preparado, como outrora os escravos alquebrados eram nutridos. Mantinha-se, discreta e constante, a dádiva de víveres em espécie. Não se podia interromper a tradição secular. Na Semana Santa a praxe obrigava a dar o *jejum da Paixão*, bacalhau comprado em barris, e farinha, reservada em sacas bojudas. Remédios. Dieta de resguardo às moradoras pobres. Roupinhas usadas. Dever de ajudar os enxovais das noivas circunjacentes. Pequenos empréstimos, inclusive da cozinheira, para festas próximas em dias cerimoniosos. E o cabriolé para transportar enfermos ou crianças no batizado.

Que ideia terá o cântaro da fonte? — perguntam os ingleses. A convicção desses cântaros é que a fonte senhorial manava inesgotável e profusa. Não se concebia que um senhor de Engenho empobrecesse. Eles próprios tinham uma volúpia masoquista na prodigalidade. Orgulho de falsa opulência. A Fama substituía a evidência. Fabrício Maranhão, já decadente senhor da Usina Maranhão em Canguaretama, pagava a um viveiro de empregados semi-inúteis. Justificava-se: — "Eu preciso da metade e a outra metade precisa de mim!" Era o Arcebispo D. Alonso Carrillo, na Espanha quinhentista: — *Estos quedan, que yo los he menester; esotros ellos me han menester a mí!* Vivia patriarcalismo na aglomeração doméstica, compreendendo parentes, servos, familiares, consanguinidade por vizinhança.[2]

Decorria desse critério a imposição moral da prioridade. Ficar à direita da autoridade-maior, pegar na vara do pálio do Bispo conduzindo o Santíssimo, hospedar o Imperador, beber em copo de prata do Porto, ter anelão de brilhantes, chapéu do Chile, "chambre" de seda, pisar o massapê visguento com sapatos Bostock, de Londres, traje de linho HJ; relógio Patek-Philippe.

Um senhor de Engenho de Palmares, contava-me José Lagreca que era de lá, motorizando sua indústria, gritava ao maquinista: — "Apita, Severino, apita mais, para *eles* (os da cidade) saberem que eu também tenho vapor!"

Xandu Varela, quando o Bispo D. José Pereira da Silva Barros visitou o Ceará-Mirim, agosto de 1882, ofereceu sua caleça forrada de seda escarlate e fardou o negro Antônio da Gangorra com tal luxo que o poviléu beijava a mão enluvada do boleeiro, julgando-o ser o prelado.

---

[2] A frase corria em Portugal como de D. João III ao conde de Castanheira, Vedor da Fazenda.

Xandu Varela (Alexandre Varela do Nascimento, 1848-1892), herdara do pai, Barão do Ceará-Mirim, a propriedade S. Francisco, com a ornamental Casa-Grande que ainda resiste, Capela e Cemitério privativos, onde dormem todos. Foi o mais suntuoso senhor de Engenho do vale, então povoado de fortunas. Possuía um serviço de chá Wedgwood, raro no Brasil imperial. Vestia-se como se fosse beijar a mão da Imperatriz. A caleça, vinda de Paris, tirada pela parelha de cavalos brancos, era a única na Província. Casado, sem filhos. Raro sorriso. Recebia os amigos como príncipes. Mandou vir da Europa um grande realejo mecânico que fazia bailar uma multidão de bonecos. Espetáculo disputado o baile dos bonifrates sob os cuidados de Xandu, grave como se marcasse quadrilha com o Imperador participando. O irmão José Félix (da Silveira Varela, 1840-1917), recusou o título de Barão de Ilha Bela, engenho modelo de ordem, conforto, tranquilidade. Deixou descendência, ilustre e larga. Bem-humorado, distinto, semeador de alegrias, esperanças, consolos. Zé Félix de Ilha Bela nunca recusou uma esmola e ninguém sofreu que não socorresse. Não se sabia até onde alcançava a penetração de sua caridade discreta.

Outro modelo, Brigadeiro André Arco-Verde (André de Albuquerque Maranhão Arco-Verde, 1797-1857), sobrinho-neto do Capitão-Mor André de Albuquerque, chefe da revolução de 1817 em Natal. A figura tem moldura terrífica, para o senhor de Cunhaú. Estudou na Europa. Possuiu serralho, capangas, riquezas, domínio feudal em 50 léguas, guardadas pelo pavor, 80 anos depois de sua morte. Acusam-no de 200 crimes. Faustoso, impulsivo, folião, generoso, malvado. Frei Serafim de Catania confessou-o. Dispersou o harém. Sabendo que o Chefe de Polícia, Dr. Luís José de Medeiros, seu hóspede, prendê-lo-ia pela manhã, fardou-se em grande-gala, deitou-se e bebeu veneno. Amanheceu morto.[3]

---

[3] O Padre Pedro, falecido ao redor de 1810, foi um potentado em Cruangi, Timbaúba, Senhor do Engenho Água Azul, com dez léguas de extensão, onde exercia alta e baixa justiça, não admitindo autoridade alguma além da sua. A Casa-Grande, no cimo de colina, cercada de ravinas e matas, era quase inacessível, com a matilha de cães de caça ferozes. Concedia homizio aos desertores dos Regimentos de Linha e aos acusados de crimes em defesa da honra e da propriedade. Não acolhia ladrões. Tocando o búzio, reunia a escolta aguerrida, pronta a morrer por ele. Viajava acompanhado e defendido como um Rei. Um credor teve a coragem de mandar intimá-lo da sentença executória. O Padre Pedro fez amarrar os oficiais de justiça aos varais da almanjarra e moer cana como animais. Ninguém ousou incomodá-lo. Suas terras denominam-se presentemente "Mascarenhas" e pertencem à Usina Cruangi, 29 léguas do Recife (Henry Koster, *Viagem*, cap. XII, nota 6).

Gilberto Freyre, em *Casa-Grande & Senzala*, fixou o panorama do temário total. É o fundamento lógico, em movimento, vivacidade psicológica, da paisagem social que o binômio provocou.

Júlio Bello, *Memórias de um Senhor de Engenho* (1948), prestou depoimento incomparável. Essa é a visão da antiga Casa-Grande, por um herdeiro de seus possuidores, com veracidade e emoção:

— "Diante da casa-grande as cabeças se descobriam como diante de um templo, os lábios que falavam emudeciam, ou passavam a murmurar apenas as palavras da conversa em seu seguimento, enquanto os interlocutores defrontavam-na; depois iam os lábios articulando mais alto, gradativamente, a conversa, na razão da distância que se ia pondo entre os que falavam e a residência do senhor de Engenho. Se o senhor chegava a uma porteira e se encontrava alguém que vinha em sentido inverso, quem vinha descobria-se diante de quem chegava, abrindo bem a porteira para que por ela pudesse passar, com franqueza, o senhor de Engenho e toda sua importância. E não a batia como ordinariamente se faz: ia com ela vagarosamente até o mourão, encostando-a com doçura. O senhor de Engenho passava; bater-lhe a porteira com força pelas costas era falta de respeito. No silêncio da noite, nem um chicote estralejava, tangendo um comboio de animais por defronte da casa-grande: o *HOMEM* dormia".

Pelos Santos beijam-se os altares. Era a reverência tradicional dos vassalos portugueses ao Paço onde estava El-Rei. Dois governadores do Maranhão, Dom Francisco de Melo Manuel da Câmara, o Cabrinha (1806--1809), e Dom José Tomás de Menezes (1809-1811), foram exemplos fidalgos de petulante jumentalidade, obrigando os administrados a saudarem o edifício que lhes alojava a violenta empáfia. Não conseguiriam, pelo vergalho da guarda, a espontânea solidariedade verificada ante as velhas Casas-Grandes, morada de força útil à qual as cortesias eram manifestações de sonhada igualdade.

Bater a porteira, como bater porta ou janela, não consistia apenas incivilidade, mas desafio insuportável, valendo repúdio, expulsão, desprezo. O Brigadeiro Arco-Verde mandava amarrar o mal-avisado ao mourão, esmagando-lhe as costelas nos repetidos golpes da porteira.

Criados em ambiente de contínua excitação ao arbítrio, imposição da vontade caprichosa, direitos à incessante prioridade funcional, despotismo legitimado pela tradição familiar, os meninos da Casa-Grande, abandonando o mandonismo ancestral, assumiam atitudes do liberalismo radical, aderindo às revoluções populares, como a "Nobreza" de Olinda contra os "Mascates" do Recife. Os Albuquerque Maranhão do Rio Grande do Norte e Paraíba, todos ricos Senhores de Engenho, foram partidários exaltados do movimento republicano de 1817, como Bernardo Vieira de Melo, senhor do Engenho Pindoba em Ipojuca, gritando a independência do Brasil 112 anos antes do Príncipe D. Pedro às margens plácidas do Ipiranga. E a confusa "conspiração dos Suassunas", dos Cavalcanti de Albuquerque, planejando transformar Pernambuco numa República sob a "proteção" de Napoleão Bonaparte, no primeiro ano do século XIX, forjada pela mais potente economia canavieira e pastoril da Capitania.

O mais expressivo modelo dessas sublimações democráticas, emergentes das camarinhas da Casa-Grande, na euforia das "reformas" sociais, é o Conselheiro João Alfredo Correia de Oliveira (1835-1919), menino de Engenho em Goiana,[4] na dinastia dos *landlords* sucessivos, realizando a abolição dos escravos em 13 de maio de 1888, manumissão total e sem indenização aos "proprietários", alienando da fidelidade monárquica os sustentadores de sua conservação. Na História Política do Brasil é o exemplo mais surpreendente da inversão psicológica, *plus faite pour servir la Révolution que pour la combattre*, como dizia o barão de Damas dos Príncipes de Orleans. No espírito do velho estadista conservador, a lei abolicionista atrairia popularidade consolidadora ao futuro Terceiro Reinado que a Princesa Imperial D. Isabel, promulgadora, estaria prestes a iniciar, cimentando a união do Povo ao Trono. João Alfredo combatera o conselheiro Dantas em 1885, repelindo o projeto da Abolição imediata, com indenização proporcional, desvalorizadora, num mínimo de 100$ e 200$ por cabeça às 720 mil "peças" libertas do *degredo*, como perorava o tribuno do Povo, José do Patrocínio. Queimando seus canaviais, o menino de Goiana sagrava os insurretos, abaladores da "propriedade", garantida pela Constituição do Império. O Conservador faz a Abolição contra o Capital e o Liberal Visconde de Ouro Preto enfrentará o preamar republicano. João Alfredo viveu e morreu monarquista, recusando os oferecimentos da República. Era, como o Marquês de Olinda (nascido no Engenho d'Antas em Sirinhaém), temperamento frio, introvertido, impassível, fervendo sem fogo. Apelidaram-no o *"Leader* taciturno dos encerramentos" pela obstinação serena e sem as vaidades da eloquência.

A impulsão sádica, que Gilberto Freyre examinou, é outra *constante* na evocação do senhor de Engenho, como bago de uva no cacho. Flamejamento

---

[4] João Alfredo nasceu no Engenho São Joaquim, propriedade dos avós maternos. Criou-se no Engenho dos pais, S. João de Tamaracá, também no município de Goiana. Faleceu no Rio de Janeiro com 84 anos de idade, recordando saudoso a paisagem canavieira.

literário de seguro efeito na reação veemente, é um fermento inesgotável como a fama dos bodes, sabidamente mais fama que ação.

O "problema" da Crueldade esquema-se nos temperamentos obstinados, sinceros na convicção de senti-la como processo persuasivo, forma de estoicismo funcional, aplicado às vítimas, na edificação do exemplo corretor. A neurose sádica, com base erótica, não explicaria a tradição da crueldade espanhola, com seus penitentes amorosos, mártires voluntários, esplendor da mística do Sofrimento e do exibicionismo das humilhações dolorosas. Também a divulgação é fórmula publicitária, mesmo partindo de material parcialmente imaginário. Mr. J. C. Furnas, *Goodbye to Uncle Tom* (Nova York, 1956) aparou as frondosidades úteis do *Uncle Tom's Cabin*, da senhora Harriet Beecher Stowe, com laboriosa, mas inoperante técnica de esclarecimento.

Havemos de conservar na memória o que nos comoveu na juventude. Os raciocínios da maturidade cortam a planta, deixando as raízes recuperadoras da imagem inicial. A *Big House* será sempre a de Beecher Stowe e não a de Chandler Harris. A voz do Tio Remus, *his Songs and his Sayings*, não provoca desenho, literatura, teatro e cinema, como os gritos do negro chibateado até a morte.

O sadismo da Casa-Grande, na totalidade dos casos femininos, foi expressão sublimadora das Donas contra as escravas vitoriosas na predileção marital. A violência da punição brutal dependeu do Feitor, supliciador dos irmãos de sangue. O advogado Mellor evidenciou a normalidade contemporânea da tortura europeia (*La Torture: son histoire, son abolition, sa réapparition au XXe siècle*, Paris, 1949), um argumento para o Prof. Piero Calamandrei, comentador de Beccaria.

Fora capítulo africano vivido no Brasil defunto. A História da movimentação negra, do Senegal ao Zaire, é suficiente modelo para a situação dos prisioneiros de guerra e os suplícios inúteis e demorados. Vender o escravo era salvá-lo da morte sem piedade. Estou abstraindo dois terços documentais da ferocidade humana, antes e depois de Cristo, localizada entre o Mediterrâneo, Atlântico e Índico. Os adversários militares e os próprios Soberanos negros nada invejariam aos tártaros e mongóis em brutalidade e primarismo sanguinário.

Em certas almas de "cristãos batizados" passavam às vezes sopros de Moloch e das oblações religiosas do Daomé. Mas não foram permanentes, mas acidentes de arrebatamento despeiado da Graça. O mau Senhor era vilipendiado pelos vizinhos, impopular e de relações evitadas. Esse repúdio denunciava a exceção malvada. Entre oitenta Senhores de Engenho no vale do Ceará-Mirim excluíam da simpatia um único, ainda hoje lembrado com rancor. Não constituiria média social nem padrão de comportamento. Os Senhores severos e rigorosos, exigentes e teimosos, como o coronel Inácio de Belém, tinham ângulos comoventes. Esse Inácio de Albuquerque Maranhão jamais castigou os escravos ladrões do Engenho, vendendo em Papary ou S. José de Mipibu o açúcar furtado do depósito. Ao delator serviçal, respondia num regougo: — "Furtam o que é deles!" O Dr. João de Albuquerque Maranhão, de Estivas, e o Coronel Miguel Ribeiro Dantas, do Diamante, sentavam escravos à mesa senhorial, mesmo em dia de festa. Fora em Roma um modo de alforria: — *manumissio inter epulas.*

Os episódios clássicos de crueldade, mesmo provadamente inexistentes, serão inamovíveis e parecerá sacrilégio a restrição em série na crítica contemporânea. *Il y a des choses que tout le monde dit, parce qu'elles ont été dites une fois*, escreveu Montesquieu. A disciplina solidarista na continuidade emocional não terá nos carneiros de Panurge o melhor símbolo. Acreditamos no que amamos e amamos a reação instintiva contra a tirania torturante às criaturas indefesas. O Imperador Nero ainda altera a serenidade histórica.

Paradoxalmente, a impressão africana do brasileiro é a mais simpática e cordial. Nenhum outro estrangeiro, não sendo pródigo nas gorjetas, é referido com a benevolência com que o brasileiro é recebido ou mencionado. Meu testemunho confirma o grande registro do escritor Antônio Olinto, incontrariável.

Dificilmente concebo essa receptividade natural apagando as recordações trágicas das sevícias nos antepassados, bantos e sudaneses. Centenas e centenas de negros mantiveram intercâmbio comercial durante todo o século XIX. Boa percentagem voltou a fixar-se na terra africana. A maioria não abandonou o exílio, tornado agradável pela manumissão e recursos pessoais. Os que regressaram e eram livres poderiam narrar, com revolta, os sofrimentos padecidos na escravidão. Entretanto, Angola quis ser brasileira. Na Nigéria há uma "União Descendentes Brasileiros". As festas do Natal baiano são mantidas, em português, no Daomé. Pastoris e Bumba meu boi, evidências insofismáveis de penetração cultural. Os patronímicos e hipocorísticos seguem uso na sonoridade prosodial brasileira em vez dos nomes locais. Singular esquecimento, nos africanos excelentemente memoriados, dos avós martirizados no Brasil, riscados de sinistras cicatrizes ultrajantes, expondo os horrores da brutalidade senhorial! Em quatro gerações, a partir de 1888 para os nascidos na África Equatorial, e anterior aos repatriados, fugindo do cativeiro, ocultos e conduzidos nos barcos de carga, a figura do algoz não se diluiria numa risonha e pacífica displicência acolhedora aos descendentes dos carrascos.[5] O Negro não esquece... A dor intencionalmente provocada, castigo, maldade instintiva, exibição de posse selvagem é uma melancólica contemporaneidade. Apenas autores e jornalistas veem o argueiro no olho adversário. Buchenwald não será privilégio nazista. Todas as tradições que se perpetuam têm uma fração estrutural de interesse sociopolítico. Vicente Blasco Ibañez afirmava que os Países Baixos não haviam olvidado o Duque de Alba. *"L'Homme invente peu"*, diz o mestre belga Albert Marinus.

***

Um centro de atração e concentração social estável foi a Casa-Grande, construída em definitivo, larga, confortável, imponente, na segunda metade do século XIX. Em 1810, Henry Koster dizia-as, em Pernambuco, pardieiros de taipa, com móveis envergonhando aldeões suíços e alemães. Exceção da sólida Megaípe em Jaboatão, com aparência abaluartada. Pyrard de Laval vira na Bahia de 1610 "belas casas nobres" entre jardins e pomares. As fixadas nos quadros holandeses são robustas, maciças, quadradas, desgraciosas na solidez de fortalezas.

As residências dos ricos fazendeiros de gado seriam um eterno "provisório", sucessivamente ampliado em alas abrigando descendentes e protegidos aparentados. Jamais tiveram a soberba apresentação majoritária da Casa-Grande, valendo credencial econômica, como um palácio rural na França. Apenas a Casa-Grande era insusceptível de sequestro e penhora.

O senhor de Engenho não podia ter o passadio frugal e a simplicidade acolhedora e rústica das casas de fazenda, sem a circulação visitante e a permanente insistência das consultas tarefárias. O fazendeiro poderia ser bem mais rico que um senhor de Engenho, mas não teria o cortejo dos apaniguados e a presença dos hóspedes vitalícios. Nem a obrigatoriedade das festas tradicionais, "Botada" do Engenho, fim da moagem, aniversário do santo Orago ou do dono da casa. E cada ano a bênção litúrgica da Igreja a todos cobrindo de esperanças: *Benedic etiam hos arundineos fructus; rege, guberna et serva omnes hic ministrantes*. Fernão Cardim elogiava o bom passar dos Capelães dos Engenhos na Bahia de 1583, cinquenta mil--réis anuais e refeição na mesa senhorial. Um desembargador percebia trinta mil-réis. Luís de Camões tivera quinze. Mas o Mestre de Açúcar ganhava cem! Tanto quanto o Capitão-Mor do Mar em 1612.

---

[5] "Ah! o sorriso que nos dão no interior da África, assim que descobrem que somos brasileiros!" (Antônio Olinto, *Brasileiros na África*, 1964).

Do plantio e replantio dos "partidos" de cana à venda do açúcar refinado, dos roletes, mel, garapa, rapadura, os vários tipos dos açúcares populares, e a massa humana circundando canaviais e Casa-Grande, cemitério e Capela sineira, roçaria de manutenção, currais, estábulos e viveiros de peixes, o casario irregular e disperso derramando-se na ondulação da várzea constituíam mundo autárquico, girando em derredor dos mesmos interesses na escala equitativa da ambição e do ganho. Razão parecera ao médico Willem Pies sentenciar no Recife de 1638: — "Nenhuma mercadoria desta terra existe que dê mais lucro e ganho aos negociantes". No domínio do Nordeste, a Geoctroyeerde West-Indische Compagnie auferia lucro de quinze milhões de libras, unicamente com a posse do açúcar, calculava Roberto C. Simonsen. Para um cômputo total de £ 20.000.000, deduz-se a importância capital açucareira.

***

"O senhor de Engenho, sempre opresso pelo Comissário, tiranizou o Lavrador", escreveu Wanderley Pinho. "Peixe grande papa peixe pequeno", diziam em Portugal e D. Francisco Manoel de Melo guardou o axioma. São os três personagens centrais do drama açucareiro, sempre no palco desde a segunda metade do século XVI, em guerra aberta ou dissimulada, defendendo, os três, interesses pessoais que são o mesmo e único. O senhor de Engenho era o queijo do Comissário e o gato do Lavrador. Com toda a aparelhagem jurídica contemporânea, continuam declamando suas arengas naturais. Peixe grande papa peixe pequeno. Tal é a lei.

O lavrador fornecia canas ao Engenho, por não possuir moendas. Comumente residia e plantava em terras do Engenho, recebendo a metade do açúcar obtido com a sua quota. Pagava foro, entregando ainda uma certa percentagem em pães de açúcar e parte do mel. Outros plantadores possuíam o terreno com o gravame de servidão. Seriam obrigados a enviar as canas ao Engenho do proprietário e a nenhum outro. O futuro Visconde de Cairu, em 1781, dizia ser uma *opressão servil*. Raro em Pernambuco e Bahia, o lavrador com terra própria, livre do jugo, dispondo da safra, mandando-a para onde quisesse. Eram, os demais, inferiores aos servos da gleba pela ausência de qualquer usucapião ou posse útil, com alguma retribuição às benfeitorias realizadas, indenizáveis quando fosse despojado de sua precária situação. Poderiam ser despedidos sumariamente, mesmo com safra fundada, nesse arrendamento sem prazo e figura de Direito. O pagamento, parcialmente compensador pelas socas abandonadas, dependia da boa vontade do senhorio. Ou que o obtivesse "pela justiça", em marcha processual infindável e absorvente, despachos, contrariedades, precatórias e outras protelações, rendosas e clássicas.

Querendo inutilizar o rendeiro, o senhor de Engenho, tendo o arbítrio de marcar a época das moagens, fazia-o nas inoportunidades prejudiciais ao lavrador. Antecipando-as, o produto era ínfimo pelas canas semiverdes, aguadas, seivosas, com diminuta sacarose. Retardando-as, as canas maduras fermentavam depois de cortadas e empilhadas no "picadeiro", melando, dando açúcar inferior, obtido com excesso de fornalha. Raspando-lhe os recursos, pedia a terra para outro ocupante. Era a *justiça do senhor de Engenho*, execrada no século XVIII. O Prof. Luís dos Santos Vilhena (1787-1799, quinta Carta das *Notícias Soteropolitanas e Brasílicas*), depois de indignar-se, admitia exceções louváveis: — "Estes procedimentos contudo não são gerais, porque há bastantes Senhores de Engenho dotados de humanidade, honra, e caridade".

José da Silva Lisboa (Cairu), profligador das injustiças senhoriais, salientava, entretanto, o lavrador ter possíveis lucros iguais ao senhor de Engenho, com a vantagem das responsabilidades primárias e reduzidas para a industrialização do seu canavial. Necessidades, vícios, deveres, menores. De acordo com a tonelagem da nau.

Esse servidor graduado e forro seria, por sua vez, um centro de interesses para seus escravos e trabalhadores livres, com jornal diário ou semanal, quando dos cortes. E tendo família estável, relações, intercâmbios, solidariedades com os do seu nível e missão. Fios anônimos mas resistentes do tecido social, indispensáveis grandezas convergentes na conquista da Terra produtora, no plano dos plantios e colheitas cíclicas, complementavam o desbravamento inicial dos pioneiros, cultivando trechos não escolhidos pelo sesmeiro, tornando toda a propriedade uma unidade econômica. Outras fontes coevas acusam esses moradores de incurável indolência, além da tarefa do próprio canavial. Não plantavam frutos nem legumes. Insignificante lavoura de apoio alimentar. O casebre mantido em deplorável rusticidade, sujeira, desconforto suficiente. Rara mão de cal nas paredes exteriores. Bancos para nádegas de bronze. Nenhuma curiosidade na obtenção de plantas novas e animais produtivos. Virtuosos pela preguiça de pecar. Fortuita a caça, quando fácil e próxima. De espera e tocaia. Pescarias de covo e de jiqui nos remansos. Jamais lhes ocorria uma atividade suplementando a pecúnia minguada. Às vezes vendiam garapa, mel, rapadura, vindo o comprador procurá-los em casa. Fogueirinha de S. João. Missa de Festa. Quem corre cansa e quem anda alcança...

O Comissário, financiador, comerciante na Cidade, astuto, cortês, dando presentinhos, distribuindo "festas", hospedando os comitentes, correspondente dos filhos estudantes, padrinho de casamento das meninas, foi combustível de muito motor trovejante, possibilitando realizações atrevidas que a custosa ostentação dissolveu. Criaram firmas-fortes, disponibilidades fiduciárias, consorciando interesses dispersos, promovendo as primeiras *S. A.* Bancos, circulação do crédito, fábricas encadeadas, navegação, criação gadeira. Muitos foram titulares do Império, Deputados Gerais, Ministros de Sua Majestade, como o Visconde de Guahy. Substituídos pelos "escritórios" impessoais, técnicos, inexoráveis, deixaram saudades quando mesmo merecessem reproches. Era gente como o comendador Aristides Novis, solteirão elegante, Senhor de quatro Engenhos, organizador de auxílios às indústrias, dando festas esplêndidas, convivência letrada, amável dominador da sociedade baiana. Equivalia a Antônio João de Amorim, vice-cônsul do Chile no Recife, Barão de Casa-Forte, economicamente poderoso, acolhedor, viajado, colecionando objetos raros, devoto da Arte exótica e oriental. Possuo um lindo bronze japonês que lhe pertenceu. Amava as modinhas ao violão e José Lagreca viu-o, aprumado e velhinho, discretamente *fazendo o passo* no contagiante Carnaval pernambucano, sobrevivência mental. Homens dos almoços "lautos", com vinhos inconcebíveis e charutos inacreditáveis, bocejando nas sessões cívicas, detestando intervenções oficiais. Sabiam sorrir, convencer e calar-se. Estão no banco dos réus pela ganância insaciável e maneirosa com que insuflavam no inocente senhor de Engenho a megalomania funcional e o esplendor exibicionista, que não seriam faculdades adquiridas pelo convívio. Fornecimento abundante, juros altos, preços acima do mercado obrigavam o credor a uma dependência insolvável, entregando-lhes as safras na esperança da amortização inacabável. Durante séculos derramou-se a legislação d'El-Rei contra a voracidade mercantil do emprestador, responsável e cúmplice pelas imprudências do senhor de Engenho no auxílio decisivo sem o qual não se perpetraria o crime da dissipação financeira.

O comendador Aristides Novis e o Barão de Casa-Forte fizeram grandes negócios plantando Engenhos de açúcar. Não constaria, logicamente, do contrato formal, a coordenada exata dos empréstimos no ângulo fiel da aplicação. Menos ao Comissário de Açúcar, quase sempre também produtor, competiria fiscalização tutelar ao senhor de Engenho, veterano em todos os quadrantes da cabotagem social. Poderia saldar os débitos se deixasse de voar, condição inexequível para uma possante ave de altanaria.

Em 1927-1928, últimos anos do curso jurídico, frequentei o Banco Agrícola e Comercial, no Recife, que o meu amigo José Lagreca dirigia. O advogado, Dr. Antônio Amazonas de Almeida, com meio século de exercício forense (Bacharel de 1876), era inesgotável nas reminiscências, preferencialmente dos antigos Senhores de Engenho, suas irremovíveis carências financeiras, provindas da irreprimível sedução fáustica. Um deles não resistiu ao anel de brilhante para o dedo mínimo, exposto na Krause, impossibilitando o pagamento da promissória, vencida naquele dia. Outro desfalcou a quantia da letra improrrogável comprando um cavalo de raça ao gerente do Banco Inglês. Um terceiro, paraibano, atendendo encomenda risonha de um professor no Recife, trouxe de Paris uma francesa, íntegra e capitosa, como um *souvenir* de Montmartre. Despesas pagas. O velho Fabrício Gomes Pedroza (1809-1872), financiador para os vales açucareiros do Ceará-Mirim, São José de Mipibu e Papary, no trono da Casa-Grande de Guararapes, perto de Natal, discutindo com uma firma de Londres o pagamento do seguro, devido mas retardado, não festejou condignamente o Natal. Em março, recebida a indenização, houve Missa do Galo, Pastoril, Bumba meu boi, jantares e bailaricos jubilosos em louvor do Nascimento do Menino-Deus.

Como situar esses vendavais no regime dos alísios regulares?

A constante rítmica, a *qualité maîtresse* do senhor de Engenho, não foi, evidentemente, fabricar açúcar, mas singularizar-se por um conjunto de predicados e ações que se normalizavam, pela notável sequência, entre os componentes do grupo-classe, no Tempo e no Espaço.

A industrialização da cana-de-açúcar jamais explicará, sozinha, as projeções originais do senhor de Engenho, não se reunindo na mesma figura as antigas funções, atributos e responsabilidades, com permanentes vestígios justificadores dos impulsos na constelação psicológica.

***

Não dissimulamos os assomos de torva pravidade no mundo açucareiro. Perversidade das matronas ciumentas do impossível monopólio conjugal, cevando nas provocantes mulatinhas e mucamas soberbas o rancor dos recalques. A lenda da crueldade mais impiedosa e fria é a constante moldura de certas Senhoras de Engenho, orando de joelhos, benzendo-se sem cessar. Em Minas Gerais, Saint-Hilaire explicava o timbre rouco e áspero das damas ricas pela agressividade com que se dirigiam aos escravos. Ódio do Senhor pela recusa tímida das negras ondulantes, tendo outros e mais preferidos candidatos a um trato amoroso regular e legal. A correção vinda de sacerdotes, seculares e regulares, seria mais sugestão ao excesso que advertência à moderação da libido. Por si mesmo o Amo não se corrigiria. "A onipotência irresponsável não se limita espontaneamente", deduzia Capistrano de Abreu dos Inquisidores do Santo Ofício, apregoando comiseração e piedade cristã, sempre ignoradas no manejo do potro e tenazes ardentes. Nas recordações de velhas operárias de fábricas, não ocorriam menções de torturas físicas, mas ressurgia o vulto imperioso do antigo Gerente, sobrevivência do Feitor de outrora, ambicionando primícias e fazendo humilhar as recalcitrantes, utilizando o poder discricionário e opressivo, quase ilimitado, alegando "necessidades" no serviço fabril, sinônimo ardiloso da madura e sôfrega concupiscência. *L'Homme invente peu.*

A Casa-Grande não se orgulhará, porém, de nenhum *copyright* em maus-tratos e perversão sexual. Há vinte e cinco séculos que o Homem não consegue inventar um vício novo.

Presentemente é explicável a abstenção partidária de uma "sociedade anônima", despersonalizada e poderosa, tendo receio que a solidariedade possa comprometer os equilíbrios da empresa nos níveis do interesse acionista. O senhor de Engenho não podia *pensar* em consequências financeiras quando estalavam no ar as girândolas dos foguetões triunfais.

A Usina deglutiu, por compra ou execução hipotecária, um a um, os últimos abencerragens líricos do Engenho. Como em Veneza, os palácios dos Doges são rendosas utilidades turísticas, a Casa-Grande é um museu sem recheio, povoado de sombras históricas e sentimentais.

As gerações brasileiras de 1970 não mais perceberão a figura imponente, ostensiva e autêntica do senhor de Engenho, dando tonalidade de supremo comando às ordens simples e naturais do cotidiano.

Não era enfatuação por contato da fortuna, como ficou a imagem do "Novo Rico", uma espécie detonante e caricata de Madame Angot, o *Parvenu* de modos, inferiores à riqueza conquistada. Era ver os Senhores de Engenho, na consciência da dignidade tradicional, sentenciosos e sérios ou joviais e acolhedores como um Rei bonachão. A compostura no andar conduzia com a grandeza do renome. Não podia apressar-se, correr, resfolegar. O passo urgente é do servo ou do fujão. *La peur a bon pas.* Os Senhores não deviam expor os sinais de angústia, ansiedade, inquietação. Conhecidos, populares, mas não comuns, vulgares, banais. Herança do Comando.

Possuíam o seu conforto. Aquele em que o hábito consagrara a excelência. Não o convencional, importado pela vaidade alheia. Para o

Nordeste, a boa rede de dormir era insubstituível. Havia cama, larga e macia, mas não para o sono retemperador. Poltronas amplas. Horror aos espaços fechados, asfixiantes, dando opressão. Um tio do Doutor José Mariano Carneiro da Cunha Filho (1881-1946) foi ao cemitério do Engenho e riscou as dimensões da própria sepultura. Mandou cavá-la e cercar com quatro fileiras de tijolos. Depois, deitou-se em fio comprido no chão, balançou-se para lá e para cá, e ainda estirado no futuro túmulo, modificou a moldura: — "Compadre Feitor! Bote essa fila de tijolos mais afastada, obra de três palmos!" E, justificando: — "Eu quero ficar mais folgado"!

Serviço pessoal em baixela privativa, um tanto melhor e mais cuidada que a do trivial. Copo, prato, xícara, talher, guardanapo, intransferíveis. Mesmo a cadeira na cabeceira da mesa ou o cadeirão no alpendre reservavam-se como legitimidades sagradas. Não mudavam de lugar. Ainda hoje, nas velhas Casas-Grandes, indicam aos visitantes o *canto do Velho!* Ali ficava, digerindo alimentos e planos.

Amigo do *cognac* e da festa, das carnes mortas e vivas, profissionalmente imperioso e mandão, resumia, sem manifestações insistentes, o seu Mundo, superstições, preferências culinárias, ideias sobre os serviços, julgamentos das reformas e melhorias administrativas. Quase normalmente discordava das leis federais atinentes à produção. Algumas decisões emanavam de quem jamais vira fazer açúcar. Falando de um advogado falastrão, dizia Maneco Varela: — "Sabe tudo, parece um Deputado!" Naquele tempo era assim...

O senhor de Engenho era modelado pela Tradição. Todas as liberdades movimentavam-se no ecúmeno imutável e interior. As aves não inventam voos. Autonomia... obediente ao ritmo das asas anteriores. O costume cercava-o numa teia tensa, invisível, inviolável. Os preceitos religiosos excediam-se nos meticulosos escrúpulos, hoje risíveis. Não se comia açúcar na Sexta-Feira da Paixão. Regalo incompatível com a morte de Nosso Senhor Jesus Cristo. O Almirante Lutké, circum-navegador russo, registrou em 1828, em Valparaíso, no Chile, na Quinta-Feira Maior, não se montava a cavalo nem se punha chapéu na cabeça.

Diante dos altares portava-se como filho-maior, severo e respeitoso. A senhora é que parecia uma filhinha de colo, confiada e mimosa, na intimidade moral. Ainda os vi majestosos e lentos, já desfalcados de recursos e perseguidos pelas promissórias, mas mantendo *entourage*, provocando atenções onde quer que chegassem. Não mais atiravam patacões do Império visitando os bailes-poeira, furdunços e fungangás da cabroeira do Engenho. Paravam músicos e dançadores, desfaziam-se as rodas de conversa, acudia todo mundo para bater palmas e vivá-lo, numa euforia de excitação. Agradecia erguendo o chapéu do Chile, clássico. Dava de rédeas, com o séquito. A presença fora uma bênção e uma aprovação. "Viva o Coronel, Senhores!"

> *Os leões venezianos*
> *Tinham asas por sinal.*
> *Os leões de Caraúna,*
> *Gravidade natural!*

Caraúna, engenho dos Souza Leão em Jaboatão, festivos e festeiros. Os Souza Leão ostentavam no brasão um leão de goles rompente, em campo de ouro. A quadrinha é letrada.

O Des. Luís Tavares de Lyra (1880-1962), bacharel no Recife de 1902, quando já apitavam Usinas soberanas, informava-me que ainda pertenciam os comandos a velhos Senhores de Engenho, remanescentes da fidalguia canavieira. O empréstimo em apólices do Estado não fora totalmente substituído pelas ações. O regime social, de espavento e alarde, queimava seus derradeiros fogos de vista. As festas na cidade eram estonteantes pela abundância de bebidas e acepipes, oferecidas com dispensável insistência. Numa dessas recepções, com a eloquência de estudantes líricos, Luís Lyra contou oitenta perus assados! Rabelais louvaria a fartura despropositada e gabarola. A intenção positiva do anfitrião não era deslumbrar a ninguém. Unicamente desejava manter o ambiente da tradição senhorial, continuidade da Casa-Grande. Dever medieval de alimentar os amigos fiéis. Caldeira e pendão.

Compreende-se que, cabendo-lhe a iniciativa, os oferecimentos fossem imposições gentis mas imperiosas. Mesmo na decisão de atos banais, parecia gritar comandando na batalha.

> — *Cainãna!*
> *Chama aí Zé Pinga-Fogo,*
> *Batinga, Pedro Quiximbeque,*
> *Mané Rasga-Guela,*
> *aquele negro da orelha lambí*
> *e o velho Pedro Cancão!*
> — *Pronto, seu Coronel!*
> — *Tem coragem de morrer na bala,*
> *cabras danados?*

— *Só a gente vendo, Patrão!*
— *Então ajuntem as redes todas,*
vamos dar uma pescada,
que eu estou com vontade de comer carito!

Ascenso Ferreira (1895-1965), pernambucano de Palmares, cujos engenhos "só os nomes fazem sonhar!", sentia-lhe a Poesia, doce e áspera, na legitimidade humana.

A figura, atravessando os tempos e mudanças, renascia na evocação de Antonil, divulgada em 1711: — "O ser senhor de Engenho é título que muitos aspiram, porque traz consigo o ser servido, obedecido e respeitado de muitos".

Bem antes de Antonil, última década do século XVII e primeiros anos do XVIII, o dominicano Frei Lucas de Santa Catarina na "Origem, Processo e Termo da Genealogia da Senhora Maria da Glória", florão do *Anatômico Jocoso*,[6] delícias hoje entorpecentes, registrava uma Rosa "que casou com um fidalgo brasileiro por nome D. Açúcar, homem de grande engenho, inventor de várias gulodices, mas tão honrado, que sempre trouxe a sua cara descoberta...".

Açúcar seria, simbólica e justamente, um Fidalgo do Brasil.

***

O senhor de Engenho fora um gigante autofágico. Espalhara de si mesmo sangue e sêmen até exaurir-se. O título contaminava o portador da essência irresistível da prodigalidade, como de veneno implacável. Os ares da Casa-Grande impunham a continuidade da ação dissipadora numa força envolvente de obediência ao "Despotismo do Costume", como dissera John Stuart Mill. Quando a pecúnia não permitia a ostentação faustosa, sentia-se inferior e subalterno na dinastia senhorial. A minoria equilibrada e prudente passava a ser abjeta e sórdida no conceito dos pares, surpreendidos pela inexplicável anomalia.

Historiadores, sociólogos, economistas levaram o senhor de Engenho ao pretório inflexível para condenação inexorável. Fora um irresponsável, digníssimo da interdição civil pela comprovada incapacidade administrativa pessoal. Tem sido examinado através de critérios deformantes, cristais da doutrina imóvel e convencional. O senhor de Engenho não era um

---

[6] Seleção da Biblioteca Universal Antiga e Moderna, Lisboa, 1889.

ser econômico, mas uma entidade social. Distinta por hereditariedade funcional. Cargo isolado. Os recursos financeiros constituíam meios e não finalidades. O dinheiro era utilidade imediata e jamais garantias de sequências ampliadoras. Para um economista vivem Presente e Futuro. Para o senhor de Engenho, Presente e Passado. Para a noção pragmática do economista a descendência familiar é o imperativo categórico no cálculo da preservação. Para o senhor de Engenho o interesse e a exaltação dos Antepassados no culto meticuloso do quotidiano. Distância entre Estatística de produção e reminiscências da tradição doméstica. Raros admitem que a Lógica seja mais fruto do Tempo que elaboração de raciocínio padronizado. Como os quatro pontos cardeais para a Rosa dos Ventos...

A seiva dessa raça em Pernambuco e Bahia girara inicialmente no raizame canavieiro do século XVI. Os fundadores dos Engenhos, anteriores e posteriores a Tomé de Souza, foram radicularmente donatários, grandes sesmeiros, com Casa-Grande, de torre e seteiras, armas dadas por El--Rei, organizadores de Regimentos, senhores de escravaria, elegidos para os comandos vileiros, fardados flamejantemente, fidalgos que a lavoura enobrecera e criara solar. Competia-lhes a defesa da Terra, fronteiros de Portugal ante a indiada rebelde, corsários ladrões, motins perturbadores, enfrentar e repelir o estrangeiro agressivo e voraz. Da praia do Mar, ganharam as solidões do interior, serras e matas, *navegando* os sertões, batizando o Brasil ameraba. Vencendo o mundo selvagem e bruto, na geografia do Medo telúrico. Tiveram a consciência da vontade e El--Rei dera-lhes a autoridade da força, a capacidade jurisdicional. A Terra espantosa tornou-se subsidiária: chão canavieiro, lenha de fornalha, água de roda moente. As Casas-Grandes assinalavam a presença dominadora. Vanguarda do Atlântico nas ribeiras anônimas. Cada senhor de Engenho seria aliado natural do vizinho, como capitães destacados no deserto verde dos trópicos. Longe dos olhos, convergindo nas horas de alardo e luta. Três séculos de consolidação soberana. O padre Fernão Cardim, em 1583, comparou-os aos "Condes".

A lição de Wanderley Pinho (*História de um engenho do Recôncavo, 1552-1944*, Rio de Janeiro, 1946) é clara e viva:

> — "Documentos e narrativas citados dão muito o que falar ao moralista e ao economista, mas deixam entrever que a grandiosidade e o fausto dos senhores de Engenho representava mais alguma coisa além de um personalíssimo gozo. A constância daqueles fatos, durante três séculos, dando-lhes a força de uma

lei, desafia a acuidade do sociólogo e a pesquisa dedutora e interpretativa do historiador.

— Há menos um erro a censurar do que algo, nada superficial, mas ao contrário, profundo, que vem dos alicerces e da estrutura de uma casta formada nos primeiros dias da colônia e só abalada pela libertação dos escravos e pela comercialização e a desindividualização da Usina.

Se consideramos um momento naqueles pontos de honra responsáveis pela prodigalidade dos Senhores do Recôncavo, logo atinamos com os fundamentos históricos de tal vício, ou melhor, dessa lei dos gastos excessivos: — grandes áreas de terras que dão a impressão de maiores domínios; escravatura numerosa que vale uma extensão de mando; aparatos de cavalos, cadeirinhas, joias, vestidos, bengalas, espadins — a pompa pessoal como insinuações a ritos e reverências prestigiantes; festas e hospedagens faustosas — que entretêm e alargam a clientela; educação superior dos filhos — para refletir o prestígio nobilitador dos letrados da família a colaborarem em governos, parlamentos e partidos.

Semelhantes exteriorizações, que são ao mesmo tempo essência da casta, decorriam de uma situação latifundiário--econômico-militar que, desde o Regimento de Tomé de Souza, dera eclosão à entidade singularíssima do senhor de engenho. Nenhum poderia fugir às *obrigações* de fausto e mando.

A sesmaria, a escravatura índia ou negra, os lavradores de partido sujeitos a moerem canas no engenho, a casa-forte, as armas, os serviços e postos político-militares tramaram o tecido daqueles preconceitos, criando para o senhor de engenho um ambiente de poder e grandiosidade, que devia ser mantido a todo custo. A vaidade, o orgulho, império e desperdícios não foram, pois, defeitos de cada um, mas inevitáveis comandos do passado e da organização coletiva.

Nem se alegue a herança de costumes que passariam de avós a netos, pois são numerosos os exemplos de comerciantes que, ao se tornarem senhores de Engenho, perderam os hábitos de economia prudente e participaram da dissipação impensada que antes achariam incompreensível."

Compreende-se esse registo de Henry Koster, no pernambucano Limoeiro de 1812: —

"Ouvi um plantador de cana-de-açúcar queixar-se amargurado da sua pobreza, e da falta de braços no trabalho de seu Engenho que o obrigava a deixar inculta a melhor parte das terras. Depois dessas lamúrias, sua conversação se fixou sobre selas e arreios e nos disse ter comprado recentemente uma sela nova e uma brida, que desejava mostrar-nos. Eram, verdadeiramente, soberbos arreios. A sela era feita em marroquim, bordada a veludo verde, e os cravos para os ornamentos da cabeça do animal eram de prata, assim como placas desse metal estavam profusamente semeadas em todos os lugares, tanto na sela como na brida. Disse-nos que tudo lhe custara quatrocentos mil-réis, cerca de 110 £. Com essa soma de dinheiro teria ele adquirido quatro escravos. Mas o melhor é que, abrindo uma gaveta onde apareceram várias colheres, esporas quebradas e outros objetos de prata, informou-nos que reunira suficiente quantidade desse metal com o propósito de comprar enfeites para o cavalo do seu pajem, da mesma forma que o seu" (*Viagem*, X).

Um outro, meu contemporâneo, com idêntica e lógica mentalidade, comprou um automóvel Ford com a quantia reservada para o assentamento de uma caldeira nova.

"Fidalgo seja quem fidalgo é", dizem em Portugal. O senhor de Engenho tinha o dever de tratar-se à maneira fidalga. Cavalo, conforto, famulagem, fartura.

As prodigalidades e esbanjamentos eram *também* demonstrações materiais de generosidade, abundância, esplendor munificente. Valorizava-se no grupo, valorizando-o pela liberalidade ostensiva. Pagava por antecipação ou retribuía admiração, disciplina, solidarismo, entusiasmo, simpatia fervorosa. Malinowski Mauss e Thurnwald estudaram o mecanismo dessa potência circulante nos fundamentos do Prestígio. Vaidade! Mas reforço mantenedor do Renome na distribuição de efeito publicitário. Presença do doador na doação. Avareza, impotência, timidez é que seriam potências negativas, aluindo e minando a Fama, crédito nominal intransferível. Essas dádivas em profusão, exibição de fartura demasiada, dissipação do que constituiria reserva, significavam uma recepção à Popularidade, comida às feras correligionárias. D. Joana de Gama (*Ditos da Freira*, 1555), escreveu: — "As mulheres vivem de crédito!" Era o caso íntimo do senhor de Engenho, na integração orgânica da aristocracia rural.

Como será possível a um banqueiro, financista, doutrinador, de boa cepa semita, entender a indispensabilidade de um *potlatch*, doação espontânea e vultosa de objetos valiosos e úteis aos amigos, indistintos e numerosos? Farejará acesso de loucura insensível na dispersão prodigalíssima da fortuna individual. É verdade que o supremo combate do Progresso contra a Civilização visa, preferencialmente, o dogma humaníssimo e medular da Reciprocidade. Os velhos mestres afirmavam-no o granito fundamental da Convivência humana. Todo o imenso departamento obrigacional das festas e presentes nas sociedades organizadas mergulha as raízes no *manus manum lavat*, diferindo do *toma lá, dá cá* prosaico. A justiça retribuidora de Minerva não será a de Cerdônio ou Lucrônio, deuses miúdos do interesse imediato. Os nossos deveres de presentear os amigos, casamento, batizado, aniversário; recepções, banquetes, lembranças, homenagens, festas do Natal são vestígios imperecíveis dos *potlatchs* primários e mutáveis. Uma mão lava a outra. Os "agrados" adoçadores de atritos. Promessas. Ex--votos. Hoje por mim, amanhã por ti. O senhor de Engenho era sacerdote e devoto desses vínculos que José Parente Viana, do Engenho Outeiro em Canguaretama, apelidara — "Aguar a fruteira"!

O Progresso tenta padronizar as relações humanas entre os trilhos dos *Direitos e Deveres,* correspondendo ao comercial *Deve & Haver.* O Protocolo regra a movimentação nas festas, mas não a promoção delas. A despesa conquistadora do eleitorado não está condicionada a método específico na aplicação. É orientada conforme a observação dos candidatos. Talqualmente a escolha do mimo, oferecido ao chefe da repartição. São *deveres* que a regulamentação ignora.

O senhor de Engenho nascera no Brasil com funções militares e administrativas incluídas na profissão industrial. Era uma *ORDEM*, com obrigações e prerrogativas desde o Regimento do primeiro Governador--Geral, Tomé de Souza, em 17 de dezembro de 1548. Os titulares receberam encargos, auxílios, distinções, prêmios, heráldica, nobiliarquia, comandos, alheios à fabricação do açúcar. Possuíam direitos e competências superiores, responsabilidades, valimento real. Com o passar dos tempos o conteúdo renovava-se nas inevitáveis modificações econômicas e sociais, mas o Espírito de trezentos anos mantinha as normas sensíveis ao temperamento dos participantes, impondo-lhes as características do comportamento e o critério nas manifestações decisórias.

O senhor de Engenho fora o primeiro grupo humano a organizar--se em corpo, classe, entidade distinta, fora do ambiente citadino onde sediavam militares, burocratas, fiscais e religiosos. Da Casa-Grande saíram elementos precípuos para todas essas atividades através das épocas do Brasil político. As jornadas do jesuíta Fernão Cardim, 1583-1584, ao derredor de Olinda e no Recôncavo da Bahia, evidenciam a potência grupal e sua autarquia psicológica já nos primeiros cinquenta anos de presença social. Reforçariam as informações do Brandônio dos *Diálogos*, Gandavo, frei Vicente do Salvador, e quanto possa garimpar-se nos Padres Nóbrega e Anchieta e avulsos da Companhia de Jesus.

Pertencer ao Engenho era aceitar o dever solidário aos imperativos da sagrada Tradição. Cumprir fielmente os estatutos orais da Grey. Calçar as esporas de prata do coronelato agrário. Lei da Nobreza. *Noblesse obligée*. O fausto, relativo ou de estrondo, equivalia ao uso da farda aos militares. O pau se conhece pela casca. Promoção automática ao tratamento de Major ou Coronel. Herdava os postos da velha Ordenança quinhentista. Contemporaneidade emocional do Vice-Reinado. Samurai na linha equinocial da América.

O cavalo de sela não pode acompanhar o avião do século XX. O senhor de Engenho desajustou-se do Tempo veloz, sonoro e mecânico, desintegralizador da sensibilidade, ampliando-a em angústia e curiosidade fremente. Não tomou pé na inundação inflacionária. Uma adaptação seria o Marialva no automóvel de corridas. Nobre sabiá entre periquitos australianos. Imperiosa a motorização do estábulo. A Usina foi o Deus-Único no crepúsculo da Casa-Grande.

O senhor de Engenho, ao anoitecer de Roncesvalles, saudou e desapareceu.

Sejam o que são ou não sejam, diria o Padre Ricci.

Capítulo da Bagaceira

Tenho pena de menino que nunca viveu vida de engenho.
Gilberto Amado, *História da Minha Infância.*

Nossas fontes de informação mais íntima, sem a glacialidade livresca, é o amigo senhor de Engenho, velho ou novo, os usineiros que atravessaram os longos estágios nos banguês melhorados e maquinismo primário, assobiando o vapor nos escapes, rangendo como bolandeiras emperradas, moendas resistentes pela assistência a valetudinários. Os contatos com o "pessoal" eram quase sempre as perpendiculares à linha do serviço. Não podia haver confidência entre as duas entidades, comuns no interesse e divergentes nas funções. Raros, raríssimos, amadurecendo da Casa-Grande, possuíam uma comunicação, mais dedutiva que participante, da vida em conjunto. O "negro do pé de Engenho" outrora, e o "cabra da bagaceira" conservavam relações amáveis e herméticas para quase todos os patrões, mesmo os compreensivos que jamais seriam familiares, alcançando o âmago medular da "cabroeira" circundante. A tradição é que senhor de Engenho "de muita conversa não se dá ao respeito". Deve ser suficientemente polido, mas evitar "mão no ombro", desmoralizante. O sentido de autoridade escoava-se por essas malhas mais frouxas da armadura senhorial. Era indispensável fazer esperar o consulente, valorizando o consultor. É o mesmo processo ainda contemporâneo nas antessalas ministeriais. Aproximação tanto mais difícil mais valiosa. *If you rush into conversation at once Zulu is apt to think you a person of little dignity or consideration*, informou *Sir* Henry Rider Haggard sobre os africanos do Sul. Registrei semelhantemente para a África oriental e ocidental (*Made in Africa*, 1965).[1] Era preciso "sentir o Patrão" na

---

[1] Edição atual – 2. ed. São Paulo: Global, 2002. (N.E.)

irradiante autoridade. Alguns ficaram famosos porque "não mostravam os dentes". Não sabiam sorrir, embora prestimosos e apiedados.

As varandas da Casa-Grande possuíram uma réplica deliberativa e congracional. Foi a BAGACEIRA.

O espírito conversador das senzalas continuava nas rodas da bagaceira, convidativa e normal, praça do mundo canavieiro, onde todos os caminhos se cruzavam.

Quem diz africano diz conversador inesgotável, imaginoso, espontâneo. Morando em casebres de palha ou barro, com reduzida acomodação aos convivas, o preto africano é o único povo no Mundo a construir a casa comunal para as delícias do entretimento verbal. Haverá tabaco e nem sempre bebidas, mas a frequência justifica o esforço da construção e os direitos da convivência. É assim em toda África Negra, do Índico ao Atlântico. Esse uso não veio dos mouros nem dos europeus, Roma ou Bizâncio, plantando o costume no Mediterrâneo, fazendo-o escorregar para as margens centrais e litorâneas do oriente e ocidente negros. Preto africano silencioso é sinônimo de cadáver. Nas lápides funerárias em vez de gravar--se o "faleceu em tal data", seria mais condizível escrever-se: "calou-se em tal data!"

> *Conversa de bagaceira,*
> *É conversa descansada.*
> *Começa de tardezinha,*
> *Acaba de madrugada.*

É o simpósio dos trabalhadores, agregados, rendeiros, moradores vizinhos. Pela facilidade do policiamento e repressão, os Amos não proibiam a reunião vespertina aos escravos, forros, gente da copa e cozinha da Casa-Grande, carreiros e tangerinos. Não a frequentavam os "brancos", pajens, molecagem de estimação, as *crias*, o mestre de açúcar e o Feitor, anjos de outro Céu. Havia, natural e humanamente, visitas consagradoras e uma solidariedade discreta no permanente serviço de informação e aviso entre Casa-Grande e Bagaceira. Era a tradição social da comunidade pobre. Ali, sabia-se de tudo. Encalhavam todos os destroços boiantes nas redondezas. Mas não era vida alheia e mexerico, proibidos no Livro V, Tit. LXXXV, das Ordenações do Reino.

Esse direito de reunião, pacífica e destituída de intuitos reservados, funcionaria como os oradores de Marble Arch em Londres, exceto o ímpeto tribunício e a vazão dos recalques reformistas. Era a oportunidade da inefável companhia humana, o estar juntos, silenciosos, valendo irradiação vitamínica. O canavial e a senzala não ofereceriam, materialmente, ambiente, um pela destinação prática e compulsória, outro pela asfixia espacial. Ainda visitei senzalas. Não comportariam reuniões mesmo de embaixadores de Liliput. Todos os recantos estavam ocupados por uma aglomeração inominável de cousas velhas, indefinidas e preciosas para os proprietários que já não eram escravos, mas obedeciam ao estilo dispositivo nos arranjos domésticos. Havia montões de lixo, ex-vegetais da mágica terapêutica, meio século antes.

A Bagaceira era a prosa da Botica, que J. de Figueiredo Filho fixou no Crato, conversa na calçada do Chefe, na salinha do Vigário, no patamar da Igreja em S. José de Mipibu, até acender os primeiros lampiões, esperando a Papa-Ceia luzir no Céu e o sino bater as três lentas badaladas das "Trindades". "Boa noite! Vamos à ceia?" A Bagaceira não via interrupção em sua assistência, atenta e tranquila, entre cachimbo de barro e cigarro de palha de milho, com fumo negro do Brejo. Era assembleia, parlatório, congresso espontâneo, escola afinadora do vocabulário expressivo e sucinto. Tinha maior ou menor assistência. Não havia palestra *ad libitum*, mas orientada pela necessidade ou curiosidade do momento. Mais sessão parlamentar que sociedade recreativa. Caçada, coisas do Outro Mundo, remédios e enfermidades, viagens, impressões dos lugares grandes, transportes e horários de outrora, intervenções divinas, vida antiga, outros costumes. Processos desaparecidos na produção do açúcar, críticas e desaprovações dos maquinismos. Crônica dos mestres de açúcar famosos, conhecendo os *pontos* pelo cheiro da fervura. Vez por outra, um velho ou uma velha, atendendo às solicitações do auditório, contava aventuras de fadas, príncipes, dragões, o Bem vitorioso e o Mau esmagado. A Bagaceira possuía seus matizes, da *Conversation* ao *Gossip*.

O Cel. Filipe Ferreira (1844-1935), de Mangabeira, seu Engenho em Arez, foi meu grande colaborador quando reunia documentação para a *História da Alimentação no Brasil* (Brasiliana 323 e 323-A, S. Paulo, 1967 e 1968).[2] Revelava-me os segredos da vida escrava, que conhecia como raros. Dizia-me que a Bagaceira sabia antes da Casa-Grande as notícias distantes de interesse comum.

Paradeiro de escravos fugidos, autorias criminais, mandantes reais dos delitos, namoros e futuras evasões da Sinhá-Moça, proezas sexuais dos Amos, potentados vizinhos e sacerdotes de pouca-fala, a "doença do mundo" do Sinhô-Moço, os bodegueiros recebendo os furtos dos negros, o

---

[2] Edição atual – 4. ed. São Paulo: Global, 2011. (N.E.)

preço exato da arroba de açúcar na cidade sem a sabedoria dos comissários atravessadores, quem furara o parol, quem tocara fogo no canavial do açudéco, todos os segredos, minúcias, pormenores corriam na Bagaceira, impermeável às delações comprometedoras. Negro *espoleta*, recadeiro, leva e traz, era afastado pelo silêncio desdenhoso dos assistentes. Ali, o conceito público do povo do Engenho era elaborado em definitivo. Conhecia-se o que as autoridades fiscais pagariam em ouro — o itinerário dos contrabandos de aguardente e do açúcar *preto*. Não se dizia então açúcar *bruto* num Engenho, mas "açúcar *preto*". "Açúcar bruto! Bruto é quem chama aquilo de bruto!" — protestava Damião, mestre de açúcar do Engenho Outeiro, do Coronel José Antunes de Oliveira, no Ceará-Mirim.

A Bagaceira valia convivência, confiança, o conhecimento da comunidade em seus fundamentos mais humildes e constantes. Valorizava o Sobrenatural, a perspectiva mágica, ampliando a Realidade na sedução do mistério. A Bagaceira consagrava a família da Casa-Grande ou fazia-a apenas tolerável pela impossibilidade da libertação. Assim, ainda hoje resistem, inconfundíveis e paralelos, os dois conceitos julgadores, diversos na canonização e anátema, unânimes. Nomes elogiados na sociedade e execrados na Bagaceira. Santos no altar e diabas nos Infernos. O Coronel Filipe Ferreira, possuindo escravos até 1887, filho do português Bernardo Ferreira Guedes, com grande escravaria em S. José de Mipibu, manteve até à morte seus velhos amigos da Bagaceira, depois de 1888. Alguns, perdidos pelo mundo, procuraram Mangabeira nos derradeiros anos, para sossegar e morrer sem fome e assistidos com caridade. Fui seu advogado muitos anos, e instruiu-me do poder sinuoso e temível da Bagaceira onde tinha amigos que lhe tomavam a bênção matinal.

Naturalmente a Casa-Grande considerava a influência da Bagaceira desmoralizante e pervertedora das boas tendências morais. Uma das funções basilares da Bagaceira era a defesa obstinada da velha mentalidade tradicional. Decorrentemente, conservação intangível da credulidade supersticiosa. Sem esse potencial terminaria o combustível mantenedor da flama acesa da crença nos remédios, ensalmos, orações-fortes, ritualismo feiticeiro de gestos de esconjuro e propiciação, amuletos e coisa-feita de vingança, atrativo e punição. Diluído o mundo dos fantasmas e animais fabulosos, girando nos canaviais, cessaria a força propulsora de todo mecanismo mirífico. O engenho mágico estaria de fogo-morto. O bruxo diria como G. K. Chesterton — *Enquanto tiverdes mistério, tereis saúde!* Se o Mistério desaparecerá, como resistirão aqueles que vivem de sua sugestão?

Os grupos banais e sujos, reunidos para conversar depois da ceia pobre, exerciam função incomparável prolongando a contemporaneidade dos milênios tenebrosos, dos deuses intolerantes e ávidos de ofertas suficientes por intermédio dos representantes positivos. As Bagaceiras não existem, mas, sendo o homem um ser imutável na voracidade do Sobrenatural, o programa exerce-se noutros ambientes, reduzidos unicamente à manutenção da saúde coletiva, isto é, conservar a quotidianidade normal do Mistério, indispensável aos que dele vivem.

No ciclo da Pastorícia a superstição reside no consuetudinário inamovível. Resiste vida normal, hábitos, sucedendo-se na obediência monótona do costume. O mundo maravilhoso dos sertões é de bem menor intensidade e colorido que a fauna movimentada e vigorosa dos vales úmidos e das proximidades do litoral. Os duendes mais prestigiosos subiram do leste para o oeste sertanejo e os dominadores, Alma-do-Outro-Mundo, Lobisomem, Burrinha de Padre, Sereias, Fogo-Fátuo vieram de Portugal. No alto sertão não existe o fantasma dos animais mortos, notadamente equinos, o *Zumbi-do-Cavalo* (do quimbundo, *Zumbi*, espectro), crença não ameríndia. Note-se que o Sertão é a região onde o cavalo é Rei. Mesmo as superstições referentes aos vegetais e à Meteorologia são acentuadamente da Europa (*Tradição, Ciência do Povo*, S. Paulo, 1970).[3]

As conversas na Bagaceira reforçavam a credulidade, dissipando dúvidas pelas narrativas convincentes. Foi a guardiã pessoal do Imutável.

Para o escravo recém-vindo da África, ou *ladino* do Brasil, o convívio com os demais companheiros não seria possível nas senzalas, meros cômodos insuficientes para a família negra. A irresistível sociabilidade do verdadeiro preto africano levá-lo-ia a procurar frequentemente os parceiros. No eito havia a tarefa sob a fiscalização do Feitor, autoritário, notadamente se fosse negro, porque o mulato e o *cabra* eram mais complacentes. O local indicado só poderia ser a bagaceira nas horas folgadas da reunião, domingueira ou dias santos, ao cair da noite, nos rápidos crepúsculos tão semelhantes aos das tardes africanas. Não havia outro ambiente sem incitar desconfianças e suspeitas de conluios. A bagaceira é campo aberto, ao ar livre, visível em todas as perspectivas. Ali ter-se-ia verificado a maior e mais assombrosa das catequeses religiosas. Os bantos, maioritários, convenceram-se das crenças sudanesas, em minoria. Todos eram batizados, iam à missa, pediam e recebiam bênções maquinais e distraídas dos Amos e do Capelão. Fenômeno, para mim, é os Ilundos bantos converterem-se aos Orixás sudaneses. Os negros de Angola e Congo abandonarem Quianda por Iemanjá e Zâmbi por Xangô. E o onipotente Mulungu, de Moçambique,

---

[3] Edição atual - 2. ed. São Paulo: Global, 2012. (N.E.)

divina égide de vinte e cinco povos, não dar um sinal de sua graça nas lembranças dos ex-devotos. Onde e quando ocorreria a conversão no seio da escravaria? Não é crível na terra africana onde não se aproximavam. Improváveis no eito ou na senzala. Seria resultado de longas conversas, *palaver*, debates e elucidações em meio-português porque nenhum idioma africano, até segunda metade do século XIX possuiu área apreciável de entendimento fora do território étnico, como o contemporâneo suaíli, *the rising dialect*, falado por vinte milhões na África Oriental. Teriam eles criado uma língua franca, de convenção essencial, um Esperanto para os cativos de procedências incontáveis? Nesse assunto, não entro nem saio, como dizia Menéndez y Pelayo. E essa catequese não seria compulsória e fulminante, como a católica, antes de o escravo embarcar. Reitero a visão da Bagaceira no clima persuasivo das adesões espirituais onde a exposição verbal, ardente e obstinada, suprimia aos olhos, sugerindo à imaginação, os esplendores das culturas sob a curva do Níger. E as compensações pela nova fé. Até o escuro Calungangombe angolano cedeu às claridades do Olurum iurubano. A cidade completaria o sistema religioso, possibilitando o culto nos "terreiros".

A Bagaceira dera clima a essa espantosa unidade mental negra, fundindo os sedimentos religiosos de tantos povos diversos. Os cultos bantos, mesmo quando emergem indecisos e baços, nos Candomblés de Caboclos, eliminam os deuses básicos de Angola, representando-se num confuso elenco afro-ameraba, através da escolha votiva dos mestiços e negros brasileiros, funcionando como o bico do funil. Exceto para os Males muçulmanos, arredios, introvertidos, superiores, as grandes massas negras escravas simulavam possuir no Brasil o esmalte externo de uma religião, oficial e coletiva. O crepúsculo dos deuses bantos desenrolou suas mutações esvaecentes nos limites modestos das bagaceiras nortistas. E deveria ter havido um exigente processo seletivo para as próprias entidades sudanesas, elegendo as mais idôneas ao mundo sul e centro-americano. Dos seiscentos Orixás, menos da sexta parte atravessou o Atlântico. Ou lhes foi permitido livre-trânsito no Mundo-Novo.

Jamais conheceremos os nomes desses conciliares analfabetos e pretos, elaborando nas bagaceiras dos Engenhos de açúcar um Digesto funcional mítico, ritual e místico, que ainda interessa a milhões e milhões de brasileiros contemporâneos.

As religiões africanas foram investigadas na segunda metade do século XIX. Indagadas por europeus que sentiam através de nervos, mentalidade, critérios europeus. Para um africano autêntico a confidência é um sacrilégio.

O dogma é que o preto não pode mentir ao branco e a um sábio é impossível enganar-se nos registros dedusivos. Raros compreenderam o Prof. Henry Drummond: — *I have often wished I could get inside of an African for an afternoon and just see how he looked at things, for I am sure our worlds are as different as the color of our skins.* Frobenius não pensava nesse rumo... Drummond escrevia em 1888. Teremos apóstatas africanos revelando os segredos da Fé que não conservaram? Um Ernest Renan negro?

A História religiosa da África tem sido como a arqueologia do Egito, um *copyright* estrangeiro mesmo no plano da interpretação mais íntima. Não creio mais recuperável a informação realística porque África é terreno de influências alíneas. E convém pensar-se que, na época das pesquisas religiosas africanas, todo o continente era uma esponja humana exposta às chuvas da Europa.

Jamais se espera a réplica brasileira nas terras africanas e sim o africano nas almas brasileiras. Desde o século XVI plantas brasileiras conquistaram gosto e domínio africanos, superiores a qualquer produto local e nativo. O milho de espiga, as pimentas *Capsicum*, o amendoim, a mandioca, a batata-doce, o tabaco, o soberano caju, a fruta favorita para todo o paladar negro, oriental, central e ocidental, determinaram complexos culturais que, inegavelmente, terão repercussões anímicas. O coqueiro, a mangueira, as cítricas, melões e melancias, essas consagradas no *Mil e Uma Noites*, não podem medir-se com as pimentas, amendoins, e muito menos com El-Rei Caju.

Aplicando *el cuento*... A convivência das várias tribos e raças nos eitos e na bagaceira dos Engenhos não apenas criou descendência humana variada como positivou um entendimento harmonioso entre as crenças que na África seriam antagônicas. Elementos brasileiros emigraram e vivem na África, em todos os departamentos da atividade negra, como Franz Boas identificava nos contos negros nos Estados Unidos a presença do temário português. Como dizem na Nigéria *brazilian dish* ao que chamamos comida africana na cidade do Salvador.

Desde a segunda metade do século XVI o negro estava nos cananáis do Brasil e em número propício para confrontar e debater as suas com as crenças dos companheiros de cativeiro. Os estudos de interpretação foram impressões de bailados e festivais negros. O pau pela casca.

Tomo o direito de informar que a Liberdade negra nos séculos XVI--XVIII não tinha o conceito canonizado pelo movimento abolicionista. Notadamente entre os chefes naturais da África Negra, Reis, sobas, régulos, vendendo-os como animais de tração e açougue. Mesmo nos finais do século XIX a escravidão, por venda familiar ou captura guerreira, era uma normalidade indiscutível. O critério com que a rainha Jinga, de Angola e

Matemba, considerava seus súditos, não melhorara, em ação e volume, para o grande Gungunhana, *the last South African potentate,* como o aclama Liengme, vendo em seus homens forças úteis para matar e morrer. O mais alto rendimento no Congo era *o N'bicó*, contribuição dos comandantes de navios negreiros e comerciantes vendedores de conterrâneos, incluindo parentes sem préstimos. A história política é uma sucessão de dependências.

No Brasil o regime era oposto às ocupações africanas de guerra e caça onde abatiam o inimigo como a uma girafa ou antílope. O hábito novo dos eitos é que fora novidade para os músculos, agora obrigados a um esforço diário, regular, repetido. Por isso adquiriam povos menos belicosos para os encargos pacíficos. Zulus, bosquímanos, tongas, herreros eram inidôneos para o canavial. Aqueles que vieram não eram semelhantes entre si, quanto mais aos outros *malungos*, atirados ao navio como cargas vivas. A Bagaceira sossegava--os pelo convívio tranquilo e tradicionalismo da conversação, a indispensável *diaka, diambu*, para Kimbundos e Kicongos, palradores como papagaios.

Óbvio a não existência de locais reservados aos serviços divinos, originários n'África. Impossíveis no Brasil inquisitorial e ortodoxo. Os cultos africanos excluíam a obrigatoriedade dos templos. Eram locais umbrosos ou descampados, onde algum milagre se operara, talqualmente no *Fano* romano. A denominação ainda contemporânea de *Terreiro* para a realização do Candomblé, embora em recintos fechados, denuncia a anterioridade dos pátios, planos e largos, nas vizinhanças residenciais. Sempre nos arrabaldes, como presentemente. Não funcionariam, mesmo clandestinamente, sem organização e alguma tolerância policial. Existem, nesse assunto, as informações de Nina Rodrigues e Manuel Querino. A devoção profunda independe de sedes. As aparições preferem locais ao ar livre. O *Fano*, sob árvores ou ao redor de penhascos, daria o *fanático*.

As barcaças recebendo açúcar fariam ligações úteis com os navios que iam buscar outra carga em Luanda. Aguardente era a moeda vital para o tráfego (*Prelúdio da Cachaça*, 1968)[4] e nas tripulações trabalhavam escravos e libertos, ajudando os Amos e defendendo um comércio secreto e pessoal de utilidades recíprocas. Muitas coisas, depois objeto de importação, foram inicialmente matéria de contrabando, necessidade de manter vícios escondidos que se tornariam usos ostensivos. A *Cola acuminata*, por exemplo, "Quem come cola/Fica em Angola!". Barros brancos e vermelhos para "muambas", *pemba* e *ucusso* angolanos. Nenhum homem branco permitiria a vinda do Tipi, *Petiveria alliacea*, "remédio

---

[4] Edição atual – 2. ed. São Paulo: Global, 2006. (N.E.)

de amansar Senhor", tóxico implacável, que se divulgou em variedades sempre venenosas até o Amazonas, onde há a *Mucura-caá*, que Paul Le Cointe registrou. Muitos marujos negros foram visitadores interessados na preservação e perseverança de uma Fé que não era a da Casa-Grande.

Pelo Níger estavam as fontes perenes e autônomas, confundidas no distante estuário das senzalas mudas e das bagaceiras sussurrantes. As águas não seriam, evidentemente, falsas e nem mais se diriam legítimas, em pureza influenciadora. O "geral" africano continuava nas senzalas fecundas, mas África e Brasil iniciaram aculturação no cadinho das bagaceiras. As superstições portuguesas já nacionalizadas impregnavam os receios e memórias dos "boçais e ladinos". Aprenderam a distinguir as aves de agouro e de esperança. Por sua vez espalharam os pavores e os júbilos das raças longínquas. Aranhas, coelhos, raposas estavam em competição com os jabutis, micuras e macacos astuciosos.

Ali sucumbiram os prestigiosos elefantes, tigres e leões. Vieram as princesas, dragões, sereias, vara de condão, castigos e prêmios numa escala de valores que a África, anterior a 1960, não pressentiria.

O açúcar fora o concentrador do africano negro nas ilhas e continente americano. Seguia-se, em linha de densidade, o algodão no sul dos Estados Unidos. Sudaneses e bantos realizaram no Novo Mundo a convergência de seus deuses, desavindo nas terras de origem. Entendimentos nas pausas do trabalho escravo.

Onde não houve canavial os orixás não "desceram", utilizando o "cavalo de Santo". O algodão, nesse terreno, perdeu a corrida de extensão, diversa na economia no "Cotton Belt". Perdeu o próprio El-Rei Café, como o denominava Rui Barbosa.

Essa ausência de nucleação demográfica, que o Engenho de açúcar materializou, explica a pouca influência negra em Portugal, apesar do altíssimo volume de escravos, indispensáveis em todos os serviços, decorativos ou práticos (Clenardo, Garcia de Resende, Gil Vicente).

Os séculos XVII-XVIII seriam domínios da feitiçaria negra, específica e venerada por todas as classes sociais. Mas as pretas e pretos exerciam ritos da bruxaria europeia.[5] Não possuiria o escravo africano em Portugal,

---

[5] A reunião noturna e semanal das feiticeiras e bruxas em Lisboa denominava-se *Senzala*, no último terço do século XVIII. Informa Filinto Elísio: — "E perguntando-lhe eu por que razão lhe chamavam *Senzala*, me responderam que pela muita parecença que tinham elas negras e os demônios também negros, com as casas dos pretos, que no Brasil se chamavam *Senzalas*" (*Fábulas Escolhidas de La Fontaine*, Londres, 1813). O registro será anterior a 1778, quando o autor se fixou em Paris, fugindo ao Santo Ofício. Exceto o vocá-

contando-se em milhares e milhares, organização, densidade, culto pessoal. Davam coloração aos pavores dissolvendo-se neles. Coincidiam com a doutrina oficial da Medicina vigente, respeitada e normal, a de Frei Manuel de Azevedo, de Curvo Semedo, de Fonseca Henriques, da prestigiosa

Anacephaleosis, (1734), do Doutor Bernardo Pereira, espécie de Calepino teológico e mágico, recomendado aos médicos e exorcistas. Não havia a Bagaceira.

Vejam Consiglieri Pedroso, Teófilo Braga, J. Leite de Vasconcelos. Os orixás não alcançaram Portugal. Havia a Bruxa, "alma oculta do século", escreveu Júlio Dantas, mas não a "Mãe do Terreiro".

Ao açúcar devemos bases vivas de nossa literatura oral. Sílvio Romero ainda registrou, das vozes mestiças e negras, as obras reelaboradas nas bagaceiras loquazes onde flora e fauna dos dois continentes compunham o ramalhete do conto popular, que todos nós recebemos na imensidade do Brasil.

---

bulo quimbundo, nada mais era africano. O termo figurava o clássico "Sabbath", presidido, como escreve Filinto Elísio, pelo próprio "Cão Tinhoso". Advirta-se essa *Senzala* ter sido sugerida do Brasil, e não diretamente enviada de Angola.

RAPADURA

Rapadura, escrevem Antonil (1711) e o lexicógrafo Moraes (1813) e assim diz o Povo, e não *Raspadura.* Étimo de *rapar* e não *raspar.* "Massa dura de açúcar ainda não purgado, ou de mascavado coalhado, na qual se lançam amendoins; usada no Brasil, talvez sem os amendoins; *it.* crostas grossas do açúcar pegado aos tijolos das tachas, que se raspam para se guardar, ou misturar, e desfazer em mel mascavado". Antônio de Moraes Silva (1764-1824), brasileiro do Rio de Janeiro, falecido no Recife, foi Senhor do Engenho Novo de Mumbeca em Jaboatão. Devia conhecer, na ambivalência semântica e açucareira, as razões do nome.

Narciso Garay (*Tradiciones y Cantares de Panamá,* 1930) grafa *Raspadura,* informando: — "*Raspadura es el 'azúcar panela' de que hablan las Ordenanzas de Granada de 1672. La voz 'panela' entre nosotros es extranjera. Para servir este azúcar, que no es granulado ni en terrones, hay que rasparlo con cuchillo, y de allí tal vez provino el nombre de 'raspadura' que le damos*". Uso castelhano.

Originou-se, como diz Moraes, das crostas de açúcar presas às paredes das tachas retiradas pela raspagem e feitas tijolo, de fácil transporte e acomodação. Com o passar do tempo incluíram castanhas-de-caju, amendoim, cabeças de cravos, cascas de laranja, ampliando o sabor da gulodice. Na primeira década do século XVIII, Antonil descrevia: "O melado, que se dá em pratos e vasilhas para comer, é o da primeira e segunda tempera. Do da terceira bem batido na repartideira se fazem as *rapaduras* tão desejadas dos meninos: e vem a ser melado coalhado sobre um quarto de papel, com todas as quatro partes levantadas, como se fazem paredes, dentro das quais endurece esfriando-se, de comprimento e largura da palma da mão. E bem-aventurado o rapaz, que chega a ter um par delas, fazendo-se de mais boa vontade lambedor destes dois papéis, do que escrivão no que lhes dão para transladar alfabetos".

Os Professores Sílvio Rabelo, do Recife, e J. de Figueiredo Filho, do Crato, no Ceará, pesquisaram excelentemente história e distribuição do assunto. Iniciou-se sua fabricação nas Canárias, atingindo requintes de gosto pela adição de ervas e raízes aromáticas, modelo das rapaduras confeitadas para "presentes". Objeto de exportação, passou a toda América espanhola no século XVII, de grande expansão açucareira. Motivos do assalto holandês Bahia e Pernambuco.

As rapaduras não vieram das ilhas portuguesas do Atlântico e sim espanholas. Possivelmente no período em que os Filipes possuíam o Brasil, 1580-1640, dada a unidade administrativa na regulação do tráfego marítimo.

Não constituiriam apenas guloseima, mas uma solução prática de transporte em pequena quantidade, para uso individual. Corresponderá, nas áreas canavieiras, às épocas de impulsão econômica no ciclo da penetração geográfica. Acompanhavam o viajante, carregadas nas sacolas e bornais de couro. O açúcar comumente umedecia-se, *melava*, quando não guardado nas raras e fortuitas latas ou depósitos enxutos. O ladrilho de rapadura solucionou os problemas do suprimento diário e arrumação cômoda. Resistia meses às mudanças atmosféricas e às possíveis dentadas provadoras. Alcançaria grandes distâncias sem modificação. O açúcar *solto* não permitiria essas andanças ensolaradas ou na friagem dos serenos. Ninguém, até bem pouco tempo pelo interior do Brasil, viajaria sem rapaduras. Henry Koster, na jornada do Recife a Fortaleza em 1810, não a dispensou. Em Mossoró — *and purchase a supply of rapaduras*, antes de ganhar o areal do Tibau. Saint-Hilaire registra-as em 1817 nas Minas Gerais, em Goiás.

O açúcar *moreno* era o vulgar para todos os sertões, do Maranhão à Bahia. O branco reserva-se para adoçar chás medicamentosos, fazer lambedor (xarope), comparecendo parcimoniosamente nas dietas modestas das parturientes e primeiros mingaus de menino novo. O açúcar preto, açúcar bruto, afirmavam o mais doce dos açúcares, tendo sido o primeiro a ser obtido no mundo. O mais substancial e nutritivo. Também o mais responsável, na cisma vulgar, pela criação espontânea de vermes intestinais. Com bolachas-reúnas empanturraria um boi-de-carro, quanto mais uma criatura humana. Com banana-anã machucada valia o português "chá de burro", pão, açúcar, canela e vinho. Substituía, com a vantagem da mastigação, o mel de furo, posto na cuia de milho cozido em grãos e dado aos escravos trabalhadores nas levadas e pântanos, evitando o impaludismo, maleita, as febres confusas e aniquiladoras dos bandos cativos. Alguns calafrios agoureiros seriam afastados com uma boa golada de cachaça com açúcar bruto e limão. E mandar o negro aquietar-se no quitangue da senzala. Era o único incluído nas panaceias curativas no nível dos sinapismos e revulsivos, *puxando a matéria* para fora. Não o davam às crianças que eram doidas por ele. Apodrecia os dentes novos. Comia o esmalte. Provocava a cárie, como nenhum outro. Faria menos mal saboreá--lo aos torrões, lambendo, destacando pequenas migalhas. Os curandeiros não o esqueciam nas "garrafadas" miraculosas. Adoçava o leite de cabra para os fracos do peito, bebido de manhãzinha cedo. Misturado com mastruz esmagado e azeite quente, curava úlceras e frieiras. Fortificante. Entrava muito no seu prestígio o ser bem escuro. Meu avô materno, o Capitão Manuel Fernandes Pimenta, dizia-o "açúcar de feiticeiro". Nieuhof, 1640-1649, cita a "mistura detestável" de açúcar preto e água, "garapa", deliciando os bailes negros.

O "açúcar de cigano" era o moreno, com alguma percentagem do branco. O moreno funcionava a prol do comum, obrigatório, normal. Mas seu emprego era inferior ao da rapadura. Pilada ou esmigalhada, vinha com o café e habitualmente torravam os grãos com rapadura, adoçando-o previamente, fazendo-o mais saboroso e com um perfume inconfundível. Dizia-se *torrado com doce*. A rapadura ralada oferecia-se nas tigelas, valendo os açucareiros nas casas pobres e fartas. Ração aos remeiros no rio S. Francisco.

Aos pedaços, entretinha crianças e adultos, na vadiagem e tarefas. "Lamber a rapadura" é aguardar oportunidade para o revide desabafador. "Ficou lambendo rapadura atrás de um pau, tocaiando, até que se vingou." No Sul, "entregar a rapadura" é desistir do propósito. "Duro na rapadura", decidido, afoito, resistente. Essas frases denunciam a antiguidade íntima da rapadura na vida brasileira. Fabricavam-na os brejos paraibanos e o Cariri cearense. "Doce do Cariri" era a rapadura, espalhada por todos os recantos, viajando em garajaus de palha trançada, exposta nas feiras, vendas das vilas e bodegas à beira da estrada.

> *Rapadura e cachaça,*
> *Em toda a parte se acha!*

A participação alimentar era avantajada. Rapadura com farinha, *lunch* clássico; com mungunzá, milho cozido, na coalhada, pajeando o queijo de cabra, na umbuzada, polvilhando banana-comprida. Tantas e tantas *comedorias* do quotidiano animador. Indispensável no mais famoso acepipe, levantador e sustentador de todas as energias fecundadoras do homem, sobremesa de gigantes e titões — Tutano com rapadura! Acordando defunto ou povoando cemitério.

É um dos alimentos-tônicos mais antigos no estômago do homem. Desde o Paleolítico (Acheulense, Musteriano, Aurignacense) os ossos longos da caça foram partidos para o consumo da medula (Aleš Hrdlička). Nutrição mágica, transmissora de potencialidade total. A rapadura é considerada suficiente alimento forte. Aliá-la ao tutano foi uma concepção sintética de vitaminas para Hércules, búfalos e leões. Não *serve* com açúcar. "Quebra as forças." Somente a rapadura é digna desse conúbio energético.

Não há casa sertaneja sem farinha e rapadura. Uma ausência positivará a miséria integral. "Não tem um taco de rapadura e uma pitada de farinha" para enganar a fome.

As engenhocas, como as dizia Antonil, banguês primários, pingavam a cachaça e enchiam fôrmas de rapadura, ocultas nas brenhas e retiros, fugindo aos faros fiscais. Raros pagavam impostos e exibiam licenças de produção. A maioria ia satisfazendo os inspetores com o envio, ostensivo ou discreto, do produto destilado. As fábricas maiores atendiam a rede dos fregueses abastados. Os fabricantes dispersos nos matos supriam as necessidades sedentas das gargantas paupérrimas, com a colaboração dos interessados no ardente consumo. Não haveria comparação entre as fábricas, com chaminé e horários, escrituração e caixeiros, para as insignificantes almanjarras de onde as rapaduras saíam sem pressa e sem descanso. Esses apenas perceptíveis centros de produção teimosa tiveram, entretanto, função difusora contínua e sensível na vagarosa conquista da sistemática agrícola. Os pequenos cilindros incansáveis não esmagavam somente as canas plantadas pelo dono, mas os humildes "partidos" colaboradores erguiam os pendões inquietos onde antes havia unicamente barro e lama. Perto do roçadinho para a panela diária, o "partidinho" mobilizava reforço à moagem alheia, numa convergência de esforços denunciando o entendimento grupal para a tarefa comum. Os contribuintes eram pagos em rapadura e aguardente, por sua vez vendidos ao derredor e mesmo em segredo aos distribuidores urbanos. Os comboieiros e contrabandistas nasciam no exercício da venda ambulante e clandestina. Os orçamentos domésticos iam adquirindo utilidades com esses saldos do esforço familiar, com o auxílio dos processos de "prestação". A solitária engenhoca atraía moradores fixos porque precisava de consertos e desdobramentos mecânicos, e também adjuntos para o trabalho noturno. Os compradores vinham buscar rapaduras ao pé do fabrico. As engenhocas situavam-se espaçadas e próximas, escalonadas em locais acessíveis ao combustível e fornecimento

ininterrupto da matéria-prima. Uma vereda improvisada e torta tornava-
-se caminho batido e certo, retificado pela insistência do tráfego. Depois,
passariam cavaleiros em baralha e carros gemedores.

As famílias de posse tinham açúcar branco. Não nos usos, que era o
moreno, mas nas latas para as necessidades imprevistas. Fora desse limite
social começava o reino da rapadura.

Não era essa de menor valia no Rio Grande do Sul. Athos Damasceno
informa sobre a espécie gaúcha "envolta em palha de milho e despachada
em grandes porções para as vilas e cidades de então, onde era muito
querida". O açúcar, plantado na parte setentrional da província, não era
de feitio agradável — "escuro e áspero, dava a impressão dos torrões de
ajuntada, do mascavo brabo, de má catadura e sabor suspeito". O melado
e a rapadura dariam sota e az na praça e no campo. Athos Damasceno
fala da preciosidade do açúcar branco na velha província meridional. "Na
época em que eram escassos o açúcar e o café, nesse e em outros lugares,
quem possuía desses artigos os depositava em boiões, que eram içados por
uma corda apropriada na cumeeira da casa, e dali só eram arreados para
obsequiar-se os membros dessa família Ferreira, ao arrematante da Fazenda
Real de Bojuru, ao padre da Freguesia e aos hóspedes que trouxessem nos
arreios seu coxonilho que neste bom tempo custava, cada um deles, uma
onça de oiro".

Defendido em vidros de boca larga, latas de biscoitos ou manteiga
inglesa, nas confusas penumbras das camarinhas sem comunicação
exterior, o açúcar branco mais sugeria remédio sagrado que imediatismo
doceiro. Nos Engenhos, lavouras e fazendas de gado os escravos possuíam
quantidades mínimas da rara substância, enroladas em panos num cuidado
supersticioso de amuletos, escondidas nos *cafiotes* dos jiraus ou no fundo
das sujas malinhas de madeira com ciumenta fechadura. Através das
mulheres da cozinha, o escravo, ou comumente a escrava, obtinha o açúcar
branco, alegando enfermidade ou gravidez.

Uma cortesia de costume inalterável, praxe inseparável nos protocolos
tradicionais do senhor de Engenho, era o "presente" de açúcar nos finais
da moagem, a *prova*, cujo esquecimento determinaria surpresa e rancor.
Semelhantemente no Portugal vinhateiro os envios de algumas garrafas *do
fino* à volta do São Martinho, 11 de novembro, ou dos chouriços pelo Natal.
Circulavam os pacotes ou saquinhos entre as Casas-Grandes, repletas do
que recebiam. Era a vez das rapaduras confeitadas ou das "batidas" com
erva-doce, insuperáveis. Essa distribuição valia reduzida modalidade dos
potlatchs, que Marcel Mauss estudou, permuta de ofertas avivando o ciclo

75

da reciprocidade, dever para dar e direito à retribuição. Incompreensível que o produtor não obedecesse à imperiosa etiqueta da distribuição cordial entre seus pares da aristocracia rural. A oferta recordaria, no Brasil, um "presente" não comum outrora, alegria do paladar quando moeram os primeiros engenhos em Pernambuco, São Vicente e Bahia, e a caixinha de açúcar significasse uma participação simbólica dos amigos distantes nos júbilos da safra. Havia valimento extrínseco na generosa homenagem, reforçando os liames da solidariedade grupal.

A Usina, impessoal e mecânica, não poderia reconhecer esse formalismo, deficitando parcelas da colheita e sem réplica utilitária para os departamentos da produção. A missão usineira, quando *S.A.*, é unicamente o abastecimento dos mercados e não a conservação artificial do vazio consuetudinário.

Essa evocação da saudosa paisagem de uma sociedade desaparecida ainda permanece num ou noutro proprietário de Usinas, fiduciário romântico das Casas-Grandes fantásticas.

Pelos sertões e litorais do Nordeste, na minha coreografia sentimental começando onde o Brasil começou, a rapadura foi arauto natural e prioritário do açúcar, divulgando-lhe o gosto, preparando clima para a futura estabilidade usual. Quem anunciou e manteve o sabor açucarino por toda a região, agora povoada de chaminés nos agrestes e brejos, foi a insistência rapadureira. Também não despiciendo sua presença no Brasil--Central, Minas Gerais, Goiás, Mato Grosso (Eduardo Frieiro, Waldomiro Bariani Ortencio), e a notória praticalidade ao transporte e duração nos préstimos asseguravam a circulação contínua e regular. O indígena Caiapó já em 1886 fabricava.

Foi o doce das crianças pobres, dos homens simples, das mulheres diligentes. Regalo de escravos no eito, caçador na tocaia, pescador na ceva. Dos cangaceiros, tangerinos, passadores de gado, vaqueiro no campo, soldado em diligência. Davam-na aos presos da Cadeia. Gustavo Barroso conta que o escravo José, condenado à forca pela morte do Senhor, atirou aos moleques, que o olhavam entre as grades da prisão em Fortaleza de 1840, o derradeiro taco de rapadura que comia nesse mundo. O Cabo André (André Gomes de Freitas, 1819-1901), tradicionalíssimo carcereiro em Natal, todos os anos comprava rapaduras no Passo da Pátria, repartindo--as com os presos na noite em que Nosso Senhor nasceu. Comer rapadura era a "festa" única dos reclusos.

Antigamente o açúcar era uma visita. A rapadura, companheira familiar e prazerosa...

VOZ DO CANAVIAL

> *Canas do amor, canas*
> *canas do amor.*
> *Pelo longo de um rio*
> *canavial está florido,*
> *canas do amor.*
> Gil Vicente, *Farsa de Inês Pereira*, 1523.

— *N*em com açúcar!
Suprema recusa.

— Fel com açúcar não deixa de amargar.
— Até o açúcar enfara.
— Lambendo rapadura!
Distraído, despreocupado, indiferente.

— Palavra doce tem veneno.
— Feito de açúcar, ao sol derrete e na sombra comem...
— Comendo açúcar!
Iludindo-se.

— Bote açúcar!
Saiba enganar, suavidade, bons modos.

— Açucarado!
Amaneirado, melífluo, afetado. "Vistosas e açucaradas/ Com essa vossa parola": Antonio Prestes, *Autos*, Lisboa, 1587.

— Pingando açúcar!
Derramando cortesias, vênias, agrados.

— Rato come açúcar e gato come os dois!
— Não deixe o açucareiro aberto que está chamando baratas!

— Guarde seu açúcar!

Dispenso a simulação, hipocrisia, fingimentos.

— Sal e açúcar se parecem.

— Menino com açúcar e homem com promessa.

Aquietando angústias.

— Lamba a colher, que o açúcar acabou!

Aproveite a realidade ainda útil.

— Dando açúcar!

Prometendo.

— Só come açúcar bruto!

Grosseiro, alarve, rústico.

— Cara de açúcar.

Rosto lindo e mimoso, que faz gosto beijar. Cara era a base do pão de açúcar. Século XVI.

— Com açúcar e com mel até as pedras sabem bem!

Padre Antônio Delicado, *Adágios portugueses reduzidos a lugares-comuns*, Lisboa, 1651.

— No ponto do açúcar!

Oportunidade, ocasião propícia.

— Perdição de formiga é o açúcar preto.

— Faz careta até comendo açúcar!

Requinte, melindre, sofisticação.

— Defunto não come açúcar!

Da capacidade pecadora depende a realização pecaminosa. Pureza pela impossibilidade funcional da prevaricação.

— Carreiro dorminhoco, carro no toco.

— O doce nunca amargou...

Anexim de Portugal, intitulando o delicioso ensaio de Emanuel Ribeiro (*Doçaria Portuguesa, História, Decoração, Receituário.* Imprensa da Universidade. Coimbra, 1928). Em 1933, na mesma editora, *A arte do papel recortado em Portugal,* complementar não menos interessante. Privei com o autor no Porto em 1947, devendo-lhe informações originais referentes aos doces portugueses.

— Não pode ver açucareiro sem tampa.

— Açúcar em açucareiro sem tampa!

Pouca permanência. Desaparecimento imediato.

— Desgraça de canavial é faca amolada!

— Enxuta como cana que porco chupa.

— Desenxabido como olho de cana.

— Quem não tem o que comer chupa cana.

— Dinheiro de cana só dá certo quando encana.

Segue-se sem interrupções, ganho sobre ganho. Encanado, sem solução de continuidade.

— Pesado como boi de carro.

— Teimoso como boi de carro.

— Furta como porco de Engenho.

— Mentiroso como cachorro de bagaceira!

Ladra sem motivo, alarmando sem razão.

— Bebe que só gambá!

O gambá *(Didelphis)* é perdido por cachaça. Deixam aguardente ao ar livre e o gambá é apanhado em estado total de embriaguez.

— Bebe que só raposa!

Semelhante ao gambá, em escala mais respeitosa.

— Não gosta de cana, mas não sai do canavial.

— Besta como mestre de açúcar!

Considerados orgulhosos, importantes, conscientes da sabedoria indispensável ao Engenho.

— Negra moçou, pariu!

A gravidez era estado normal e subsequente à puberdade.

— Negra de eito não dorme com os pés juntos.

— Negro chegador vive de teimoso!

Chegador de lenhas às fornalhas ou cevando os cilindros das moendas com as canas para esbagamento, arriscava-se às queimaduras atrozes e mutilações frequentes.

— Negro de Engenho tanto mais come mais fome tem!

— Mestre de açúcar só toma banho quando chove!

Chegando de madrugada e deixando o posto em altas horas, fazendo faxina, emendando as tarefas, teria pouco tempo para os cuidados elementares da higiene pessoal. Por precaução, evitava água no corpo, permanentemente aquecido pelo calor das tachas. Só mesmo a chuva ocasional poderia banhá-lo nas partes de fora.

— Rato-da-cana caga doce!

Pela dieta unicamente sacarina. Imposição ambiental.

— Cabra de bagaceira também vê Nosso Senhor!

— Ninguém pode chupar cana e assobiar!

— Açúcar no mel!

Excesso melífluo. Bajulação exagerada.

— Copo de venda tem o fundo furado!

Aguardente comprada nas bodegas à beira da estrada parecia sempre insignificante em quantidade e duração.

— Cachaceiro só tomba com cacetada!

Com aguardente seria impossível derrubá-lo.

— Quem trabalha em canavial não *se adoma* noutra labuta!

— No dia em que balanceiro acertar, cai a mão!

Os encarregados da pesagem oficial, recebendo o açúcar despachado, eram invariavelmente acusados de furtar no peso. Sendo honestos, o braço ficaria paralítico.

— Muito doutor cheira a bagaço de cana!

Era a conclusão de Sá de Miranda: "E podem cheirar ao alho/Ricos--homens e infanções".

— Os três rabos do Diabo: — Sono, Feitor e Buzo!

A insistente e rouca sonoridade do búzio era um toque de reunir o eito, grupo de trabalho. O sono em certas horas aparecia como uma opressão inimiga. O Feitor, ainda hoje, pode não merecer ódio, mas nunca desperta simpatia.

— Mel de Engenho só farta quando enfara.

Quando não pode ser mais consumido sem náuseas de repleção.

— Urubu de Engenho voa baixo.

Não precisa voejar no alto para divisar as carniças, visíveis nos vales de pouca cobertura florestal. Experiência é Ciência.

— Desgraça do mel é farinha perto.

— Cachorro de bagaceira não dá — ponto por preguiça.

Pela antiguidade presencial, podia substituir o mestre de açúcar.

— Senhor de Engenho paga conta arrotando!

Fingindo fartura.

— Entojado como pajem do Barão!

Alusão à pacholice fátua do moleque escudeiro dos antigos Barões, Recadeiro, leva e traz, *office boy*.

— A filha do Barão pariu um alazão!

Menino avermelhado, ruzagá-escuro, denunciando mestiçagem.

— Dorminhoco como negro de Engenho!

Estremunhado, esgotado pelas tarefas suplementares, em certa fase da moagem o negro dormia em pé, cochilando sem conter-se. Henry Koster registrou-o em 1812.

— Negro-Feitor é irmão do Diabo!

Era critério na escravaria que um Feitor saído da senzala e bagaceira seria o mais implacável, cruel, arrogante, libidinoso. Decorrentemente, o mais agredido no canavial.

— É como moenda de Engenho, sempre comendo e sempre vazia!
— Negro no canavial vadiando, está furtando ou está pecando.
— Escravo só não gosta do que não pode furtar.
— Carro calado, carreiro morto.
— Visagem de negro é branca.
— Quem assobia está cortando capim.
— Canceleiro dormiu, boi fugiu.
— Fome de negro fugido...
— É uma questão de açúcar!

Maior ou menor vantagem.

— Desculpa de *bêbo* é cachaça ser remédio.
— Negra passeando, está viçando.

Dizem também referindo-se à Sinhá-moça.

— Galo cantando fora de hora é moça fugida ou negro no galinheiro.
— Folga de negro é festa de branco.
— Se Nossa Senhora ouvisse negro o Céu era preto.
— Quando "cabra" não aproveita é porque tomaram ou ele perdeu.
— Enfeitada como negra em casamento!
— Quem mora perto de canavial é porque gosta de mel.
— Tudo é laia junta na bagaceira!

Qui se ressemble s'assemble.

— Cabra de pé de Engenho, rafameia perigosa!
— Quem gosta do Amo, gosta do Negro.
— Cabra de Engenho só é valente em magote!

Corresponde ao "valente como uma patrulha".

— Cabra não é valente. É afoito!
— Sustança de moleque é a língua!
— Se praga valesse não havia mais soldado.
— Quem foi rico sempre tem o azinhavre.
— Preguiçoso como moleque de bagaceira.

— Em tempo de moagem não se mastiga.

— Coragem não é cara feia.

— Facão cego e cana dura é trabalho do Fute!
Diabo.

— Garapa é almoço.

— Cachorro capado também morde.

— Com garapa e mel de furo o Diabo sustenta os filhos.

— Nem mostrou os dentes...
Não sorriu.

— Cabra de viço (vício), dá serviço.
Motiva preocupações, aborrecimentos, decepções.

— Mel só não serve para dor de dentes.

— Carta de porta fechada!
Carrancudo, severo, antipático.

— Dinheiro de rico entra, mas não sai.
Dinheiro de pobre sai, mas não entra.

— Muita mulher bonita tem pereba escondida.
Ferida encascada, apostema com crosta.

— Cachorro, lá um dia estranha o dono!

— Nó de cana também dá garapa.
Tudo é aproveitável.

— Cachorro lambão não caça não!

— Moeu, vendeu, recebeu!
Pragmática dos negócios certos.

— Canavial aumentado, cuidado dobrado!

— Carro ensebado canta afinado!
Sugestão às gorjetas indispensáveis.

— Carreiro cantador, carro dançador!

— Mulher é como cana, só presta apertada!

— Vida amarga, a de quem vive do Açúcar!
Maneco Varela, do Engenho S. Francisco, Ceará-mirim, hoje Usina do seu
filho Luís Lopes Varela. Frase dita ao senador Eloy de Souza. Manuel
de Gouveia Varela (1869-1923) foi um modelo legítimo da aristocracia
rural, na inteligência, elegância, simpatia excepcionais. O filho, meu velho
amigo Luís Lopes Varela, representa a quarta geração da família na tarefa
açucareira.

***

Esse documentário foi ouvido e registrado entre 1929 e 1936, na convivência de Senhores de Engenho e seu povo, quando estudei a Cultura Popular nos vales açucareiros do Rio Grande do Norte, de Canguaretama ao Ceará-Mirim. Autenticidade do humor canavieiro, ironia e sátira que não ocultam a penetração psicológica imanente, o pormenor feliz na facécia folgazã e zombeteira. Uma boa percentagem é herança das normalidades anteriores a 13 de maio de 1888, a "Data Áurea" da Abolição, esquecida e presente. O escravo vai sendo substituído pelo *cabra*, cabra de peia, cabra da peste, cabra de pé de Engenho, considerado incorrigível e trabalhador acidental, nos surtos inesperados da disposição laboriosa. Não foram indagadas as Usinas, então raras, onde a crescente mecanização das tarefas modifica o clima natural dos antigos Engenhos tradicionais, exilando, por falta de função, as figuras seculares e típicas.

DOCE... DOCE...

D'um desejo tam doçar,
Que muy docemente sabe.
Cancioneiro de Resende, 1516.

*D*oçar, adoçar. Não correspondia ao "açucarar" que é cristalizar, converter o mel em açúcar, confeitar. A sugestão dulcificante, anterioríssima ao açúcar, não partira do mel de abelhas, utilizado no Neolítico. Muitas plantas bulbosas e comosas possuem sacarina e glucose, e o acaso da primeira dentada revelaria o conhecimento deliciado, inesquecível às papilas linguais.

Aludo ao doce contido na espécie vegetal e aproveitado sem intervenção mecânica. A planta esmagada pelos dentes. A insistência de um ruminante ou roedor em preferi-la despertaria a curiosidade humana.

Antes da cana-de-açúcar atingir o México, faziam os mexicanos um produto do milho (*Zea mays*), regalo, semialimento e remédio. Mesmo o *sakkharon* grego, de Dioscórides e Teofrasto, e para o romano Plínio, naturalista sob os Flávios, era medicamento líquido. Comparavam-no levemente ao mel de abelhas, insubstituível e único no Mundo daquele tempo, para os bolos, gulodices, vinhos. *Il a eu chez les anciens une importance que nous ne pouvons nous figurer par l'usage que l'on en fait actuellement*, Georges Lafaye em Daremberg e Saglio.

O português que veio viver no Brasil do século XVI conhecia cerimoniosamente o açúcar. Chupava canas, mas Portugal seria outrora mercado modesto e tímido para os caríssimos açúcares de Valência e Granada. No Brasil é que se fartou nos Engenhos da Bahia e Pernambuco. Mas o nome não lhe era comezinho. Substituíra em volume e facilidade ao mel de abelhas na doçaria doméstica, depois industrializada na marmelada, denominação genérica mesmo sem os marmelos. Não me parece que se dissesse "açúcar" oferecendo-o para complementar as bebidas refrescantes e ao chá, como duzentos anos depois pajearia o Café.

No primeiro terço do século XX pelo interior do Brasil dizia-se *doce* na acepção distinta do açúcar... Expressando ação de adoçar sem alusão ao adoçante. Servindo-se a chávena de café, mesmo que os grãos fossem torrados com rapadura, perguntava-se: — "Tem bastante *doce*? Quer mais *doce*?" Jamais uma referência ao açúcar, presente no açucareiro de louça ou alumínio.

Era apenas uma presença do nome-primeiro. Prolongava-se pelos sertões do Brasil o linguajar autêntico em Portugal. Ainda em uso na Beira Baixa (Jaime Lopes, Dias, *Etnografia da Beira*, VI, 1942) — "Papas com doce ou sem doce". Assim ouvi, da foz do Timonha à do rio S. Francisco.

Na verificação sápida, a ponta da língua identifica o doce. O terço superior, o amargo. As bordas, os ácidos. As crianças experimentam os alimentos com a ponta da língua. Todos nós, instintivamente, estiramos a língua na tentativa de conhecer ou reconhecer o sabor ignorado. Dir-se-ia que temos a vocação às substâncias doces, tenras, deleitosas. Pelo doce, vamos longe... Goethe surpreendia-se na Sicília vendo os cactos tendo gosto sacarino, avidamente procurados. Com um imenso trabalho obtinha-se um momento de alegria saborosa.

Tudo que nos afigura agradável, ameno, afetuoso, é *doce*. Olhar, sorriso, palavras, convivência, temperatura. As coisas amargas admitimos como terapêutica e, antigamente, como penitência. Ou para contrastar, valorizando o doce.

Como o mais popular, contemporâneo e vulgar aproveitamento da cana-de-açúcar é esmagar os gomos nos dentes, saboreando o suco, e esta é a forma inicial em cinco dezenas de séculos asiáticos e depois cosmopolitas, a denominação de uma substância capaz de transmitir o docicado ao líquido envolvente seria o vocábulo *doce*, nascido do *dulcis*, e que, em nossa fraseologia, implica o tenro, maleável, macio, brando, sem aspereza, suave, enfim, o *docilis*. Assim os nossos sertões conservaram em circulação verbal, obstinada e lógica.

As palavras sobrevivem à significação inicial.

Senhora de Engenho

Figura inesquecível e poderosa, Dama dos Tempos Idos, foi a senhora de Engenho, que Mário Sette moldurou em romance pernambucano (Recife, 1921). Houve as mandonas, *dispostas*, enfrentando tormentas, contra-atacando sofisticação credora, tomando iniciativas de salvação, sacudindo a energia desfalecente do marido, assaltado pelas dívidas cobradas inopinada e conjuntamente. Conquistavam desdobramento de promissórias, prazos, abate de juros acumulados. Contratavam trabalhadores, fundando safras, pagando salários, tirando leite nas pedras, arrancando empréstimos, precários, mas suficientes para saltar a fogueira. Não eram bonitas, provocando erotismo aliciante, recorrendo ao sexo como argumento conciliador. Quase sempre velhotas, afoitas e murchas. Algumas possuíam experiência de crises anteriores. Já sabiam nadar. Outras constituíram revelações surpreendentes de energia, resistência, penetração psicológica, anulando os "golpes", conseguindo êxitos. Viajavam, discutiam, explicavam, esquecidas dos passeios preguiçosos no alpendre tranquilo. Encontravam vocabulário, argumentação, lógica comovedora ante desconhecidos, surdos, indiferentes, frios, desarmando algarismos silogísticos elaborados contra a inerme Casa-Grande. Amealhavam sobras dos saldos fortuitos, ignorados por todos, ocultos nos baús de pregaria. Uma dessas, dona Militina, senhorial e lenta, em clarão de desespero econômico do esposo, entregou-lhe dez contos de réis, cédulas amassadas, escondidas no oratório, libertando-o do vendaval. Vinham as horas em que as joias herdadas matavam a hipoteca. Ninguém sabia como o débito desaparecera. Apenas "pagando promessas", a senhora nunca mais ostentara as esmeraldas e diamantes da avó. Nem as filhas conheciam o sacrifício, notado no inventário pela ausência dos anéis, broches, trancelins, braceletes, diademas e camafeus. Nem mesmo os cordões de ouro, outrora aos metros.

Entregues, meninas, aos maridos inquietos e capros, viam as concorrentes de todas as cores disputar-lhe a presença no tálamo. Reagiam umas, com a expulsão da rival e prévio corte de cabelo, complemento do banho de tabica. Outras, resignavam-se à tradição das huris e odaliscas, sucedâneas e sucessivas, como o essencial permite o efêmero acessório.

O senhor de Engenho é que não perdia o altaneiro passo, a naturalidade da prevaricação, parecendo legítima pela constância. Nos raros momentos de exaltação e desabafo da esposa furiosa, limitava-se a aconselhar que não lhe tocasse nas barbas, símbolo da austeridade e compostura moral.

Excepcional, o adultério feminino. Inacreditável o impudor numa senhora de Engenho. Honra de Mulher-Casada, patrimônio da heráldica senhorial! No homem *nada pega*. Na blusa feminina todo cisco é visível. O cantador Claudino Roseira comparava a perfeição dos próprios versos aos supremos padrões da honorabilidade popular: — Conversa de Presidente! Barba de Juiz de Direito! Honra de Mulher-Casada! Acima desses modelos só a Santíssima Trindade! Retablo da casta D. Isabel de Aragão, a Rainha--Santa, e o Rei D. Diniz, trovador e namorado, pai de sete bastardos em várias damas sentimentais.

Cabia à senhora a missão aprovisionadora e fiscal de todos os encargos na Casa-Grande, a refeição meticulosa do marido e dos trabalhadores com direito à comida; cozinha, copa, despensa, rouparia; o traje branco engomado, a roupa cômoda, a rede fresca, a cama macia, atributos conjugais. Havia o heroico quotidiano na manutenção do ambiente inalterável. Responsável por tudo, garantia o ritmo harmônico da continuação doméstica, a *gens* e o *domus*, multiplicando sem milagres pães e peixes. Quando havia escravos, as negras prenhas, os negros enfermos, ficava ao seu cargo a regularidade dietética. Era preciso prever o descuido das pretas no preparo do sumário enxoval. Remédios caseiros. Pedidos da vizinhança. As queixas, reclamos e súplicas possuíam um único caminho resolutivo: — os ouvidos da Senhora, enseada onde caíam as águas de todos os rios, pedinchões.

A competência consultiva ultrapassava os limites da propriedade. Deveres para a Igreja paroquial. Obrigações sociais na cidade próxima. O "giro" domiciliar comum — mobiliário, alfaias, ornamentos, costura, bordados, rendas de almofada e bastidor. Os mil nadas imprevisíveis do universo familiar.

Os hábitos de abandono no traje e asseio, registrados pelos viajantes estrangeiros, desmemoriados do seu Povo, haviam desaparecido no segundo terço do século XIX.

Os engenhos a vapor aumentaram a produção trazendo uma intensidade de relações alvoroçadas, visitas, passar-o-dia, bailaricos improvisados, jantares copiosos. Filhos estudando vinham passar as férias trazendo colegas. As mocinhas lançavam as redes enleantes. Festejos dos Santos, Padroeiros e o santoral de junho. Aniversários. A festa imperial de Napoleão III influía na ascensão renovadora da elegância, danças, cortesias, cantos de piano e violão, quadrilhas.

Os cabriolés, charretes, aranhas, divulgaram-se, cheios de damas e donzelas, com a escolta dos cavaleiros janotas. Pernambucanos, baianos, fluminenses viviam sonoramente uma pequenina vida mundana na Casa--Grande iluminada, esteirada de novo, embandeirada pelo papel multicor. Ternos de clarineta, bombardino, pistão. Não se falava em saxofone nem harmônica, acordeão, fole. Figurinos. Revistas com desenhos de Bordallo Pinheiro e Henrique Fleiuss. Fogachos abolicionistas. Depois de 1870, murmúrios republicanos. Exibição de fartura, donaire, bom gosto. Romances traduzidos. *O Mártir do Gólgota. A Toutinegra do Moinho. O Grande Industrial.* Rapazes-mancebos de cabeleira, *pince-nez*, palidez romântica. Serenata. Declamação ao som da *Dalila.*

A senhora de Engenho era o chão alimentar e o teto decorativo. Tinha de "dar de comer", improvisar, multiplicar recursos quando as latinhas não existiam, com os elementos de mastigação ambulante. Cozinhava-se em caldeirões. Servia-se em travessas de louça da Índia ou Macau, de seis palmos. Todos os convidados, "oferecidos", penetras, caradura, senhoras e senhoritas, fâmulo acompanhantes, às vezes criancinhas acomodáveis para que as jovens mamães dançassem, traziam estômagos infalíveis. A Senhora não podia beber, distrair-se, pôr um grão de álcool na asa do tédio, conversar à vontade. Estava de serviço, como um oficial-de-quarto, rodando, dispondo, mandando, brigando, sorrindo, animando alegrias alheias. A lembrança da festa valia saudades para todos, menos à Senhora, que se sentia convalescente, exausta, machucada.

Durante o santo dia governava seu Mundo: cabelos em bandós, presos na nuca, ou totó onde a marrafa de tartaruga e ouro cravava-se, a bata folgada, arrendada e leve, a saia rodada e ampla, escura, disfarçando nódoas, tendo bolso interior para as chavinhas inseparáveis. Recebia, despachava, resolvia. O marido não estando, supria-lhe a gerência na tarefa normal. "Não é consertar a estrada, mas limpar o partido do canto, ver a levada da porteira!" "Trazer a lenha!" "Damião 'aprontou' o carro?" Sempre vigilante, lesta, desembaraçada. "Tem aí um moço de fora! Um recado do Coletor. Chegou a encomenda do Correio..." A Senhora não devia ignorar os assuntos, permitindo a interrupção pela ausência do Homem. Aparecia a consulta e estava a ordem. *"ELE* deixou dito para ensacar o açúcar como sem falta... O pedreiro está rebocando o armazém?... Zacarias trouxe o porco?"

Essa participação incessante, integral, medular, dispersaria o potencial da libido, inoperante no ângulo de insistência na aproximação amorosa. Ocupava a imaginação, fatigando os músculos. "Alma ocupada não vive tentada!" Não teria tempo de pensar constantemente em si mesma. Desejaria tanto o repouso quanto o sexo.

O cansaço sublimava a intermitente solidão sexual. Sentir-se-ia, porém, indispensável, mola da casa, insubstituível. Nas festinhas e "alterações" menores em casa, o marido dava ordens unicamente por seu intermédio. "Manda mais vinho!" "Servir o licor no terraço!" Quase nunca diretamente às empregadas. Proclamava-se a *DONA*, autoridade indiscutida, o Grão-Vizir do Sultão volúvel. Dentro da Casa-Grande era a Rainha-Regente ante a reverência temerosa e servil. Compensava, um pouco, as íntimas decepções da mulher. Sobre essa conduta reta, limpa, inflexível, ondulava a linha sinuosa da lascívia marital, incontida, congênita, espontânea. "Ele gosta muito de mim, mas, que posso fazer, é o gênio dele! Vadio até ali!" Percepção de ovelha monógama, jungida ao bode polígamo. Seria desejada e inacessível.

Mesmo voluntariosas, impulsivas nos arrebatamentos insopitáveis, princesinhas humilhadas pela divisão do afeto funcional, irritante e vulgar, foram admiráveis no comportamento, de casa e praça, severas, de modos, palavras, atos circunspectos; anafrodisíacas em clima de contubérnio libidinoso, sem jogo de baralho, álcool, tabaco exibicionista; equilibradas, sentenciosas, superiores às tentações do Comum. Mantiveram a dignidade da tradição feminina do sólio familiar, impondo a respeitabilidade dos apanágios, os nomes vivos na História e na Lenda dos heroísmos regionais. Algumas descendentes de latifundiários opulentos faleceram pobres, recatadas, discretas, decentes, como Dona Brites de Albuquerque, senhora do engenho Garapau em S. Antônio do Cabo, da alta nobreza pernambucana, falecendo em 1713 possuindo apenas dois humildes partidos de canas, um deles vendido a baixo preço pelo marido, Capitão Cristóvão de Albuquerque Melo.[1]

Obedeciam aos modelos imóveis das convenções seculares: os excessos eram crimes e as inconveniências, pecados. Onde se vira uma

---

[1] Fernando Pio — "Cinco documentos para a História dos Engenhos de Pernambuco", sep. *Revista do Museu do Açúcar*, Recife, 1969.

senhora de Engenho escandalosa, descomedida, embriagada? Montavam excelentemente a cavalo e temiam trovoadas e relâmpagos. Fumavam às escondidas, cigarro quando moças, cachimbo na maturidade indisfarçada, recolhidas, envergonhadas quando surpreendidas no uso do vício. O cachimbo público era direito da velha pobretona, grosseira, plebeia. Cachimbo no queixo seria imperdoável numa Dona. Cigarro na boca, desrespeito indecoroso. Beber com os parceiros do marido, igualando-se a eles, má-educação, quase licenciosidade manifesta. Hoje são ritos de passagem.

Recebiam os visitantes, apresentando roupa limpa, unhas claras, penteado firme, cheirando a água de colônia. Cotovelos e jarretes ocultos, como recomendava o profeta Maomé. Não cruzavam perna sobre perna quando sentadas. Direitas, duras, verticais.[2]

Sem espreguiçamento langue, bocejo escancarado, suspiro ruidoso. Não figurariam nas tertúlias do *Decameron*. Não imagino como se portariam na intimidade do grupo de amigas, comadres antigas, companheiras da escola primária ou colégio de freiras.

Sentir-se-ia o polvilhar da pimenta e sal, mas bem distante do paladar masculino. As mais espirituosas, *levadas*, expeditas, sublinhavam com olhares de malícia o relevo intencional da frase capciosa. Motor e combustível não poderiam mudar, mas a velocidade é outra, na estrada nova.

Conheci, menino-grande, as derradeiras Senhoras de Engenho imperiais. Pálidas, anafadas, vagarosas, ausentes do quotidiano, recebendo as últimas visitas fiéis, mais hábito que devoção. Mantinham os trajes sobreviventes das elegâncias defuntas, anteriores à República. Falavam sincopadamente, como se lessem um texto ininteligível. Tendo outrora falado alto, agora detestavam os timbres de comando, gritos, vozeria, discussão quente. Punham pedal nas exclamações, mais expressivas nos gestos e mutações fisionômicas que na voz cansada e baixa. Como a rainha Vitória, fingiam não perceber as rápidas escabrosidades verbais, percussões ao entendimento desabituado ao sexualismo auditivo. Retiradas da circulação interna, desinteressantes na monotonia das recordações uniformes, incompreendendo

---

[2] *Ninguém antigamente se sentava*
   Senão direito e grave, nas cadeiras.
   Agora as mesmas damas atravessam
   As pernas sobre as pernas.
   (*Cartas Chilenas*, V.)

quanto seduzisse as filhas velhonas e as netas sazonadas, lembravam uma homorada de Campoamor: —

Se asombra con muchísima inocencia
de cosas que aprendió por experiencia!

Apareciam como fantasmas domésticos, graves emanações de antepassados barbudos. Ambientadas em respeito e tédio. Os assuntos provocavam impaciência e sorrisos de falsa indulgência. *Querelles des Anciennes et des Modernes.* Inajustáveis. Viviam na contemporaneidade por uma espécie de *bodily compulsion.* Presentes e longínquas. As que se haviam criado em Casa-Grande que eram palácios, Sapucagí e Morenos em Pernambuco, Subaé e Freguesia no Recôncavo baiano, São Bernardino, Guriri, Airises, Machadinha, na terra fluminense, eram exiladas reais nas asfixias residenciais das cidades. Assim as raparigas nascidas nos solares da Ribeira do Lima seriam matronas emparedadas nos apartamentos de Lisboa e do Porto. Um tanto agrestes e ácidas, incrédulas e desconfiadas, na contenção melancólica da velhice.

***

Indústrias de Sobremesa

*C*apistrano de Abreu, em 1916, escrevia a João Lúcio de Azevedo: — "Nossa lavoura (Derby não gostava que se dissesse agricultura) só alvejou o *post-prandium*.

Açúcar, doces os mais saborosos, café odorífero, charutos fragrantes, pinga crioula, que bela sobremesa! É de tirar um padre do altar!"

Esquecera a farinha de mandioca, criadeira do Brasil. Come-se com rapadura ou açúcar preto. É um pospasto de gente pobre.

Certamente essas "Indústrias de Sobremesa", açúcar, café, tabaco, aguardente, mantiveram a normalidade econômica, sendo auxílios prestantes o algodão e o sal. Faltariam carne, que então não importávamos, fiados na gadaria gaúcha e nordestina, e o trigo, sempre dando desvio ao crédito externo com sua política de intermediários confusos para distribuição misteriosa, merecendo romance de Alexandre Dumas Pai, que o faria pouco demagógico e doutrinador, mas sugestivo.

Se o açúcar fosse luxo dispensável, como o pau-brasil, as púrpuras, a canela, difícil pensar como as especiarias do Índico explicassem a navegação reveladora do Mar e em sua ausência Cristóvão Colombo estaria sem destino e o Infante D. Henrique sem ocupação. Os árabes reinariam na África Oriental e o Atlântico continuaria "tenebroso".

Não compreendemos agora o prestígio econômico da pimenta, *lume dos olhos de Portugal*, diz Gaspar Correia, não imaginando o próximo glaucoma indiano. No entanto esses condimentos provocaram o caminho marítimo para a Índia e o descobrimento da América. Tudo porque o europeu desejava novos sabores para a sobremesa.

Eram, legitimamente, coisas do *post-prandium*, bem longe da primeira coberta culinária. Assim fora a história do café e do chá, que não seriam drogas da Índia, merecedoras de figurar nos dialogados de Garcia de Orta.

Podíamos lembrar quanto o tabaco comprou na África para as indústrias do Brasil, e sem ele e o aguardente, a *pinga crioula*, quais seriam as exigências nas tabelas de preço nos mercados negreiros.

O Rio de Janeiro resistiu à sedução do açúcar, ocupando-se nas farinhas de mandioca para Angola, já conquistada ao sabor dessa nossa base alimentar. Depois de 1612 possuía quarenta Engenhos, informa Frei Vicente do Salvador.

Rendera-se. Antes de 1698 o açúcar brasileiro cristalizava os doces de cidra, e talvez marmelos, ditos *casquinhas* na ilha da Madeira, de onde tinham vindo as primeiras mudas canavieiras. Vinte embarcações carregavam essas "casquinhas", petisqueira sofregamente disputada na Europa peninsular. A Mater-Madeira perdera a coroa açucareira, visível na cabeça do Brasil. O vinho da Madeira substituiria o açúcar, mantendo-lhe nome no Mundo bebedor.[1]

Cem anos depois, 1798, Moçambique e suas dependências no Índico consumiam açúcar do Rio de Janeiro.

Vivemos pela boca! — afirmavam os antigos. Sem deixar o altar, o Padre diria a mestre Capistrano a doutrina do Eclesiastes (VII, 13): — "Atenta para a obra de Deus! Quem poderá endireitar o que Ele fez torto?"

---

[1] "O infante D. Henrique mandou as canas de Cecília para se povoarem na ilha, e de Candia mandou trazer bacelos de malvasia para se plantarem": Frei Gaspar Frutuoso (1522-1591), *Saudade da Terra*, Ponta Delgada, 1876.

COMÍDA DE ENGENHO

O Instituto do Açúcar e do Álcool publicou em 1956, no tomo II dos "Documentos para a História do Açúcar", o precioso *Livro de Contas do Engenho Sergipe do Conde*, de 1622 a 1653, relação reveladora dos mantimentos habituais num grande Engenho do século XVII.[1]

Fora do Governador Mem de Sá, e o herdeiro Francisco de Sá falecera solteirão e sem filhos, no mesmo ano do pai, 1572. Passou à filha, D. Felipa de Sá, depois casada com D. Fernando de Noronha, Conde de Linhares. Daí o Engenho ser "do Conde" que nunca o viu, além da percepção dos rendimentos. A condessa faleceu viúva e sem descendentes, 1618. O Engenho ficou, após composição, para os Jesuítas da Bahia. Gabriel Soares de Souza alude à "grande máquina de escravos". Antonil escreveu o *Cultura e Opulência do Brasil* (Lisboa, 1711), evocando o que vira no "Engenho Real de Sergipe do Conde, que entre todos os da Bahia é o mais afamado".

Na *História da Alimentação no Brasil* (Brasiliana 323, 1º vol., S. Paulo, 1967),[2] documentei o essencial nessa fonte do "Víveres para um Engenho do século XVII". O capítulo imediato, "Comida de Escravos", reúne e, resume quanto sabia na espécie, divulgando as informações raras do Coronel Felipe Ferreira, de Mangabeira, Arez, sabedor invulgar do assunto por ter sido Senhor de escravos e amigo deles. E notícias fornecidas pelo

---

[1] "Descrezão da fazenda que o colleio de Santo Antão tem no Brasil e de seus rendimentos", pelo padre Estêvão Pereira, S. J., 1635, referente ao mesmo assunto. "Anaes do Museu Paulista", tomo IV, 19. Descrição comentada do Engenho. Vago esboço do que seria o inimitável André João Antonil, 1711, o jesuíta João Antonio Andreoni, S. J. É complementar ao tomo citado.
Documentos para a História do Açúcar, vol. III. Engenho Sergipe do Donde. Espólio de Mem de Sá (1569-1579). Instituto do Açúcar e do Álcool, Rio de Janeiro, 1963.

[2] Edição atual – 4. ed. São Paulo: Global, 2011. (N.E.)

ex-escravo de fazenda de gado Fabião Hermenegildo Ferreira da Rocha, Fabião das Queimadas, poeta improvisador e rabequista (1848-1928).

O engenho de açúcar assenhoreara-se dos vales úmidos, revestidos de barro poroso, terra friável, o massapê visguento e fecundo, multiplicando todas as sementes confiadas. A bananeira acompanhou a cana-de-açúcar como uma sombra fiel, desde a Índia inicial. Complemento do canavial é o bananal decorativo, movendo com lentidão as grandes folhas de estandarte. A banana é a fruta mais popular no Brasil.[3] As nativas pacovas, mais longas, rijas e ácidas, participavam, cozidas ou assadas, da quotidianidade gulosa do ameríndio. As outras musáceas, vindas de S. Tomé, e que Adão as encontrara no Paraíso, *Musa paradisíaca*, conquistaram terra, mar e ar brasileiros. Frutificavam durante todo o ano, fácil para a saciedade em todas as conversões da fome, portuga, negra, brasiliana, *et sa suite*. O pomar da Casa-Grande exibia as cítricas, o mamoeiro, a concentração verdejante das mangueiras, também hindus, goiabas, araçais, pitombas, cajás, flora nativista e dispensando tratos, defendendo os sabores do século XVI. Airosos, dominadores na frágil e pasmosa resistência, os coqueiros vigiavam o horizonte, denunciando o litoral.

Na cozinha da Casa-Grande fervia-se mais do que se assava. Fervia-se fritando com manteiga inglesa, azeite doce de Portugal, banha de porco mineiro, óleo de dendê, de Angola, Congo e Guiné. A "constante" do passadio canavieiro era o caldo das carnes cozidas, caldo que, ajudado pela farinha sessada e coentro, valia sopa, remate, fartura infantil. Bem mais do que a Fazenda, a Casa-Grande consumia o peixe, fresco ou salpreso, com pirão.

A grande missão da zona canavieira foi valorizar as frutas nas jornadas de trabalho. Mestiços e negros eram devotos da flora bárbara e mansa que viera de Portugal ou já os esperava no Brasil. Preferência pelos sabores da terra, mangabas, jabuticabas, umbus, camboins, e mesmo os que mantinham o travo bravio e legítimo, acre e áspero, sacudindo o peristaltismo preguiçoso, cajaranas, araticuns, ananases rescendentes e taninosos. E, ao findar e abrir do ano, o caju soberano marcando o Tempo indígena, a castanha lembrando as idades, a polpa resumosa atraindo os grupos para as praias, brigando por ela. Garcia de Orta não viveu para vê-los atingir Goa, de onde vieram mangas, jacas, tamarindos, jambos e jabulões.

Indígenas e africanos jamais plantavam as frutas colhidas no mato. Ninguém planta, mas arranca avidamente as ofertas da Pomona selvagem, até a extinção das reservas naturais. Mas o saque divulgava o hábito de

---

[3] "O mais popular africanismo no Brasil", *Made in Africa*, Rio de Janeiro, 1965.

mastigá-las e ter saudades quando os bosques estavam despovoados dessas tentações.

A tradição popular brasileira, funda e velha, é considerar a fruta um divertimento efêmero para o paladar apressado, surpresa ou reencontro dos valores sápidos inesquecíveis, mas passageiros, irregulares, momentâneos. Resta a imagem nítida: — *por fruta*, significando fortuita, acidental, casualmente.

A faixa dos canaviais valorizou o apetite regular pelas frutas; do pomar, furtadas, do mato, colhidas. Sacudia os trabalhadores nas evasões jubilosas, depredando os plantios de melões, notadamente melancias que, como diziam em Nápoles, matam a fome, saciam a sede e lavam a cara.

Durante os meses da moagem a fornalha prestava-se a ser fogão comunitário. Assavam, tostavam, chamuscavam raízes, frutas, colmos, animais de pequeno porte, dos tatus às ostras, dos tijuaçus ao rabo dos jacarés, das avoantes às tanajuras. Nos frutos atenuavam a acidez ou melhoravam o teor sacarino. Assavam toras de cana de açúcar e mantinham a herança indígena na degustação das macaxeiras, *macaiêra*, o aipim comido depois de esbraseado. Negro de Engenho vivia mastigando. No regime do mel e da farinha nas cuias insaciáveis, as *crias* estufavam as barrigas agressivas na constância do empanzinamento. Empanturrado, era vocábulo de quase monopólio canavial.

Naturalmente esse regalo provocava revide sertaneja. Conta-me José Aluísio Vilela, senhor de Engenho na alagoana Viçosa, que o cantador Manuel Neném atirou ao preto Miguel Turquia, num debate cantador, a humilhante sextilha: —

> *Negro, você foi criado*
> *Com crueira e com beiju.*
> *Na bagaceira do Engenho*
> *Lambendo mel cabaú,*
> *Roendo sabugo de milho,*
> *Comendo resto de angu!*

Subentendia a autolouvação da dieta pastoril: carne assada, coalhada escorrida, paçoca de pilão, tutano de boi com rapadura, comer de homem!

A carne não seria tão vasqueira nos Engenhos porque era praxe geral a *situação* de gado, propriedade mantendo os animais para o gasto dos estômagos do canavial, e também a criação e pasto para os cavalos. Os possantes bois-de-carro engordavam nesses retiros. Os ricos Senhores de Engenho eram grandes fazendeiros, embora não *assistissem* no sertão. Possuíam vaqueiros destemidos e um Feitor, compadre Feitor, de confiança, capaz de guardar ouro em pó e vigiar moça-donzela. Daí, no elenco da Casa-Grande comparecer habitualmente o Feitor do Sertão, encourado, tinindo as esporas de prata no soalho forrado de esteiras claras, participando da família funcional.

Entre o Mar e o Sertão, a Casa-Grande era uma força diferencial, distintiva. Nem praieira nem sertaneja, tendo a decoração da Cidade e o entendimento do "Interior", indispensando vaqueiros e pescadores. Amando a aristocracia do cavalo e o conforto praciano e guisalhante do cabriolé.

O senhor de Engenho frequentava mais assiduamente a Cidade que o distante fazendeiro. Destes, alguns conheciam *novidades* quando eram eleitos deputados à Assembleia Legislativa, vindo à capital ver os *progressos*. A Casa-Grande defendia o hábito de possuir na despensa vinhos famosos, conhaque francês, genebra de Holanda. Seriam milagres no alto Sertão. Assim, o senhor de Engenho em primeiro lugar provou gelo, tremeu a língua com sorvete, comeu comida de lata, lombo de porco estrangeiro, carnes fumadas e em salmoura, peixes finos e salgados, enrolados como novelos de barbante, servindo para dar vontade de beber. Quando um bom e velho sertanejo horrorizava-se com a possibilidade de comer crustáceos, salada de alface ou de frutas (Misturou? Estragou!), o senhor de Engenho saboreava todas essas *esquisitices* da "praça", levando-as para "mostrar" na Casa-Grande.

Em boa percentagem, os ricos-homens da carne e do açúcar eram amigos políticos e particulares. Hospedavam-se mutualmente. Como as Casas-Grandes rodeavam mais ou menos a Capital, erguendo-se à margem das estradas de penetração e escoamento comercial, comumente os fazendeiros de maior estado, descendo para a Cidade passavam pelas residências senhoriais nos Engenhos. E deixavam-se ficar alguns dias em manso rega-bofe inocente. A Casa-Grande de S. Francisco, no Ceará--Mirim, quando o inimitável Manuel de Gouveia Varela (1869-1923, filho de José Félix, da Ilha Bela e neto do Barão) foi seu castelão suntuoso, mensalmente abrigava esses embaixadores do velho-rojão. Constituía um curso propedêutico de adaptação psicológica às exigências sociais da próxima capital. Maneco Varela requintava, oferecendo o que Natal ainda desconhecia em matéria epulária.

As *massas* preparadas à italiana alcançaram o sertão quase trinta anos depois de familiares nos Engenhos do agreste. A severidade dos preceitos culinários sertanejos retardou decênios o feitiço das conservas enlatadas, todas suspeitas de provocar distúrbios digestivos. A glória do Sertão foi ter resistido muitos anos a um instrumento que a Casa-Grande adorava a chave de abrir latas, que Will Rogers dizia ser uma insígnia nacional norte--americana.

Os defuntos *gourmets* nordestinos sabiam que a cidade tomou café antes do campo, mas a Casa-Grande manteve a nobre herança de *saber fazer chá*, sem que fosse destinado, como no Sertão do meu tempo, a ser remédio ou penitência. Não ouso referir-me ao contemporâneo *cafezinho* porque, bem antes de 1953, o Embaixador Alfonso Reyes afirmava que *la gente del Brasil ni sabe gustarlo ni prepararlo*. Deixo a contestação ao meu amigo Leonardo Arroyo, que está maquinando um livro sobre a complicada e humaníssima ciência de saber comer sem a humilhante preocupação nutricionista de calcular valores energéticos, alheios às festas do paladar.

A ementa normal da Casa-Grande não diferia do ritmo alimentar das famílias abastadas das cidades, notadamente as retiradas em cháca-ras nos arrabaldes, onde pessoas mais íntimas iam "passar o dia". Porco, galinhas usuais, peixes grandes, assados inteiros, com molho branco, crustáceos em frigideira ou ensopados. Não havia o "casquinho de caranguejo" e a lagosta era intimidante. Peru não figurava no trivial como o leitão de forno e a variedade apresentada com a carne bovina, bifes, lombos, picadinhos. Um acompanhante gostoso e substancial era o feijão-verde, para os indígenas, sozinho, alimento suficiente e completo como as bananas para os polinésios. Raro pão, esmagado pela farinha de mandioca, seca, farofa e pirão. Bolacha com café. Biscoito seria gulodice para dama e menino *biqueiro*, fastidioso. Ovo duro decorando, cortadinho em rodelas, certos acepipes recomendados. O cozido era o chão sustentador do quotidiano. Não competia com o português, tão complicado quanto a *olla*, espanhola, mas oferecido em termos essenciais. Algum arroz. Indispensável o arroz-doce, enfeitado de canela, que sugerira imagem de frequência obstinada, "arroz-doce de pagode", infalível nas festas como certos comensais sem convite. A condimentação era abundante e supersticiosa nos inarredáveis alho, coentro e cominho, louvado por Luís de Camões quando vivia em Coimbra. O alho valia, simultaneamente, tempero, remédio e amuleto. Reduzida hortaliça. Nenhuma salada. O sal era fundamental. Comida de sal é que sustenta cristão.

O orgulho da Casa-Grande brilhava nos doces, Portugal e Mouraria, na competência jurisdicional do Açúcar. Gilberto Freyre recenseou a clássica sobremesa senhorial, salvando o formulário que, às vezes, era segredo de famílias, insusceptível de vulgarização. Frutas de mesa, laranjas e ananases com açúcar e vinho tinto. Ao correr do século XIX, desde a segunda década, apareceram resultados de cultura pomaresca, os abacaxis de Goiana, unanimemente aprovados, multiplicados, exportados para o sul.[4] A manga era suspeita e a jaca excedia nas caldas.

A Casa-Grande consumia mais galinhas, peixes, crustáceos que a Fazenda de gado. Esta saboreava caça do mato, e mesmo algumas presenças repugnantes aos olhos canavieiros, tatus, preás, mocós, tijuaçus, emas. Ambas comiam carne de caititu e de veados, reimosa uma e fibrosa outra. As frutas nativas, populares e fáceis, não compareciam à mesa, embora mordidas indistintamente; goiabas, mangabas, doces gabados, maracujás no refresco, como o oriental tamarindo. Melão com pitada de sal. Melancia era diurética e, comida quente, provocava gonorreia. Melancia importada em princípio, e as nativas pitombas, guajirus, camboins, maçarandubas, araçais, ubáis, frutas da molecagem dos eitos. Jabuticabas, tiravam-se na árvore que delas se cobria. Sucesso, desde o século XVI. As pinhas, atas, frutas-do-conde, as graviolas semiácidas, condessas mucilaginosas, comiam com colher de prata. Lá fora, lambuzavam o focinho dos consumidores.

A divisão racional na alimentação indígena deveria ser: — povos da farinha e povos do beiju. O escravo, e seus descendentes no Brasil até décadas do século XX, afeiçoou-se à farinha e ao beiju, embora não fizesse bebida fermentada com esse último. Comiam habitualmente, ao café, beiju seco, broa de milho, e mais raramente bolachas. Não comia pão. Era de reduzida circulação pelo interior, mesmo nas proximidades das cidades. Cornélio Pires escreveu semelhantemente do Caipira de S. Paulo, já contemporâneo. Ainda nos finais do século XIX o pão não frequentava, matinalmente, a Casa-Grande. Alguns Senhores de Engenho, não podendo dispensá-lo e residindo perto *da Rua*, mandavam-no buscar por um fâmulo a cavalo.

O negro preferia, como todo caçador, a carne assada, mas a família da senzala e Casa-Grande impuseram o cozido porque o caldo possuía muitas utilidades para mulheres, meninotas e pequerruchos. Com o mingau de araruta, emparelhava-se ao leite, no cortejo das soluções nutritivas.

As "Comidas de Festas", Festas do Ano ou refeições cerimoniosas, com o Senhor Bispo em visita pastoral, Governador do Estado, substituindo o Presidente da Província, Deputado Federal que fora o Deputado Geral, em giro aliciante nas vésperas eleitorais, nivelavam-se com as melhores da cidade. Apenas, e caracteristicamente, estas não podiam competir com os montões de açúcar e os rios de mel existentes na Casa-Grande. Herança dos mouros. Ainda hoje na Espanha o *pollo a la morisca* é um frango *frito*

---

[4] "Guerras do Ananás e do Abacaxi": *Made in Africa*, Rio de Janeiro, 1965.

y rebozado con miel. J. Vellard classificou os Guayakis do Paraguai *une civilisation du miel.* As culturas irradiantes do ciclo canavial mereceriam o título.

***

Os 348 anos de escravidão no Brasil obrigaram o africano a outro regime alimentar. Os filhos, nascidos no *degredo*, estariam começando a tornar costume o que fora imposta experiência paterna. Viera o preto para o Brasil deixando a saboreada e saudosa omnifagia pátria. Da carne humana ao mosquito. Do elefante à larva. Em qualquer estado de conservação. Sacrifício seria mastigar boi, carneiro, galinha, possíveis com o advento maometano. Comer dez vezes mais que o colonizador português. Engolir quase sem mastigar, sôfrega, avidamente, sem consequências perturbadoras no ritmo digestivo. Beber os vinhos da seiva fermentada até o entorpecimento e o sono. Fora expulso desse Paraíso gastronômico.

O Engenho foi a primeira e mais duradoura disciplina dietética. E de ajustamento social.

O processo de nacionalização começa realmente pelo paladar. A cozinha da Casa-Grande ajudou, em percentagem decisiva, a transformar o Escravo Africano em Negro Brasileiro.

A tradição era distribuir a comida-feita. Acomodação aos condimentos e sobretudo ao regime regular do sal. Quando foi facultado o preparo dos alimentos pelo casal negro, recebia-os em víveres inalteráveis no costume brasileiro. Não poderia mudar o cardápio imposto em que se habituaria. Abundância de cana-de-açúcar. Facilidade da garapa e do mel de furo. Revelação do açúcar-bruto. O caju e a melancia. O pirão. A cachaça, companhia infiel e contínua. Renúncia à multidão dos enfeites individuais. O traje normal. Obrigação do esforço diário. Adaptação à natureza das tarefas continuadas. Habitação. O descanso. O banho compulsório, ainda raro nos sertões africanos. Refeições determinadas.

Nos dias santos e domingos trabalhar no roçadinho pessoal, com mandioca, milho, macaxeira, aliada e prima do inhame, conhecido desde menino; batata-doce, pimenta e amendoins, amigos velhos. Contato com os animais da terra, com as abelhas, aves novas, de lagoa e revoada. O coqueiro substituindo a palmeira-dendê. Policiamento nas predileções nativas, peixe podre, formigas, gafanhotos, cobras, besouros, também comidos por Livingstone e Savorgnan de Brazza.

Esse laboratório canavieiro modelou a matéria-prima africana. Quatorze gerações negras fizeram-se na comida de Engenho...

***

Os escravos do eito comiam juntos, os homens, não em pratos com talheres, mas nas gamelas de madeira. O alimento vinha cortado e serviam--se à mão, como era milenar costume oriental e africano. Junto, outra gamela com farinha. Ter um prato era promoção, possível em certos casos porque, mesmo alforriados, preferiam o gostoso uso manual. *Vous ne savez pas de quel plaisir vous vous privez*, disse Narsed-Din, Xá da Pérsia, a Napoleão III, recusando o garfo de ouro.

A gamela constituía vasilhame indispensável e característico nas refeições canavieiras. Em 11 de junho de 1534, Pedro Monteiro, capitão do galeão "Conceição", conduziu de S. Tomé para as Antilhas 250 escravos, 22 cestos de milho antilhano e "vinte gamelas para nelas comerem os escravos" (*Corpo Cronológico*, II, m. 50, n. 190). Portugal tinha praticamente o monopólio da venda e transporte de escravos, e El-Rei possuía feitores para entrega das "peças" em Porto Rico e S. Domingos, antes que o Brasil fosse incluído nos mercadores consumidores. Resistem as frases populares, alusivas à igualdade, comunitarismo grupal: — "Não sou da sua gamela!" ou "Não como na sua gamela!". Correspondia ao romano *ejusdem farinae*.

NEGRO DE ENGENHO

> — *A agricultura brasileira, senhora de escravos*
> *e escrava ela mesma dos escravos.*
>
> Eduardo Prado, maio de 1882.

*D*esde o segundo terço do século XVI chegou para o canavial insaciável o negro africano.[1] (Duarte Coelho pedira-os a Dom João III em 1539.) Desejava "resgatá-los" à sua custa e risco na Guiné. Guiné era quase toda a África ocidental. As acomodatícias justificações teológicas para legitimar o cativeiro são cavilosas e cínicas para a dignidade humana... contemporânea. As razões econômicas eram mais abertamente expostas, poderosas, irresistíveis, determinantes. Uma consulta do Conselho de Guerra em 17 de outubro de 1643 divulga: — "Sem Angola não se pode sustentar o Brasil e menos Portugal sem aquele Estado". Os holandeses dominavam o nordeste brasileiro e o Reino de Angola. O Padre Antônio Vieira diria em agosto de 1648: — "sem negros não há Pernambuco". Valia subordinar a indústria açucareira ao braço negro.

A solução "brasileira" era universal e milenar e em toda a parte do Mundo a escravidão fora inseparável das grandes culturas agrícolas.

A consequência mais criminosa e persistente foi a desvalorização do trabalho manual. A classe dos lavradores europeus, orgulhosa do esforço dominador da Terra, não existiu no Brasil. E muito lentamente as tarefas individuais *no pesado* foram compreendidas pelos mulatos e crioulos, vaidosos do sangue "branco". O trabalho físico era humilhante. "Obrigação é pra negro!" A vocação recôndita e deliciada do brasileiro é ser professor de natação sem molhar-se.

---

[1] O escravo africano em Pernambuco é posterior a 1540 e na Bahia à volta de 1552, penúltimo ano do governo de Tomé de Souza.

Pelo alvará de 29 de março de 1559 permitia-se o resgate de escravos no Congo e na Guiné unicamente a quem provasse, com certidão na Casa da Índia, possuir Engenho de açúcar no Brasil. A produção canavieira legalizava o tráfico. As minas e o Café serão cúmplices subsequentes, provocando o volume da importação. O escravo não seria destinado à famulagem doméstica, como em Portugal, mas para a missão vitalícia das tarefas dos eitos.

Com a submissão profissional, o preto convencera-se que o trabalho seria destino e propriedade de sua existência. E a *boa vida* para os brancos. Nunca vi nas coleções de esculturas africanas uma figura de *branco* trabalhando, caçando ou pescando. Quase todas têm as mãos nos bolsos ou cruzadas atrás das costas. *Branco não trabalha, manda o preto...* Das fronteiras de Tanganica à Guiné Portuguesa as figurinhas de madeira não interrompem o modelo ocioso e mandão. Nem existe nas séries guardadas nos museus europeus uma solução de continuidade. São representações que datam deste século XX, quando houve um movimento de livre crítica, determinando a exteriorização que o negro sentia como impressão verídica. Naturalmente decorre da presença europeia radicar-se ao Feitor, Apontador, Supervisor, Gerente de grupo de pretos encarregados da produção. Pela região sudanesa, alcançando até o Senegal, o tipo do branco simbolizado não interrompe a ideia negra da indolência dominadora e superior. Mão nas costas e voz alta, dirigindo. No antigo Império das Índias diziam que a palavra *tchelo!* vá! era *le mot qui met en brande l'Empire Indien,* afirmava Rudyard Kipling. Em trabalho, o negro só podia imaginar a participação imediata e física. A configuração do "branco" para os hindus não diferia da sugestão morfológica do africano. Mandava. Não fazia. Imposição do *Homo loquens* e não *faber.*

Quando o Conde Filipe de Ségur, voltando da América, da luta pela Independência, trouxe o negrinho Aza, de Santo Domingos, este, desembarcando na França e vendo em Brest os trabalhadores rurais, gritou, assombrado e surpreendido: — *Maître-moi! Maître-moi! mirez-là--bas li blancs travailler, travailler, comme nous!* Não podia compreender e menos acreditar que os brancos tivessem a mesma tarefa que lhe parecia monopólio privativo de sua raça (*Made in Africa*, 1965).[2] Não era esse o raciocínio dos velhos cativos e menos dos "Cabeças Secas" e "Treze de Maio", libertados em maio de 1888. Mas foi o pensamento dos "negrinhos" posteriores, com a eloquência abolicionista. Como a Liberdade não é um

---

[2] Edição atual – 2. ed. São Paulo: Global, 2002. (N.E.)

fim mas um meio para uma função, ser livre para fazer ou não fazer, os libertos de 1888 não sabiam onde empregar a liberdade. A escravidão deixa essa herança melancólica para o trabalho livre, ausência do lavrador branco, orgulho da terra, inconcebível para o braço servil ao qual a tarefa era uma imposição. A Terra, patrimônio do esforço humano, ficou sendo o triste apanágio da servidão.

No Brasil as regiões de maior atividade na agricultura, posteriores a 1888, coincidem com as zonas de menor coeficiência escrava. Daí o recurso, nas áreas de escravos, à imigração, ao colonato estrangeiro. O filho de escravos alforriados fixou-se nas cidades, dando alta percentagem de nascimento ao *malandro,* fazendo ginástica para não trabalhar. Competia-lhe, numa compensação trágica, a vez do papel do *branco*: — mão nas costas ou nos bolsos, e a vocação de mandar o cansaço alheio. Critério que o trabalho não retribui o sacrifício e a vitória financeira é fruto da habilidade, astúcia, "saber quebrar o galho". Nunca do trabalho. Prevendo esse ceticismo vazio e desalentador, o sábio Teodoro Sampaio, que era mulato, dizia a Humberto de Campos: — "Quando se organizou o gabinete João Alfredo e o Antônio Prado foi convidado para a pasta da Agricultura, eu e o Derby (Orville Derby) fomos à casa deste, de quem éramos amigos, conversar sobre os termos do projeto de abolição, que devia apresentar. Ficamos fora, no alpendre, conversando com ele até alta noite. E o que ficou assentado entre nós é que a abolição seria concedida, mas com um artigo estabelecendo que os senhores poderiam propor contratos de locação por dois anos aos seus antigos escravos, sendo esses contratos fiscalizados pelo governo. Por essa maneira, o homem negro ficaria livre, mas radicado ainda à terra, que não seria despovoada como foi, com os efeitos sociais que você observa. De repente, porém, na ausência de Prado, apareceu o projeto radical de João Alfredo. E atirou-se o escravo à rua, sem outra coisa além da liberdade. A abolição, nas condições em que foi feita, foi um desastre". João Alfredo era senhor de Engenho em Goiana. Lirismo canavieiro onde a lógica é a euforia festiva. 18 meses depois o Brasil era uma República. A Abolição precipitara o que João Alfredo julgara evitar. E ele conhecia o plano de Antônio Prado, informa Tobias Monteiro.

As grandes massas africanas empurradas para o Brasil, da Zambézia ao Senegal, foram vendidas, em maioria, pelas autoridades de sua raça. Ou de sua religião maometana. Nos derradeiros duzentos anos era a indústria mais rendosa para os soberanos, potentados e sobas. Faziam guerras para obter a mercadoria. Uma negra, nos arredores do Rio de Janeiro, ouvindo o marido, pequeno vendeiro, desejar visitar a África, gritou para Saint-Hilaire: — "Ele está doido! Vão nos vender novamente!" O árabe Tippo-Tip (Hamed ben Mohammed), depois de 1866 tornou-se o maior vendedor de escravos na África Equatorial, a partir do Zaire. Extinguiu centenas de vilas e aldeias negras, sacrificando populações inteiras. Livingstone e Stanley foram seus hóspedes. *His Britannic Majesty's Government* autorizava a venda de armas ao caudilho e jamais se opôs às suas campanhas devastadoras, até 1893, quando o duende sossegou em Zanzibar. A proibição inglesa visava o tráfico, perturbador de sua economia enquanto a Sul América possuísse o combustível humano para o açúcar e o algodão. Dentro da África a escravidão, discreta e notória, era natural e comum. Ainda em 1891, o missionário suíço Héli Chatelain escrevia em Luanda: — *Slavery is abolished, by in law all Portuguese dominions; but the natives, even Luanda, buy, sell, and own slaves without regard for the white man's law. The same is the case in some English and other colonies.* Ainda alcancei dizer-se *guinéu* pela libra esterlina, com a efígie da rainha Vitória. E São Jorge no outro lado.

Os canaviais brasileiros reforçaram na África a fixação residencial na orla marítima, onde não existia. A necessidade de aproximar-se dos pontos de mais fácil embarque, acomodação dos prisioneiros que seriam vendidos, provocou a construção de armazéns-depósitos, casa para chefes e subordinados, quartel para a vigilante guarda do rebanho infeliz, dependências para o comércio permutativo, víveres, armas, múltiplos encargos, fazendo nascer uma povoação no areal. Essa permanência será explicada pelo interesse exportador das *peças* humanas, da Goreia ao Cunene. O negro não amava o litoral onde jamais viveu e tão distanciado da ambição cinegética de antílopes e búfalos, carne de elefante e gordura de hipopótamo. Pelas praias desertas passavam ocasionais pescadores quando da época dos cardumes e colheita de crustáceos e moluscos. Luanda quer dizer "rede de pesca", manual, reduzida, a tarrafa que o Brasil recebeu. O ponto frequentado limitava-se à ilha de Luanda, onde os soberanos mandavam recolher os búzios, cauris, gimbos, valendo moeda e decoração pessoal indispensável. Era o Banco emissor. A preferência africana pelos peixes fluviais e lacustres é tradicional e ainda verificável nos mercados e quitandas. As orixás sudanesas que a Bahia fez marítimas são moradoras nos rios da Nigéria e Daomé. Congo, entretanto, significará "caçador".

O deslocamento das multidões negras para o Brasil, e outras zonas de procura sul-americana, obrigou os mercadores pretos ao sedentarismo litorâneo. O branco é que plantou, por ação catalítica do Engenho distante, as futuras cidades ao longo das praias ocidentais e orientais do continente negro. Caça, aldeia, bailes, mulheres, lutas, plantações, festins religiosos, feiras, aclamações, ebriedade, tudo permanecia nos sertões.

Cabe aqui lembrar idêntico fenômeno com a nossa indiada seminômade, toda do interior e mesmo as mais apropinquadas vindo às praias na ocasião dos cajus ou piracemas. Não manejam leme nem vela. Pescando nas igapebas, as jangadas amerabas regressavam às malocas ao anoitecer. Não existe, positivamente, na linguagem das gentes habitantes no território brasileiro, um vocábulo significando *MAR*, e sim *RIO*, água--grande, Pará, Paraguaçu, Iguaçu. Mesmo o homem tupi, que o português encontrou paralelo ao Oceano, descera dos sertões, dos antiplanos, da indeterminação geográfica.

Açúcar, que tens tu com isto? O volume da produção só seria possível com a vasta multiplicação das mãos incansáveis. Traziam o sangue de todas as etnias africanas, arredando cafres e zulus, internados no matagal e ainda acoimados de gente dos bosques, os bosquímanos. Esses ficaram com seus deuses bravios, alérgicos às travessias negreiras. Nem mesmo o potente Mulungu embarcou, apesar das afinidades eletivas com Xangô.

O negro do Engenho não foi o negro das fazendas de gado, mesmo com origens comuns. Tollenare achava o preto do campo inferior ao canavieiro. Um testemunho não produz prova judiciária suficiente. No Engenho a quantidade provocava a pouca densidade intelectual no indivíduo. A promoção máxima seria aos postos de Mestre de açúcar ou Feitor. Na pastorícia o escravo tornar-se-ia cavaleiro, campeador, viajando sozinho, fazendo feira, contratando, recebendo dinheiro e, os mais atilados, dirigindo uma das fazendas do amo, acabando proprietário e livre. Deu o violeiro, cantador de desafio, cangaceiro. E o Engenho não se orgulha de um Inácio da Catingueira, batedor de pandeiro, nem de um Fabião das Queimadas, tocador de rabeca. O Engenho é o canto coral, bailado de roda, palma de mão, dançarino no meio, dando vênia com o pé, cabeça ou umbigada valorosa. A Fazenda é individualista. Trabalho de vaqueiro, solitário, confiado na sorte, furando carrascal e voando os tabuleiros a galope. O Engenho é coletivo, comunitário, grupal. É o pai do Bumba meu boi, convergência de entremeses rudimentares e dinâmicos, e do Maracatu, desfile vistoso e sonoro dos Reis de Angola e Matamba, onde está sepultada a Rainha Jinga. Projetou presença incomparável nos carnavais do Recife com as Cabindas, Cabinda-Velha, Cabinda-Elefante, Cabinda Leão Coroado, Embaixada do Congo, saudando as Igrejas porque os seus Reis estavam sepultados do outro lado do Mar sem fim.

Quando na Idade do Ouro e Diamantes, o escravo, que J. Lúcio de Azevedo diz *esqueleto do corpo social*, valorizou-se como joia. As iniciais remessas desfalcaram os Engenhos porque eram vendidas no nordeste, viajando rumo ao rio S. Francisco, para as Minas Gerais faiscantes. Apesar dos quatro milhares de negros importados anualmente para o ouro, nunca os Engenhos ficaram de fogo-morto nem os comboios de gado e víveres deixaram de seguir, escoltados pelos bacamartes negros. "Época fatal para a nossa agricultura!", gemia o Bispo economista Azeredo Coutinho. Fora um vagalhão dourado de pedrarias, deixando na vazante soturna o rococó dia Igrejas e as lendas do luxo imóvel e dos vícios infecundos. O canavial resistiu e não murchou. O *stock* negro sempre se manteve suficiente e relativo ao que catava diamantes e peneirava pepitas amarelas nos córregos preguiçosos.

O africano atravessou o Oceano na ponte das canas-de-açúcar. Nenhuma outra indústria de combustível humano arrastá-los-ia, em volume e diversidade étnica, como o canavial que seria o clima doloroso e útil para as atividades incontáveis, confiadas às revelações de sua energia.

Impossível precisar a quota-parte do açúcar na responsabilidade de fixar o negro africano, fazendo-o brasileiro pela convergência sentimental e alimentar, e em seus descendentes as vivas contribuições à Cultura Popular.

A vocação ecumênica do português evitou o problema racial no Brasil, quando o não realizaria com a mesma intensidade em suas colônias ultramarinas. A proliferação dos bastardos desdobrou o conceito social de *Branquidade* nos pigmentos mais carregados. "Branco é quem bem procede!" Ingressaram em todos os postos e classes, passando pelas varandas da Casa-Grande paternal ou avoenga. Havia, naturalmente, exceções obstinadas entre os filhos legítimos do senhor de Engenho e a descendência escura cujas progenitoras saíram, mulatinhas rebolantes, do cortiço senzaleiro. No seu testamento de 1569 Mem de Sá não permitia que a herança coubesse a um neto bastardo de negra, índia ou Brasil. De mulher branca mesmo solteira, teria capacidade na sucessão.

O Bacharel Estêvão Ferrão Castelo Branco, que ficara dezoito anos para formar-se em Direito em 1888, fora exemplo típico desses melindres. Filho do Coronel Francisco Ferrão, do Engenho Murim, em Pernambuco, foi perdulário, brigão, talentoso, desnorteado, dissipando-se como um pé de vento. Conta Júlio Bello que Estevão, Juiz substituto, vendo dois casais de preto e branca para o casamento civil, exarou despacho inédito: — "Eu, Estêvão Paes Barreto Ferrão Castelo Branco, Bacharel formado pela Faculdade de Direito do Recife, Juiz Substituto no exercício da vara de Direito da Comarca 'tal' do Estado da Bahia, descendente de antigos e nobres fidalgos portugueses, declaro que não caso negro com uma moça branca. Troquem os lugares". "Trocou os noivos e fez os casamentos." O Padre Manuel Paulino de Souza, vigário no Caicó (1868-1878), praticava idêntica reacomodação pré-conjugal no Rio Grande do Norte.

Outro aspecto, de convergência cultural, sintetizou o Negro Brasileiro.

Nos despojos dos combates os vencidos pertenciam a todos os grupos, níveis de conhecimento, técnicas de trabalho, usos caseiros, astúcias de caça, artifícios de paladar e amor. A promiscuidade nos porões negreiros e o convívio miscigenador nos eitos e senzalas estabeleceram a difusão intensiva nas mentalidades mais diversas e mesmo antagônicas nos países de origem. Seria impossível ou milagre fortuito as relações cordiais e contínuas entre pretos do Senegal, do Níger, do Zaire, do Zambeze, haussás e quiocos, macuas e fulas, numa desvairada intercomunicação, desequilibrando etnógrafos que consideram cada entidade uma unidade irradiante quando representava um centro receptivo. Esse complexo, o complexo do Negro Brasileiro, num ângulo que não mais existe em sua autenticidade, é mais sedutor e polimático que o negro de Cuba, de S. Domingos e do Haiti. Apenas será *entendido*, da franja para o foco, em seu movimentado mural subsequente, percebendo-se o Mundo canavieiro, enseada onde caíram as águas das longínquas fontes africanas.

A escravaria fervilhando nas Cidades possuiu incomparáveis possibilidades de manumissão, superiores às do negro de Engenho, restrito às tarefas do canavial. As ocupações múltiplas permitiam aos escravos urbanos uma variedade de lucros incontáveis: artesanato, vendagem, carreto, trabalho alugado, pingando as incessantes moedinhas de cobre. No Salvador, a africana Sabina da Cruz, vendendo obis (*Cola acuminata*), alforriou-se dando dois escravos pela sua liberdade. No testamento de 1868 mencionava possuir casa, quatro escravos, 425$ em cola da Costa, e *deixo à minha afilhada, filha do meu Senhor Manuel Gonçalves da Cruz, duas voltas de cordão de ouro para seu ornato*. A velha ex-escrava doando seu ouro enfeitador à filha do Amo, menina branca, sua afilhada, denuncia a permanência do vínculo afetuoso, explicador da unidade sentimental brasileira.

Talqualmente em Roma, o ex-cativo podia ostentar o nome do Senhor como próprio. Sabina da Cruz porque Cruz é o ex-Amo. Fabião das Queimadas era Ferreira da Rocha, família do proprietário, como o preto Militão era de Angolo por ter pertencido a Frederico de Angolo, de quem se livrara em 1860 por 600$, gente de primeira plana na Bahia (Wanderley Pinho). O Coronel Filipe Ferreira, de Mangabeira, e o Dr. João de Albuquerque Maranhão, de Estivas, ambas em Arez, viam negros Ferreira da Silva e Maranhão, sem que fossem bastardos legitimados.

Na África essa concessão seria impossível. Não se admitiria um ex-escravo atrever-se a usar o nome das famílias fidalgas, com o monopólio governamental dos sobatos e regulatos orgulhosos.

Interlúdio da Crioula e Caiana

A cana-crioula foi a inicial canavieira no Brasil. Viera da ilha da Madeira que a recebera da Sicília, plantada pelos mouros, desde o século XIII. Ou antes. Já em 1526 havia em Lisboa açúcar de Pernambuco, entenda-se Igaraçu, e Itamaracá, segundo Varnhagen. Açúcar brasileiro, filho da Crioula que seria crismada, pela aclimação nacionalizante, *cana-da-terra*. "Crioula" já significava fruta nativa por miscigenação. Não havia outra. Fora o elemento movimentador dos cilindros verticais, fundando a indústria espaventosa e doce. Produziu todas as aguardentes que ajudaram a comprar escravos ao longo da trágica Costa d'África. Espalhou embriaguez, animou batuques, esqueceu tristezas, consagrou a feijoada, deu valentias efêmeras e afoitezas momentâneas, inspirou a poetas e cantadores. Trouxe o domínio holandês, o escravo africano, a inveja europeia. Terra do Açúcar! *Suykerland* era o Brasil dos engenhos, trapiches e banguês. Foi a nossa história econômica 284 anos, de 1526 a 1810, quando a vitoriosa competidora chegou da Guiana Francesa.

É óbvio que a crioula não desapareceu como um Demônio ao esconjuro. Resistiria muito, porque os Senhores de Engenho podiam obter as mudas da cana-caiana, mas o pessoal das almanjarras e banguês, mais ou menos *pé-rapado*, continuou na pisada velha. Era franzina, pequena, dura e o teor sacarino pouco pronunciado. Mesmo assim foi a delícia de raposas e gambás, ladrões dos partidos na rivalidade aos moleques de todas as idades com a unidade da predileção. Os ruminantes preferiam os "olhos", extremidades mais tenras e sumarentas, mas insípidas. *Desenxabido como olho de cana*, dizia-se das coisas sem sabor. Ração jubilosa para os porcos de ceva. Foi a primeira cana chupada e plantada pelo indígena no interior mais afastado, causando surpresa quando deparada nos confins do sertão. Creio que morreu. Ou existirá, teimando ao redor de casebres, perdidos nesse mundo do Brasil sem fim.

A cana-caiana fora a única a ser sinônimo da cachaça. No *Baile da Aguardente*, salvo por Melo Moraes Filho, no seu *Serenatas e Saraus* (Rio de Janeiro, 1901), reproduzido por mim no *Prelúdio da Cachaça* (1968),[1] há vários registros:

> *— Eu quero beber*
> *Bebida humana,*
> *Pois está em uso*
> *A bela Caiana!*

> *— A bela Caiana*
> *Sempre aplaudida,*
> *Para as gentes boas*
> *É santa bebida!*

> *— Olhem, moças, como bebem,*
> *Ponderem o tempo presente,*
> *Não bebam demasiado,*
> *A Caiana mata a gente!*

Curioso é que esse "Baile da Aguardente!" representava-se pelas festas do Natal, em louvor do Menino-Deus!

Ascenso Ferreira (1895-1965) denominara seu livro de versos *Cana Caiana,* Recife, 1939, onde há o ditirambo popular:

> *— Sumo de cana-caiana,*
> *Passado nos alambique,*
> *pode ser que prejudique*
> *mas bebo toda sumana!*

As primeiras mudas vieram de Caiena, capital da Guiana Francesa, então domínio de Portugal, chegando ao Rio de Janeiro em maio ou junho de 1810. O Cônego Luís Gonçalves dos Santos, apelidado o "Padre Pererequa" (1767-1844), registrou nas *Memórias para servir à História do Reino do Brasil* (I, Rio de Janeiro, 1943): "Sim, também desta colônia francesa, presentemente

---

[1] Edição atual – 2. ed. São Paulo: Global, 2006. (N.E.)

sujeita ao domínio do Príncipe Regente Nosso Senhor, foi remetida para esta Corte, pelo Brigadeiro Manoel Marques, governador da mesma colônia, uma preciosa coleção de plantas especieiras e frutíferas, extraídas do célebre jardim chamado Gabriela, onde os franceses as cultivavam com todo desvelo e ciúme. Muitas destas plantas ficaram no Pará, outras em Pernambuco, e grande número delas chegaram a este porto do Rio de Janeiro, carregadas a bordo do brigue *Vulcano*, do comando do Capitão-tenente Joaquim Epifânio de Vasconcelos, e logo foram remetidas para o real jardim da lagoa de Freitas, para ali se cultivarem. Juntamente com esta remessa de plantas vieram canas sacarinas da mesma Caiena, as quais pela sua enorme grandeza e grossura, se fazem apreciáveis, prometem grandes vantagens à cultura, e fabrico do açúcar, e muito maiores ainda para a destilação das águas-ardentes, visto serem as ditas canas muito suculentas".

A história da cana-caiana é a seguinte. Em 1766, Samuel Wallis, descobridor do Taiti, encontrara na ilha cana-de-açúcar, bananeiras, inhames, coqueiros, fruta-pão. O naturalista Commerson, da expedição do Almirante Bougainville, em 1768, visitando o Taiti, disse essas plantas originárias da Índia e disseminadas na vastidão insular do Pacífico, com uso antiquíssimo na Polinésia, povoadora do Taiti. Exceto a fruta-pão, *Artocarpus incisa*, Linneu, vindo em 1810, as demais estavam conhecidas no Brasil, desde a segunda metade do século XVI. Bougainville levara sementes dessas plantas, incluindo a cana-de-açúcar, para as ilhas Maurícia, depois "de France" e Bourbon, posteriormente "Reunion". De Bourbon vieram para a Guiana Francesa onde as diziam "Canan de Borboun", plantadas em Caiena, sede de concentração canavieira, inicialmente utilizadas na fabricação das "tafiás", aguardente de mel. Augusto de Saint-Hilaire informa sobre o grande número de *Rhuberies*, destilações de rum, tafiá, porque o açúcar jamais atingiu nível suficiente ao consumo local, ainda em 1960 e atualmente.

A data histórica da *Canne Cayenne* no Brasil é 1810. Há, entretanto, tradição de haver o governador D. Francisco de Souza Coutinho, entre 1790 e 1793, introduzido no Pará a cana que teria, bem pouco provavelmente, alcançado Pernambuco e mesmo a Bahia. Em caso afirmativo, verificar-se-ia mera experiência seguida de abandono, porque seu cultivo fora posto à margem. Pernambuco e Bahia não conheciam, praticamente, a cana-caiana senão em 1810. E justamente nos pontos mencionados na tradição de 1790-93.

Os naturalistas estrangeiros visitando o Brasil, no quinquênio 1815-1820, mencionam a Caiana nos engenhos fluminenses e pernambucanos.

Em Pernambuco escreve o inglês Henry Koster: — "Sua superioridade é tão evidente que, depois de rápido ensaio em cada propriedade, substituiu a pequena cana-de-açúcar geralmente plantada".

O príncipe de Wied-Neuwied registra no futuro Estado do Rio de Janeiro: "Cultivavam a princípio a cana de Caiena; tornando-se, porém, conhecida a do Taiti e revelando-se esta muito mais produtiva, substituiu quase completamente aquela". Engano de Sua Alteza. A cana da Caiena é a mesma do Taiti. A cultura anterior, em todo o Brasil, praticava-se unicamente com a cana-crioula ou da terra, a enviada da ilha da Madeira quando o Brasil estava deitado em berço esplêndido. A cana-caiana resistia satisfatoriamente à falta de chuvas, adaptando-se aos terrenos secos, caso em que a sacarose era menos abundante na maturação.

O Prof. Renato Braga (1905-1968) informou: — "Tanto a Caiana, como outras variedades posteriormente introduzidas: — Preta, Roxa, Bambu ou Salangô, Cavangire, Imperial ou Pernambuco, Amarela, Fita ou Listrada, Rajada, Rósea etc., foram quase totalmente substituídas, a partir ide 1930, pelas variedades javanesas e outras, canas híbridas, além de mais produtiva, resistentes ou tolerantes ao 'mosaico'".

A cana-caiana foi a mais conhecida, denominando aguardente e quase a própria espécie. Seu domínio coincidiu com o desenvolvimento industrial do açúcar e multiplicação demográfica no Brasil, 1810-1930. De D. João VI a Getúlio Vargas.

Recorde-se que, ainda em finais de 1818, na Bahia e no rio São Francisco continuavam plantando a cana-crioula ou da terra e não a caiana ou do Taiti. Havia prevenção contra ela. "Afirmam principalmente os senhores de Engenho que a custo se forma da garapa dela o açúcar, o qual facilmente se liquefaz, e, por isso, menos se presta à exportação, como açúcar bruto", informa C. P. F. von Martius. A caiana era mais sumarenta e menos doce. Deviam "enfraquecer" o terreno com outras culturas prévias e deixar envelhecer as touceiras para aumento sacarino com a maturação. Depois do natural entusiasmo da *novidade*, a caiana recuperou a dianteira lentamente, atendendo modificações que a experiência aconselhava. Uma delas era a escolha de terrenos mais secos que os habituais destinados à crioula.

A caiana foi, entretanto, nome tão vulgar que resistiu ao aparecimento das novas variedades. Muitos anos pesquisei a Cultura Popular nos vales açucareiros do Rio Grande do Norte, do Ceará-Mirim a Canguaretama, e era a resposta natural dada pelo homem do Povo quando perguntava o nome das canas-de-açúcar. Presentemente, exceto algum familiar da Usina, ignoram os nomes das variedades utilizadas nos partidos. "É cana de engenho!", informam.

No interlúdio da crioula e caiana, ninguém teria o direito de esquecer os nomes das duas rainhas.

SABOR
•••••••

> — *Es que todo ha de reducirse a reparar*
> *nuestras pérdidas en energía y en*
> *sustancia? ¿Y nuestra sensibilidad, no*
> *cuenta para el caso?*
> Julio Camba

*A*xioma é que os açúcares purificados têm o mesmo gosto. Há, porém, quem possa distinguir o triturado do cristalizado e este do simples refinado, e distancia entre o *moreno* outrora popularíssimo, aconselhado pelos nutricionistas norte-americanos, e o *bruto* ou *mascavado*, favorecido pelo regalo infantil.

Fernando Ortiz informa a espécie e consequências: —

> "*Por tener todos los azúcares purificados un gusto igual, han*
> *de ser consumidos siempre con la adición de otras sustancias*
> *que les dan otros sabores. Nadie, sino los niños impetuosamente*
> *golosos, se atreve a comer azúcar solo. Los infelices hambrientos sí*
> *se han contentado con ingerirlo diluido en agua; los libertadores*
> *mambises en la manigua a veces bebían* canchánchara *y los*
> *esclavos tomaban guarapo junto a los trapiches, como ahora los*
> *cubanos en miseria compran con un* kilito *un vaso de zumo de*
> *caña dulce para llenarse el vientre y apaciguar sus vitales apetitos.*
> *Cuando se masca en trozos la caña pelada y se le sorbe el jugo, ya*
> *en este hay mezcla de sabores, como ocurre en el* melado *y en la*
> burda *raspadura. Desde que los árabes con su alquimia los traen a*
> *nuestra civilización occidental, ya el 'alçúcar', como aún se decia*
> *en reales cédulas sobre cosas de América, aparece empleado en*
> *jarabes, almíbares, alfajores, alfandoques, alfeñiques, almojábanes*
> *y* alcorza, *siempre con sabores agregados*" (*Contrapunteo Cubano*
> *del Tabaco y el Azúcar*, 1963).

Gilberto Freyre adverte a distinção entre o nosso e o paladar de estrangeiros pouco familiares ao açúcar que foi produto tropical, encontrando uma inalterável e monótona identidade na doçaria brasileira. O açúcar, escondendo o sabor legítimo do fruto, queixava-se Saint-Hilaire dos mineiros em 1818. Citando Franz Boas para os Kwakiutls da Colúmbia Britânica e Andrey Richard para os africanos, lembra que os indígenas e os pretos encontravam distâncias absolutas onde o europeu ou americano do norte sentia unidade. "No Brasil, os europeus e norte-americanos são unânimes em achar que, nos nossos doces, o gosto do açúcar reduz à insignificância o das frutas, o do milho, o da mandioca; pelo que esses estrangeiros se declaram incapazes de distinguir bem a geleia de araçá da de goiaba; o doce de manga do de jaca; a pamonha, da canjica: o doce de banana comum do da banana-comprida. Entretanto, ao nativo da região ou ao indivíduo de paladar especializado nesses doces e quitutes, as diferenças parecem enormes" (*Assucar*, 1939).

O assunto tem mais perguntas e respostas que um catecismo, como diria Ricardo Palma.

Habituado unicamente com o pescado fluvial, o sertanejo nordestino, antes do automóvel, da rodovia e luz elétrica, dizia todos os peixes marítimos possuírem o mesmo sabor. Em frigideira ou salada, tanto lhe sabia a lagosta como o lagostim ou o aratu, blasfêmia para o litorâneo. Assim como o morador da cidade não diferenciava pelo paladar o veado da *carne doce* da anta, como dizia Pigafetta em 1519, ambos "caça do mato". Comendo sem saber, não separei carne de jia daquela do tijuaçu. Um caçador dos sertões não se engana nas três variedades do tatu, Peba, Verdadeiro e Bola. Meu tio-avô Florêncio de Almeida não comia carne-de-pá, retirando-a da boca, embora misturada com outras no "picadinho". Meu pai contava que tio Florêncio sabia, pelo aroma do cozinhado, se a comida carecia de sal. Os bons caçadores cafres, chopes, macuas, da África Oriental e do Sul, não confundem carnes mastigadas dos inúmeros antílopes. Nenhum europeu ou norte-americano é capaz de perceber as diferenciações gustativas que para esses negros são essenciais e típicas, julgando-as naturais e fáceis. Ao *terceiro gole* os velhos bebedores de *chopp* na Imperial Alemanha marcavam o tempo em que a cerveja estivera no tonel, ou seu tipo, escuro, claro, preto, maltado. Caso do provador de vinhos ou do verificador do café na *prova da xícara*, ao simples gargarejo.

Meu filho Fernando Luís pertenceu no Recite a uma associação de bom-humor "Ordem da Castanha", onde a iniciação consistia em reconhecer, com os olhos vendados, quatro das doze bebidas vulgares, do champanhe à água mineral, servidas em cálice. Apesar de os candidatos serem homens de sociedade, os líquidos pareciam estranhos e novos. Raros ultrapassavam a quota mínima da determinação. O *sabor específico* estaria mais nos olhos, na lembrança visual, que nas gargantas condutoras que deduzíamos decisivas no teste.

A mecânica do paladar, gosto, *Geschmack* tão estudada pelos alemães, é complexa e os nervos lingual e glossofaríngeo não serão os únicos transmissores da sensação sápida. A imagem, provocada pelo contato do elemento dissolvido na língua e palato, às vezes não atinge o córtex cerebral, fazendo-a perceptível na identificação concreta. Misterioso desvio ou interrupção, mesmo os órgãos em estado normal da função. Sem coriza anuladora.

Certas frutas brasileiras, oiti, guajiru, jatobá,[1] porão à prova qualquer degustação europeia. Como as portuguesas ginjas, amoras, medronhos. Insípidas, monótonas, incaracterísticas. Nenhum matiz sápido se acusará durante a resignada mastigação improdutiva. Justamente o que digo da maçã, pomologicamente impossível no Paraíso. Frei Claude d'Abbeville, no Maranhão de 1612, disse o araticum "doce, muito saboroso e agradável". Pela descrição, trata-se da *Annona muricata*, Vell. O araticum-cagão deve ter mudado muito, ou o capuchinho era vocacionalmente um mártir diplomático.

A publicitária água de coco tem provocado depoimentos melancólicos. O Alferes Manuel Gouveia, mecânico do *Argos*, no salto atlântico de 1927, opinava: — "É ótima! Uma parte de água de coco e noventa e nove partes de outra bebida, devem constituir um refresco magnífico!" A Escritora Simone de Beauvoir, bebendo-a na praia recifense de Boa Viagem, disse-a *tiéde et insipide.* Lembrou-me o poeta John Dos Passos adormecendo numa audição de Cantadores no Recife, inteiramente fora de sua percepção cultural. Verdi e Puccini aplaudindo música árabe, antes de 1914. Bebidas africanas, seculares e legítimas, quimbondo, quiçangua, pombe, madleco, biala, sura, mfeco, ualua, bigundo, kitoto, maluvu, nzambo, nas goelas turistas, lavadas de uísque gin.

Raramente o sabor é uma revelação dominadora, como no caso do açúcar no ocidente. Normalmente resulta de uma sucessiva capitalização anterior, cimentando a aprovação pela reincidência do costume.

Os árabes e mouros possuem essa antecedência. Jamais um europeu os alcançará no lento e volumoso saboreio daqueles espantosos doces de nozes, amêndoas, tâmaras e caldas de açúcar.

---

[1] Oiti, *Moquilea tomentosa*, Benth. Guajiru, *Chrysobalanus iaco*, Linn. Jatobá, *Hymenaea courbaril*, Linn.

Ficaram na Península Ibérica desde 709. Em janeiro de 1492 caiu o reino mouro de Granada. Em outubro, Cristóvão Colombo alcançou Guanahani. A presença berbere, árabe, moura permanece, diluída ou maciça, mas sempre visível entre espanhóis e portugueses. É justamente o Almirante Colombo o introdutor da cana-de-açúcar nas terras que doara a Castela e Aragão, dezembro de 1493. O açúcar foi uma consequência, econômica e tradicional, para Soberanos e Povos, que há séculos o manducavam.

Outra seria a História, com Villegagnon e La Ravardière vitoriosos...

Quando o açúcar instalou-se no Brasil os primeiros brasileiros natos eram homens entre 30 e 40 anos, sadios, de estômagos vorazes aos açucarados. Nos braços era continuação portuguesa. Nos pretos, indígenas, mamelucos e curibocas, caboclos e mulatos, herança paterna e atração da novidade incomparável. Foram tanto produtores quanto consumidores, no mercado interno dos ventres insaciáveis. O regime alimentar, normal e festeiro, baseou-se no açúcar, nas sucessivas transformações utilizáveis e gostosas da *Saccharum officinarum*, do canavial às caixas de exportação.

Silva Mello (*Alimentação, Instinto, Cultura*, 1942), depois de registrar a preferência infantil e feminina pelos pratos doces, *mesmo excessivamente doces*, e a inclinação masculina pelos salgados, abre o sinal livre ao tráfego da predileção brasileira: "É interessante acentuar que entre nós, no Brasil, a propensão para o doce e o açucarado é muito mais difundida, abrangendo grande percentagem da população masculina, que em geral se delicia com as nossas sobremesas habituais, de regra tão excessivamente açucaradas. São as diversas frutas preparadas sob forma de marmelada, as compotas de calda espessa, as cocadas, a tão apreciada baba de moça, a nossa compoteira de doce de coco, os pudins, os manjares, os suspiros, tudo sobrecarregado de açúcar. E o excesso é de tal ordem que não há estrangeiro que não se surpreenda diante dessa particularidade de nossa cozinha. É provável que a associação de queijo ao doce tenha sido recurso de defesa, encontrado por aqueles que não toleravam tamanha dose de açúcar. A combinação parece-nos, em todo caso, tão feliz, que julgamo-la merecedora de aprovação de gastrônomos e dietetas".

A solução desse binômio parece-me estrangeira, doce & queijo. Em 1819, Belém do Pará, C. F. P. von Martius observava: — "Ao contrário das províncias do sul, aqui quase não se come a banana com o queijo nacional, alimento tão agradável quanto adequado ao clima". Banana & queijo jamais será popular entre brasileiros. O queijo nos veio de Portugal e derramou-se pelo Brasil, mais seguramente no século XVIII. Queijo & doce ainda é uma fórmula que assombra os restaurantes europeus. O dogma é o solitário queijo, ao final, com a competente mudança do vinho.

Para nós uma adição açucarada é tão instintiva que me permito evocar velho e saudoso episódio ocorrido no Recife.

O Escritor João Peretti, pernambucano de boa cepa tradicionalista, educado e vivido em Paris, convidou-me para um *lunch* em sua casa, na av. João de Barros. No dia, chegou D. João d'Orleans e Bragança. Publio Dias, Guilherme Auler e eu levamos o Príncipe para João Peretti, velho amigo da Família Imperial. Refeição requintada, com um vasto carrinho de vinte espécies de queijos. Vinhos de seleção. Também doces regionais. Peretti elegeu o queijo mais fidalgo, solene e sozinho. Foi atender ao telefone. O criado, mulato sólido e risonho, ficou superintendendo o ágape. Vendo unicamente queijo nos nossos pratos, deu com a mão na testa, horrorizado, e serviu-nos alentada tora de pé de moleque, espessa e negra, com todos os venenos tropicais. Voltando o anfitrião, encontrou o superfino queijo acasalado com o escuro e soberbo pé de moleque. Quase tem um enfarte, erguendo os braços para o Céu. Hora jubilosa para nós, verificando a reação brasileira e legítima ante a incabida dominação do queijo francês.

Pé de moleque é açúcar...

Sobre os enganos do paladar. De todas as substâncias, solúveis e alimentares, a única insusceptível de erro, na precisão identificadora, é o açúcar.

Ninguém lhe esquece o sabor.

***

"Os escravos são as mãos e os pés do senhor de Engenho", registrava Antonil olhando o trabalho negro no Engenho Real de Ceregipe do Conde, na primeira década do século XVIII. Esses órgãos desapareceram em maio de 1888. O senhor de Engenho nadou esses 82 anos posteriores com pessoal assalariado, extremidades incertas, passíveis de recusa na prestação dos serviços. Na fabricação do açúcar, as máquinas já então dispensavam muita gente. O Engenho de 1888 não mais era o banguê fluminense da Maioridade, 1840. Trinta anos antes, a Abolição teria sido 1929 para Nova York.

A tendência técnica é hipervalorizar o Homem, afastando-o do esforço exaustivo e de esgotamento gradual. Ao mesmo tempo a Produção liberta-se da assistência humana em quantidade. Lembro-me das antigas e novas fábricas de cigarros. Bandos garridos de jovens cigarreiras sucedidas por uma máquina silenciosa, multiplicando o que elas faziam, com balbúrdia e graça.

Se uma Usina Central dependesse de braços humanos para obtenção material do seu "pleno", mobilizaria cinco homens por saco de 60 quilos. Deixo a estatística recreativa calcular quantos escravos seriam indispensáveis para os 4.332.939.900 quilos de açúcar, da safra 1969-1970, registrados em 31 de maio.

Quem viajou nos navios alimentados a carvão, e percorreu a sala das caldeiras, não esquece a visão dos foguistas seminus, suados e convulsos, atirando sucessivas pás de combustível às bocarras escancaradas das fornalhas flamejantes. Nos transatlânticos recentes o olhar encontra uniformes folgados e brancos em homens que manobram, sem dispêndio de energia, chaves, torneiras, alavancas de metal polido. Em junho de 1970 viajei do Recife a Natal na cabine de comando de um Boeing, de 164 toneladas, num inolvidável voo noturno.[2] Os dois comandantes nem um segundo deixavam de apertar e torcer comutadores no luminoso tabuleiro dos controles. Mas lembrava-me Saint-Exupéry, porque esses movimentos decisivos exigiam o esforço de quem colhe uma flor. A matéria estava tão dominada e submissa que me parecia inexistente. Ou orientada por sugestão telepática. O panorama de uma Usina, para quem gritara aos bois numa almanjarra, é a velocidade útil do cavalo aos motores de jato. E a consequente capacidade de produção entre o galope e o voo.

Há dimensões que a rapidez anula e certas perspectivas da paisagem são apagadas no trajeto aéreo. Assim, queixa-se o Povo de que o açúcar de Usina é menos doce que o açúcar de Engenho. E os tipos tradicionais, bruto ou preto, e moreno, seriam insubstituíveis no paladar plebeu.

As bebidas "históricas" dos indígenas amazônicos, caisuma e caxiri, as chichas andinas, perderam muito da validade sápida quando deixaram de ser mastigadas, beijus de mandioca, milho cozido, polpa de frutos, bases do líquido festivo. A mastigação prévia provocava a sacarificação pela diástase da ptialina, desdobrando o amido em maltose e dextrina, ativando a fermentação. Karl von den Steinen denominava a caisuma um *punch de ptialina*, um refresco de saliva. Era assim nos Andes e para os Hopis do Arizona, com o bolo *pikami*, e em Samoa com a *kawa* antiquíssima, mascando-se a raiz da pimenta para o brinde nacional dos mares do Sul. Essas bebidas não desapareceram, ainda oferecidas aos turistas e repórteres, mas são obtidas pelo esmagamento mecânico. Afirmam os *entendidos* que o gosto é inteiramente diverso do primitivo, quando dentes e línguas das mulheres intervinham.

---

[2] Gentileza do sr. Geraldo Passos Carpinelli, gerente regional da Vasp para o Nordeste. Os dois comandantes, Antônio Giostri e Honório Ramos dos Santos, esclareciam minha curiosidade com a mesma serena precisão com que pilotavam o Boeing 737, no voo 160, na noite fria e sem nuvens.

A mecanização do açúcar livrou-o do suor humano, mas imprevisíveis compostos espontâneos sumiram-se no interior do maquinário. Lógico que as gerações novas não terão ideia dos sabores antigos para confrontá-los. Meu pai gostava de pipocas, mas vendo-as torrar, tufar e estalar em vasilha de barro. Uma pipoqueira elétrica parecia-lhe profanação.

Verifica-se, semelhantemente, com o café. Não digo o turco, negro, espesso, amargo, ou o mexicano, de grãos tostados e servido com pouco açúcar, mas o nosso banal *cafezinho* fundamental. Na época em que o torravam em caco de barro, pilavam a mão e faziam *na hora* o coamento, aroma e sabor eram distanciadíssimos dessas misturas industrializadas que bebemos por vício e toleramos por hábito. Um grande médico de Natal, Dr. Januário Cicco (1881-1952), nunca, jamais, em tempo algum, admitiu tomar café senão vendo-o torrar, moer e fazer. Creio que, com Januário Cicco, emigrou para a Eternidade o último degustador do *cafezinho* legítimo na minha cidade.[3]

O açúcar está sendo consumido quando utilizado e não mais em espécie. Os torrões do açúcar-bruto, incomparável guloseima, serão coisas inacreditáveis e primárias ante uma bandeja de doces reluzentes e coloridos como condecorações. Ponhamos o apetite de nossa meninice e juventude sendo valorização saudosista do velho açúcar banguê, fazendo rir a um usineiro. Pelo lado de dentro, se for maior de sessenta anos, concordará, suspirando, com o perdido gosto em sua boca infantil. Mas não é possível deter o Tempo nem viajar na *Time Machine*, de Wells, para os mortos Engenhos sentimentais. Ficaremos na coordenada gustativa do Cristal e do Demerara, senhores dos mercados e dos açucareiros.

***

As línguas brasileiras da primeira metade do século XIX tinham o gosto da cana-crioula, vinda da ilha da Madeira, mandada da Sicília, plantada pelos mouros e mantida pelos normandos. Um sabor de trezentos anos. Veio então a do Taiti, enviada de Caiena, na Guiana Francesa, onde existia. Foi a cana-caiana. Agora possuímos mais de quarenta variedades, obtidas artificialmente, canas híbridas, previamente condicionadas aos

---

[3] Brillat-Savarin, o doutrinador da *Physiologie du Goût*, preferia o café pilado ao café moído: "*J'ai goûté ce café, et l'ai fait déguster par les plus gros bonnets. L'opinion unanime a eté que celui qui résultait de la poudre pilée était évidemment supérieur à celui provenu de la poudre moulue*" (ed. 1825).

trópicos para resistir aos parasitos, e possuir maior quantidade de sumo e percentagem sacarina, fixada na maturação. Através de todo esse período sempre tivemos açúcar, mas, ao inverso do que pensava o sábio Fernando Ortiz, o gosto do açúcar não é o mesmo nessa jornada pelos canaviais brasileiros. As canas vindas para o Brasil não conservarão o teor sápido de suas terras de origem ou hospedagem. O fenômeno da aclimação implica adaptação ecológica e consequente integração de elementos locais no organismo que se aclimata. O açúcar brasileiro possuirá diferenciações sensíveis, distinguindo-o dos demais produzidos noutras paragens. Cada açúcar tem um matiz perceptível entre congêneres. Uma fisionomia no plano saboroso. Uma gradação específica nos velhos paladares. O doce de goiabas, goiabadas, em cascas, em geleia, são sabores distintos que o estrangeiro confunde.

Os fisiologistas alemães têm estudado o processo elo *Geschmack* nas limitações experimentais da provocação e consequências. Ageusia, hiper e hipogeusia, ausência, intensidade, declínio, carência do paladar. Mas a mecânica subordina-se à visão, comprovada em Pavlov e seus reflexos condicionados. Mesmo a imaginação provoca os líquidos digestivos, a clássica *água na boca*. Haverá, evidentemente, dentro da reação genérica, as reações pessoais, diversas e positivas.

As comunicações tudo universalizam e quando estava, pela distância, vedado ao conhecimento do paladar, tornou-se quase familiar. Os transportes frigorificados aproximaram as raridades locais, desencantando o desconhecido. As "curiosidades" em pomar e horto não determinam surpresas. A Rainha Vitória não saboreou em Londres frutas do seu Império das Índias que mastiguei em Natal. E muitas foram plantadas e frutificam. A geografia do paladar ampliou-se pelo avião, reportagem e turismo. Muitas restrições dietéticas originar-se-iam de prejuízos dietéticos, temerosos de predisposições mórbidas, convenientemente resguardadas na legislação religiosa. Os hebreus deixaram da carne de porco depois de Moisés, nascido e vivido no Egito. Clandestinamente ainda a comiam, quase oito séculos depois, sob Isaías (LXV, 3, LXVI, 3, 17). O interdito porcino para os maometanos teve fonte judaica. Na Índia contemporânea, os cardápios proibidos diminuem pela falta de alimentação, miséria e irreligiosidade relativa.

O sabor não se herda, mas o recebemos na comunidade familiar. Aceitando-os pelo consumo normal e considerações sobre sua excelência. Capitaliza-se na idade. Assim insetos, bagas acres, carnes pútridas, frutas "passadas", tornam-se sabores na continuidade grupal. O estranho a esse complexo é que o julga inferior. Um negro do Congo respondeu ao médico americano reprovando o acepipe nauseante que o deliciava: — "Não como o cheiro!" O sabor, condição adquirida, mantém-se no exercício concordante da convivência. Aprovação intimativa ante a hesitação: — "Coma! É bom!" Ácidos, amargos, salinos merecem entusiástica receptividade noutros povos. Certos queijos e perdizes comíveis com a mão ao nariz seriam tabus para todos os sertanejos do Brasil. Não foram doutrinados em crianças sobre as delícias da *faisandage,* na obtenção requintada de *un certain fumet*, civilizadíssimo. Gosto é hábito. *Tous les goûts sont dans la nature.*

Gato de colo feminino, mimado e rico, não come rato. No Uruguai, Maldonado, Darwin encontrou um sapo que não sabia nadar. Jogado n'água, ia morrendo afogado. Meus tios e primos chamavam "aranhas" aos crustáceos e recusavam salada de alface e de frutas. Dificilmente comi jia, mocó, preá, polvo. A carne da baleia vendia-se nas ruas da Bahia. Na África Oriental o elefante é pitéu. E crocodilo também. Cortando-se um palmo depois da cabeça e outro da cauda, toda cobra é comível. Até certo ponto o indígena é onívoro, mas não gosta de sal. Eles e os escravos africanos nos Engenhos só bebiam garapa azeda. Deixavam-na perder o sucarado. Manejando mel de abelhas, farináceos, não possuíam um doce, um bolo, urna gulodice para os nossos sabores urbanos. Nenhuma fruta nativa nos dois continentes teria percentagem de doce assimilável ao quotidiano moderno. Frutas brasileiras e africanas do século XVI eram ácidas, as favoritas.

O sabor doce creio oriental, pátria do açúcar. Comunicado à Europa no prestígio da raridade, fixada pelo hábito e conquistada a popularidade pelo sabor, vivo e pacificante. Consagra-se pela doçaria por ele multiplicada na invenção interminável de sua aplicação, com os inseparáveis companheiros, ovos e farinha de trigo. O açúcar do Brasil fez cessar as indústrias históricas da Sicília e da Madeira, finais do XVII ou primeira década da centúria imediata, quando Antonil escreveria o panegírico do Engenho do Conde no Recôncavo da Bahia.

Em 1630, o Nordeste foi proclamado *Terra do açúcar,* oficialização da autarquia vitoriosa no paladar da *Terra Santa Cruz pouco sabida.*

Nas papilas adultas e infantis, o doce-doce era uma vitaliciedade.

E segue a marcha...

CANTA, CANAVIAL!

*Todos cantavam — o tangedor, o
cevador de cana, o bagaceiro. E, na
casa da caldeira, o fornalheiro, o mestre,
o batedor... Quem não cantava, assobiava.
Era um ramerrão que aligeirava a faina.
Corria a alegria dos corações endurecidos
com a garapa doce da moenda de ferro.*
José Américo de Almeida, *A Bagaceira*, 1928.

*L*uís de Almeida Braga (1890-1970) dizia-me em Portugal que a
máquina matava o Canto. Evocava as tarefas rurais no norte do país, uva,
trigo, azeitonas, linho, milho, batida de mangual nas eiras, enfrentando a
crescente e natural industrialização agrária. Outro "saudosista" era o beirão
Hipólito Raposo (1885-1953), amigos incomparáveis. Em 1948 escrevia
Joaquim Alberto Pires de Lima (1877-1952), emérito da Universidade do
Porto: — "Há meio século, eram os trabalhos do campo realizados na maior
alegria, acompanhados de canções e danças, em que o som da viola era
reforçado pela voz cristalina das raparigas. As vindimas e as esfolhadas, as
espadeladas e as malhas não se faziam sem que os lavradores manifestassem
alegremente a sua gratidão a Deus por, mais uma vez, tornar férteis os
campos. As malhas eram, há cinquenta anos, pretextos para muito ruidosas
festas, e o malho, para soltar das espigas os grãos de centeio ou de milho,
esse instrumento singelo tinha um significado quase litúrgico... Já não se
semeia linho, e, por isso, já não há espadeladas. Desapareceu por completo
o som da viola, desapareceram as belas canções regionais, que eram o
encanto da gente do Minho. Desapareceu até o malho, que foi substituído
por máquinas cada vez mais aperfeiçoadas, que impõem ao lavrador outros
costumes (*No Crepúsculo*, Porto, 1951). *La machine tue l'esprit*, afirmava
Rodin.

O ambiente lembrava *As Pupilas do Senhor Reitor*. O canto acompanhando as fainas raramente referia-se ao labor. Constituía uma sonora contemporaneidade da lírica tradicional. A cantiga era uma *permanente* nas tarefas portuguesas. Essa incontida manifestação lúdica está morrendo em Portugal, advertia-me o grande etnógrafo da Beira, Jaime Lopes Dias.

No Brasil, o canto já não é companheiro de trabalho algum, no plano normal da execução. A máquina é ciumenta do seu monopólio sonoro.

Há, sabemos todos, as profissões silenciosas: — caça, pesca, rendeiras, apanha de caranguejos, ostras e aratus, navegadores de remo e vela. Entre os carregadores, cabeceiros, hoje mudos, apenas entoavam toada rítmica aqueles que conduziam na cabeça os pianos. O caminhão substituiu-os.

Os vaqueiros eram calados, exceto tangendo boiada, quando *aboiavam*, presença moura e não das toadilhas de aboiar em Portugal, destinadas a amenizar o esforço nas lavradas dos campos e mesmo incitar os bois aradeiros, assunto estudado no Minho pelo exato Gonçalo Sampaio.

Na proporção em que a tração animal vai sendo substituída pelo motor, o gesto humano colaborador torna-se reflexo. A máquina independe de excitamento verbal.

No transporte do gado já não *aboiam*, como Antonil registrou no princípio do século XVIII: "Guiam-se, indo uns adiante cantando, para serem desta sorte seguidos do gado". Não seria elemento de menor e poderosa influência o desaparecimento do velho gado crioulo. O gado *novo*, mestiço da Índia, não "sente" a plangência mágica do aboio. Aboiar para um touro zebu é fazer careta a cego. Uma boiada contemporânea *não entende o aboio*. Os grandes aboiadores nordestinos morreram sem herdeiros.

A literatura do caminhão exclui a cantiga. Consta das frases pintadas no para-choque, comuns da Argentina ao México.

Do ciclo pastoril decorre o cantador e nasceu a "Cantoria". Os mais antigos versos são documentário da gesta de animais, novilhos, vacas, onças, poldros, bodes. O registro do episódio humano é posterior. O centro de interesse era o gado. Os versos seriam cantados ante auditório fiel. Ausência de canto coletivo e, caracteristicamente, do refrão, banal entre os indígenas. Poesia narrativa, de registro memorial, de sucessos. Sem que solicitasse o auxílio da assistência. Ninguém dança ao som da Cantoria e sim do baião, que não era cantado ao dançar-se.

As tarefas na roçaria, corte de palhas de carnaúbas, labuta salineira apanha de algodão, iam sem rumor. Baile folgazão depois. Não se trabalhava cantando, como em Portugal, Espanha, Itália. Convenço-me de que as danças de conjunto de roda, canto coral, resposta de refrão, palma de mão, subiram do litoral. O velho Sertão era austero e grave nos folguedos, quase todos sequências às festas religiosas. Não havia Carnaval. Apenas o Entrudo gostoso e bruto nas Vilas mais próximas das Cidades maiores. Quem teria atrevimento de molhar um Fazendeiro? O senhor de Engenho era pano de outra peça. Imitava o Imperador D. Pedro II. Muito sério mas gostando do Entrudo.

O Sertão conheceu a viola, mas quase ignorou o pandeiro, tão falado em Gil Vicente.

***

As tarefas agrárias no Brasil, feitas pelos escravos, não aclimataram o cancioneiro rural português e menos ainda sua movimentada coreografia. Não emigraram no século XIX o "Malhão", a "Caninha-Verde", o "Vira" do Minho, o "Fandango" da Borda-d'Água, o "Corridinho" do Algarve, as "Saias" do Alentejo, "Farrapeira" e "Regadinho" beirões, o "Galandum" de Trás-os-Montes, a "Chula-rabela" do Alto Douro, o "Bailarico" saloio dos arredores de Lisboa, a "Mourisca" da Madeira, a "Morna" e as "Coladeiras" do Cabo Verde, o "Bailinho das Camachas", a "Chamarrita" açoreana. Exceto o "Corridinho" algarvino, todos cantados. Não alcançaram os Engenhos. A "Chamarrita" dançava-se no Rio Grande do Sul; "Chama-Rira, Chimarrita, Chamarrete".

O canto antigo do corte e carreto nos canaviais, e durante a *ceva*, metendo cana nas moendas, recordava quadrinhas geralmente sentimentais, fortuitamente eróticas ou satíricas: —

> *Quem dixé qui amô nun dói*
> *Amô dói nu coráção.*
> *Tómi amô e viva ózenti,*
> *Vêja lá si dói ó não!*

O folguedo ocasional ou regular nos dias permitidos era dançar de roda, sem encadear, com maioria masculina, assistência e participação mulheril. Leves meneios de ombros e quadris, palma de mão, canto e refrão uníssonos, elementos comuns às três raças, sob o estímulo da percussão estrondante. O bailarino solista improvisava o *traçado* no meio do círculo, convidando o sucessor, raramente a sucessora, pela umbigada, batida do pé ou vênia de cabeça, fórmulas da África banto. Assim Henry Koster registrou em 1809, e assistiu entre seus trabalhadores do eito. Em 1817 C. F. P. von Martius encontrava a umbigada entre os indígenas Puris de Minas Gerais, levada pelo escravo preto.

No Brasil é que o negro enlaçou a companheira na dança. Na África sacudia-se o par solto, homem diante de homem ou de mulher, como em todas as danças tradicionais no mundo. Só nos finais do século XIX dançou segurando a dama pela cintura, na imitação europeia vista nas festas "brancas".

A continuidade é que dava a intensidade eufórica, o *desespero* gesticulante, a possessão dinâmica. Vendo o bailado dos escravos, C. F. P. von Martius não compreendia a plenitude mímica, o júbilo radioso, incessante, medular, mantido pelos cativos, sem direitos à Esperança. Von Martius era médico. Não identificava aquela flebotomia lúdica, aliviando a bílis-negra na melancolia dos eitos.

***

De todos os trabalhos coletivos, tarefa grupal, unicamente o Açúcar animou o canto dos homens e mulheres. Fernando Ortiz registrou sua ressonância pelas Antilhas. Ciro Mendia pela Colômbia. Nos humildes "trapiches de mano", os nossos "torcedores", a dupla que cevava a cana e recebia o bagaço, duelava quadrinhas. Assim por toda a orla do Pacífico. Havia canto típico que não me consta no Brasil açucareiro. Com expressivo estribilho:

> — *Molé, trapiche, molé,*
> *Molé, la caña pasada,*
> *Molela a la media noche,*
> *Molela a la madrugada.*
>
> *Señores: vengo a contarles*
> *las gracias de San Miguel:*
> *El lunes cortó la caña,*
> *el martes se fue a moler,*
> *el miércoles hizo carga,*
> *el jueves se fue a vender,*
> *el viernes pegó la plata,*
> *sábado se fue a beber,*
> *y el domingo amaneció*
> *que no se podía mover!*

Apesar da tradição tirânica de manter o respeito entre os negros escravos, o canto seria imposição incomprimível, rebentando os limites da circunspecção feitorial. Cantava o cortador no canavial, o cambiteiro transportador, antes das decauvilles e troles, fornalheiro, chegador de lenha, carreiros, mexedores do cozimento, homens do encaixotamento, mestre de açúcar, ensacadores e fiscais. Cantavam versos soltos, trechos de modinhas semiesquecidas, notadamente "emboladas", desafios sublimadores e desabafantes:

> — *Você me atira, eu me abaixo*
> *a bala passa, e no rumo da fumaça*
> *vou buscá-lo no punhá!*
> *Faca de ponta é danada por costela,*
> *Nêgo vê a ponta dela*
> *Morre doido e não vai lá!*

Nos comboios, carregados de sacas para as vilas próximas, as "emboladas" cediam às imagens sentimentais. Não havia ímpeto, arrogância, desafio sertanejo, mas despedidas, adeuses, saudades. Lá se iam cantando pelas estradas os arrieiros, tangerinos, camboeiros:

> — *Vou m'embora, vou m'embora,*
> *Vou deixar minha morena.*
> *Se eu levar, tenho medo,*
> *Se eu deixar, tenho pena!*

Não se escutava a vibração valente da *marching song to the gold fields of California*, virando 1848:

> — *Oh! Susanna, don't you cry for me,*
> *I've come from Alabama wid may banjo on my knee!*

Contra todas as lógicas e pré-lógicas, a indústria do açúcar, na base da escravidão, da chibata, do feitor e da violência, foi um viveiro aclimatador de cantigas. Resta uma frase testemunhal, atravessando tempo e maré — *isto é cantiga de pé de Engenho!* valendo loquela comezinha, argumentação banal, insistência inócua. Denúncia da continuidade do canto nas tarefas canavieiras. Não ocorria, semelhantemente, nas apanhas de algodão, colheitas do café, quebra de milho, desmancha de farinha.

Do negro da pastorícia podia brotar um Inácio da Catingueira, que morreu escravo, ou um Fabião das Queimadas, com a rabeca no peito (e não debaixo do queixo) ganhando dinheiro para alforriar-se, também a uma sobrinha com quem casou, e por final, a velha mãe, cantada num verso emocional:

> — *Quando eu "forrei" minha mãe,*
> *A Lua nasceu mais cedo,*
> *P'rá clarear o caminho*
> *De quem deixava o degredo.*

Mas não justificaria os folguedos grupais: *Bumba meu boi* e *Maracatu*, descendo para as cidades como conquistadores, ensaiados nos adros das bagaceiras.

Esses negros de Engenho, cantadores inesgotáveis e ruidosos, possuíram admirações populares e apoios senhoriais. O comandante militar de Goiana denunciou ao Capitão-General Governador de Pernambuco contra os atordoadores batuques que os pretos realizavam no seu distrito. O Governador era D. Tomás José de Mello, arrebatado e brusco como buscapé, mas sincero e rumando na boa intenção. Recordo a resposta de Dom Tomás, datada de 10 de novembro de 1796, visão de entendimento psicológico e ternura humana: — "Quanto aos batuques que os Negros dos Engenhos dessa Vila costumam praticar nos dias santos, juntando-se na mesma, não devem ser privados de semelhante função, porque para eles é o maior gosto que podem ter em todos os dias de sua escravidão, porém sempre devem ser advertidos por Vmc. a fim de não praticarem distúrbios, sob pena de serem castigados asperamente". Os batuques de Goiana continuaram trovejando...[1]

Henry Koster, que foi senhor de Engenho e de escravos, 1812-1815, lembra o "dorminhoco como negro de Engenho", *as sleepy as the negro of a sugar mill, is a common proverb,* justificando-o pela exaustão das tarefas suplementares, o esgotante *quinguingu,* idôneo para esvaziar o gigante de pedra. Essa imagem do negro cansado, adormecendo em qualquer parte, é

---

[1] Significativa a autorização de D. Tomás José de Melo porque os "bailos de escravos" eram formalmente proibidos nas Ordenações do Reino, Livro V, Tit. LXX. "Que os escravos não vivam per si, e os negros não façam bailos em Lisboa... E bem assi na Cidade de Lisboa e uma légua em redor, se não faça ajuntamento de escravos, nem bailos, nem tangeres seus, de dia nem de noite, a dias de Festas, nem pelas semanas, sob pena de serem presos, e de os que os tangerem ou bailarem, pagando cada um mil réis para quem os prender, e a mesma defesa se entende nos pretos forros!" O Capitão-General de Pernambuco entendeu que Goiana não era a Cidade de Lisboa. Folga, negro!

a inversão do dinamismo normal do escravo, *allegro con fuoco*, carrapeta em todas as funções e bailaricos de viola e pandeiro.

Recomendam a música durante o trabalho, o norte-americano conselho do *whistle while you work* mais louvável que ouvir melodias irradiadas. Para consequência estimuladora da lúdica é eficiente quando no plano da colaboração muscular. O efeito do jogo "assistido" é mais excitador que tônico. Luta de gladiadores em Roma. Corrida de carros em Bizâncio. Campeonato de futebol. A superioridade do canto coral é a consciência da participação individual na produção melódica grupal. A resposta pessoal no estribilho é uma jubilosa notoriedade da associação, exalando os instintivos orgulhos da solidariedade na recriação musical. Daí a cantiga no canavial, coro e refrão, constituir complexo vitaminoso, ouvindo e cantando...[2]

Os divertimentos no fim das moagens eram de convergência geral, atraindo todos os moradores nas terras do Engenho. A memória coletiva, que Maurice Halbwachs investigou, explicaria a persistência dos êxitos anteriores de cada grupo local funcionar como célula de excitação nas demonstrações anuais. Processo que se verifica em Alagoas na emulação dos *Reisados*, mantidos por Engenhos, Usinas, Fábricas, na disputa da consagração popular pela notoriedade da entidade favorita.

Os velhos senhores de Engenho falavam dos verdadeiros desafios cantados entre cortadores durante a faina, decepando canas no canavial, ocorrendo casos de improvisação autêntica nas referências aos Engenhos vizinhos e aos proprietários rivais no financiamento dos folguedos, distinguidos pela simpatia e louvor do poeta de foice e facão. Lamento haver perdido versos alusivos aos senhores de Engenho no vale do Ceará-Mirim, entre 1910-1915, iniciando-se:

> — *Me perguntaram na Rua*
> *quem era o Homem Maior*

---

[2] O entusiasmo esportivo, que é uma forma de integração psicológica, está na relação direta da impressão de poder realizar o que admira. Os sucessos mais aclamados são decorrentes desse ideal possibilismo individual, multiplicado e reunido na multidão. "Eu também poderia fazer!" O vitorioso é um delegado da ambição coletiva no plano positivo da efetivação. Os índices de assistência universal na televisão, no último jogo da Copa do Mundo, junho de 1970, 750 milhões de pessoas, foram muitíssimo superiores aos registrados quando 8 Apolo--XI atingiu a superfície lunar, julho de 1969, cerca de 500 milhões... apenas. O processo sublimador, tônico, desopressor das grandes competições esportivas no espírito popular motivou ao escritor João Lyra Filho páginas de penetrante análise.

Essa característica teria exceções oriundas do temperamento senhorial. Júlio Bello evoca o engenho Rosário em Sirinhaém, de Sebastião Lins Wanderley Caldas: — "As safras enormes, a ordem rigorosa nos eitos formados em linha onde ninguém falava, com a água para beber à mão e o fogo para fumar ao pé, o Engenho moendo sem um escape de vapor pelas válvulas, sem um apito, tudo silencioso e automático, e aquela ufania de dizer: — 'Eu trabalhei no Rosário!', como um índice de resistência".

No "Rosário" a folgança, comprimida pela autoridade do uso, deveria expandir-se ao derredor, talqualmente sucedia com os escravos e a *cabroeira* de José Ribeiro Dantas, Zuza do Timbó. Às avessas era o Barão de Serra Branca, em Sant'Ana do Matos no Rio Grande do Norte (Felipe Néri de Carvalho e Silva, 1829-1893), tocando rabeca para os negrinhos, filhos dos escravos, dançarem no alpendre da Casagrande.

As antigas melodias desses Engenhos estão mortas. Há dezenas de anos cantam reminiscências carnavalescas do Recife e Rio de Janeiro. Restos sonoros que os alto-falantes derramam nas memórias desocupadas. "Os brasileiros são todos musicistas natos", afanava C. F. P. von Martius. Todos os versos recolhidos por Sílvio Romero tinham solfa. Ofereceu-se, com a família, para cantá-los a um músico, salvando do esquecimento as linhas melódicas. Não apareceu ninguém, o que indignava Luciano Gallet. As toadas foram em 1912 para o outro mundo, com mestre Sílvio Romero. Nem por isso os versos que se vulgarizam deixam de ser cantados, melodia suficiente e breve, vinda da lembrança ou da imaginação.

Com os programas das estações emissoras de rádio e as toneladas de discos contaminantes, as velhas *permanentes* desfazem-se na imitação, plágio, cópia, insistente repercussão das cidades menores, satélites na reacomodação das composições originais ao "gosto" anônimo dos admiradores-intérpretes. Semelhantemente verifica-se na música tradicional portuguesa, sofrendo o impacto das composições "populares" contemporâneas. As cidades invadindo as aldeias sonorosas, determinando uma falsa unidade, fácil ao ouvido turístico, mas desolante para Mário de Sampaio Ribeiro e Armando Leça.

Com sua maravilhosa e decepcionante capacidade de adaptação, de meter-se no séquito das coisas notórias, de ser pajem nos cortejos momentâneos, o brasileiro *inventa*, genialmente, uma cantiga de canavial, como uma toada garimpeira ou dos cortadores de caucho, que nunca chegou a ver. Defende bravamente a autenticidade. É, realmente, legítima quanto à autoria pessoal, e jamais expressando sugestão dos motivos que pretende transmitir. Não é pecado *copyright by Brazil*. O mundo inteiro cantou *Os barqueiros do Volga*, e os barqueiros do Volga... não cantam. Poderia caracterizar a cantiga do canavial a presença do assunto, mas jamais ouvi produção anônima e vulgar com esse conteúdo. Seriam os refrãos, entoados em coro no intervalo dos versos, o elemento típico, como ainda Ascenso Ferreira e Jaime Gris registaram nos engenhos de Palmares. A permanência estaria na ordem inversa do quadrado da distância às cidades do litoral, com o temário renovado pela variedade dos motivos provocadores da improvisação ou adaptação dos versos às danças populares. Para qualquer folguedo onde intervenha o canto haverá normalmente um processo de convergência de quadrinhas, independente de qualquer sugestão ambiental. Não há Auto Tradicional sem quadrinhas portuguesas, inclusive o brasileiríssimo *Bumba meu boi* nas loas declamadas pelos "galantes".

Ascenso Ferreira e Jaime Gris, pernambucanos de Palmares, meninos do rio Una, divulgaram uns raros modelos dessas cantigas canavieiras. Mesmo assim, os trechos funcionavam com refrãos, que é invariavelmente o que mais se populariza e permanece na retentiva comum. Uma longa toada de carreiros evaporou-se. Era conhecidíssima e o poeta Juvenal Antunes (1883-1944), do engenho Oiteiro, no Ceará-Mirim, recordava o derradeiro vestígio, pedacinho do estribilho: — *Carreiro, olha a canga do boi!* Uma irmã desse Juvenal, ambos do engenho "Oiteiro" recordado no *Gente viva* (Recife, 1970), Maria Madalena Antunes Pereira (1880-1959), foi a primeira memorialista do canavial norte-rio-grandense: — *Oiteiro*, "Memórias de uma Sinhá-moça" (Rio de Janeiro, 1958). Como o escritor Nilo Pereira, nascido do engenho "Verde Nasce", são vozes incomparáveis na exaltação lírica da cidade que possui um vale, inesquecido na evocação de Augusto Meira, do engenho "Diamante": —

> *Depois... um vale!... a minha terra linda!*
> *de chaminés a fumegar, na infinda*
> *Maré montante dos canaviais!*

Volto, por despedir-me, a insistir no valor probante dos refrãos. Pode limitar-se a uma frase curta, repetida indefinidamente pelo coro: — *Caná! ôu Canaviá!*

As quadras popularizadas serão cantadas muitas vezes no curso da "brincadeira". Jamais servirão de estribilho. O refrão é sempre um verso, no máximo dois: —

> *Engenho Novo! Engenho Novo!*
> *Engenho Novo, bota a roda p'rá rodar!*

Processo imutável nas danças cantadas pelo centro e sul do Brasil. Tal qual na moda paulista do "Guarapá": —

> *Engenho Novo, menina,*
> *Tá de tremer...*

E na volta subsequente: —

> *Bota cana nele, menina,*
> *Deixa moer...*

De Ascenso Ferreira (*Cana Caiana*, Recife, 1939), a raríssima menção da Usina: —

> *Olha a volta da turbina,*
> *da turbina, da turbina,*
> *da turbina da Usina,*
> *da Usina brasileira!*
> *Olha a volta da turbina,*
> *da turbina, da turbina,*
> *da turbina da Usina,*
> *da Usina brasileira!*

De Jayme Griz (*Acauã*, Recife, 1959): —

> *Meu Engenho é banguê,*
> *Banguê, banguê, banguê!*
> *Meu Engenho roda-d'água*
> *É danado p'rá moer!*

Esse ambiente de excitação lúdica fixava, psicologicamente, sua população. A mais alta percentagem de emigrantes para Amazônia, e depois para S. Paulo, partiu da região pastoril e não dos canaviais. O sertanejo, às avessas dos dogmas sociológicos, é mais andejo, inquieto, centrífugo, *fazendo chão, enterrando os pés* mais facilmente que o serviçal dos eitos no Engenho. O Sertão é a terra dos romeiros, peregrinos pagando promessas com cem léguas nos calcanhares. Juazeiro, Canindé, Bom Jesus da Lapa no rio S. Francisco, fora devoções velhas sempre distantes dos alpendres fazendeiros. Seu trabalho inclui uma mobilidade infinitamente mais ampla que o círculo tarefeiro no canavial. O sertanejo é o almocreve, comboieiro, transportador do poente para o nascente. É o homem das caçadas distantes, das feiras longes, das retiradas trágicas quando as águas morrem. É a raiz do jagunço, do cangaceiro, do cantador errante, dos companheiros de Plácido de Castro, povoador dos Paus de arara, rodando *cabeça abaixo* contra a fome. O "bicho" dos brejos, dos vales úmidos, do agreste é falastrão, prometedor e sedentário.

Quem deixa o canavial é o elemento que não participa realmente de suas tarefas. É o morador honorário, sitiante inerte, derrelito encalhado na bagaceira, parasito vocacional, *olhando p'ro tempo*, suando antes de trabalhar, feito negro cabinda. Quase sempre é gente da Cidade, cansada de não fazer nada, biscateando migalhas, "descansando" a indolência no Engenho, esperando o maná de Deus. O sertanejo, deixando o Sertão, leva a coragem. O andarilho mandrião conduz a preguiça gemida, na esperança de comida fácil na terra onde as inutilidades valem dinheiro. No comum, regressa, decepcionado. Não se deu bem com o clima. Era preciso trabalhar. "São Paulo é mais bafo de boca!", desabafa, consolando-se.

Em qualquer época do ano há o que comer nas terras do Engenho. Cana para mastigar, promovendo salina engana-fome. Garapa transformável em mel, partindo de torcedores secretos. Da garapa John Luccock pensava maravilhas curativas. Mel e farinha, refeição mais suficiente que o *almoço de assobio* dos estudantes de bolso seco.

Para o "pessoal do Engenho" há sempre o que fazer. Ocupados e livres de imaginações preocupantes e deprimentes. A paisagem sem a fusca combustão estival mantém os verdes matizes agradáveis e repousantes. Tobias Monteiro evocou o cenário idílico do Recôncavo baiano, encantando todas as hierarquias visitantes. A zona canavieira fluminense e nordestina é a mesma continuidade ridente, impressão de trabalho normal, serenidade, alegria tranquila pela sugestão da fartura. Antepreparação instintiva para a movimentação dos folguedos, defendidos na memória e na mímica pela tradição coletiva. Acentua-se o ímpeto jubiloso da colaboração grupal. Os comandos álacres aludem a *minha gente, meu povo, todo o mundo*, numa intenção de participação natural de toda a comunidade. O canto isolado, solista, para ser ouvido sem acompanhamento de estribilho e palma de mão, não seduz nem satisfaz a uma assistência canavieira.

> *Negra danada, só é Mariana,*
> *Amarra a sáia com palha de cana,*
> *A palha se quebra, a negra se dana!*
>
> *Olêlê! Vira a moenda!*
> *Lêlê! Moenda virou!*

Olha o corte do "partido",
Chega a palha, Chegador!

Nêga danada, se não tem coragem, eu tenho,
Vá dizer ao senhor de Engenho
Que o boeiro está no chão!

Os Fantasmas de Engenho

> — *O Medo é crédulo!*
> Padre Antônio Vieira

Superstições do povo canavieiro eram as mesmas de toda a região. Burrinha de Padre, a *fême do Vigário*, Lobisomem correndo penitência, Caipora protegendo a caça, fiscalizando a vassalagem montada num caititu veloz, a Visagem, informe, branca, sinistra, correspondendo ao "Medo" em Portugal, irradiando incontido pavor, o Fogo Corredor, perseguindo os fugitivos com a luz oscilante e teimosa. Almas severas, hirtas, amortalhadas e vagamente luminosas, imóveis em locais preferidos, encruzilhadas desertas, sombra espessa de árvores centenárias, recantos com defunto ou dinheiro enterrado, sedução ambivalente de ambição e terror; vozes errantes, assobios insistentes, rumores inexplicáveis, clarões bruscos e misteriosos eram os modelos permanentes das assombrações. Locais: — as aparições radicadas à história pretérita do canavial. Fantasmas de carreiros tangendo carros invisíveis, escravos sem nome, chegadores na fornalha, cortadores fulminados na faina dos partidos, cevadores colhidos pelas impiedosas engrenagens dos cilindros, moleques caídos nas tachas de mel fervente, canceleiro tombado do mourão, numa síncope sem retorno, cambiteiro defunto na curva da estrada noturna, o espectro reconhecível do Patrão Velho aparecendo na varanda da Casa-Grande ou passando no chouto galopeado do alazão, também morto; Sinhá-Velha, cheia de malvadeza, chorando e pedindo perdão, gente do outro Tempo, rejuvenescida nos túmulos sem idades.

Constituía uma outra população, sobrenatural e visível, em sua normalidade residencial. Paraninfava uma fantástica toponímia — Cajueiro do Enforcado, Lagoa da Doida, Carro Caído, Boi de Fogo, Ladeira do Grito, lugar de uns tombadores, mandados aterrar pelo Coronel, onde caíra muito povo; Tapera do finado Manuel Miguel, agora canavial, mas ainda sua morada imutável; Vereda da Cascavel, matando toda uma família de "retirantes" sertanejos. Vezes, batismos satíricos que os anos apagavam na significação burlesca — Quixabeira do Tenente, onde o valentão *breou-se todo* com medo de uma raposa vadia; Queda de Zé Vicente, local onde despencara do cavalo, empurrado pela "meladinha", voltando da feira, apesar de *roncar* ser a melhor *perna* da redondeza. O pequenino cemitério era silencioso, mas o antigo Capelão seria visto rondando a Capelinha onde pecara. Em certa meia-noite, as cajazeiras mudavam de lugar, como as pedras na Bretanha.

Na intimidade da Casa-Grande as crendices eram idênticas às familiares e comuns no Brasil doméstico. Os "dias de preceito" mereciam reverência e os nefastos não alteravam as obrigações da rotina. Primeira sexta-feira de agosto, o dia de São Bartolomeu em 24, *quando os Diabos se soltam*, sexta-feira 13, de qualquer mês, sugeriam agouro, mas os deveres não se interrompiam. As corujas piando no arvoredo ao redor das varandas e alpendres eram silenciadas a bala e chumbo espalhador. Cachorros ululando em noite de luar ficavam dispersos às pedradas e berros intimadores. "Não acredito em busões, mas esses uivos ofendem meus nervos!", justificavam-se. Mesmo aos domingos algumas moendas rangiam e o bueiro fumegava. Pecado mesmo só Sexta-Feira da Paixão, sem respeito nos canaviais barulhentos. Os hereges ambiciosos estavam no Purgatório ou pagando penitência, reaparecendo nos fantasmas aflitos e gemedores, arrependidos da ganância desmedida. Não havia insistência na exposição de amuletos e apenas os trabalhadores pintavam cruzes, de piche, zarcão ou cal, nas portas das vivendas, barrando ingresso às desgraças. Os bueiros, altos e orgulhosos padrões da vaidade senhorial, não ostentavam sinais cabalísticos, contentando-se com as iniciais do proprietário. No assentamento da chaminé e das tachas é que poderiam ver cruzes, estrelas, sino-salomão (hexalfa) com seis raios, corações, riscos em zigue-zague, círculo com figuras cruciformes no centro, o sol radioso, a meia-lua, e algumas molecagens com o membro viril e a vulva feminina, no estilo de paliteiro.

As turmas atacavam o corte nos lados direito ou esquerdo do canavial, indiferentemente. Determinava o estado de maturação das canas, razão única.

Uma superstição unitária para todos os Engenhos, tendo origem em um deles, não existia, conhecida em área maior que a propriedade. Jayme Griz tem dado caça aos fantasmas dos Engenhos pernambucanos, mas nenhum espectro domina território além das porteiras velhas. O mesmo nas zonas fluminense, paraibana, paulista, onde quer que vejam o listrão canavieiro e a chaminé dominadora das Usinas. Os gerais não são típicos e os típicos não são gerais (*Folclore do Brasil*, 1967).[1]

Funciona, logicamente, um intercâmbio aculturativo entre esses entes sobrenaturais. Imitam-se, repetem-se, para melhor adaptação ou prestígio aos pavores circunjacentes. Há mais de 40 anos, no Recife, conversei com dois operários da Usina Tiúma, de S. Lourenço da Mata. Entre as informações, a do Fogo Corredor diferia nas duas fontes verbais e autênticas. O mais velho justificava-se: "No meu tempo o Batatão não era importante!" Os fantasmas também atravessam inflação e declínio creditório.

O canavial denso, intérmino, cerrado na verde uniformidade dos partidos, ondulado ao vento do anoitecer o troféu das bandeiras trêmulas, era domínio respeitado na evitação comum às visitas noturnas. Ladrão de cana é sempre de parelha. Sozinho, não vai lá nenhum afoito, mesmo de foice, trinchete e facão. Zona de lobisomem, de Batatão, fogo corredor, de raposa no cio e bicho espantoso para assombrar cristão. Ouvem golpes decepando os colmos, arrastando as canas, despalhando as touceiras. Cantigas baixas, conversas de sussurros, vozes audíveis e sem identificação. Inútil procurar explicação plausível e origem material. Assombração de canavial na noite mansa.

> *Nem cemitério de-dia,*
> *Nem canavial de-noite.*

Os fantasmas penitentes resultavam de vindita popular. Castigo de Deus por denúncia das vítimas. Os Amos avarentos, cruéis, ladrões do pecúlio escravo, violadores das camarinhas, defloradores de meninas, perseguidores de negros esbeltos, disputados pelas mulheres, reapareciam sofrendo, proclamando as culpas, humilhados na exibição punidora. Suplicavam perdões, missas, orações, satisfação de compromissos olvidados, reposição de marcos divisórios alterados, esmolas às viúvas e órfãs, numa confissão pública das perversidades cometidas, que a família, pouco a pouco, era impelida a pagar, confirmando as dívidas morais do Chefe autoritário, padecendo no Purgatório. Às avessas do ensino teológico, no Purgatório popular os Demônios atormentam as almas em pena.

A classe mais acusada era a das Donas, Sinhá-Velha, devota, rosário na mão, crucifixo no peito, benzendo-se com os olhos saudosos de Deus. Essas matronas voltavam do Outro Mundo contra toda doutrina católica

---

[1] Edição atual – 3. ed. São Paulo: Global, 2012. (N.E.)

transformadas em cadelas, vacas, cabras, berrando aflitas, rodeando a Casa-Grande onde tiveram mando soberano. Figurando urubus ou corujas, ficavam empoleiradas junto aos túmulos, dia ou noite, velando a própria sentença expiatória. As que conservavam formas humanas, amortalhadas, tinham os pés em fogo vivo, gemendo e chorando a desgraça do orgulho e do ciúme sádico. Algumas ostentavam correntes, algemas, torniquetes na cabeça, lanhadas de tabicas e azorragues, como haviam mandado aplicar às mulatas concorrentes ao amor marital. Falavam baixo, roucas, soluçando. "Como quase todas as Brasileiras que vira anteriormente, as senhoras de Itanguá tinham essa voz rouca, que, certamente, o hábito de mandar escravos faz contrair as senhoras desse país", registrou, em 1817, Saint-Hilaire em Minas Gerais, embora realçando-lhes a sociabilidade amável e acolhedora. Em nossa casa tivemos velhas empregadas nascidas e criadas nos vales açucareiros e contavam as histórias sinistras de algumas senhoras de Engenho, recordadas respeitosamente pelos remanescentes da aristocracia rural. Declinavam os nomes, as façanhas torturantes, os locais onde apareciam arrependidas e contritas. As Sinhás-Velhas não eram muito simpatizadas nas reminiscências, anônimas e implacáveis. Henry Koster registra o pormenor em 1814.

Quem deixara ouro ou joias enterradas padeceria no Purgatório até que a riqueza inútil tivesse aplicação caritativa. Dinheiro enterrado denunciava--se por uma pequena chama que o vento não apagava.

Aos parentes as súplicas eram feitas durante o sonho. Raramente avistados nas espécies apavorantes. Essas seriam destinações terríficas para a edificação popular. As almas dos pobres penavam unicamente blasfêmias, falso testemunho e assassinatos. Estupros e roubos ficavam impunes. Dificilmente os sacerdotes acusavam-se em estágio purgatorial. Eram visagens silenciosas, reconhecíveis, limitando-se a abrir os braços esbraseados em cruz. Ou rodeavam, insistentemente, o adro das Capelas do Engenho. O Povo dizia ser confissão de haver pecado dentro delas. Viam também chamando num choro interminável e confuso as crianças mortas sem batismo ou sacrificadas nos abortos provocados pelas mães, envergonhadas. Era suficiente atirar-lhes água, dizendo a fórmula batismal. Voariam para o Céu.

Sem impressão de cumprir sentença, apenas obstinação de hábito que a Morte não vencera, os Velhos Senhores voltavam aos antigos lugares, rede, cadeirão de embalo, canto da varanda ou passeio lento e sem rumor no terraço, com a naturalidade do orgulhoso Cardeal Wolsey em Hampton Court, o malvado Dom Francisco, irmão de D. João V, em Queluz, ou o Barão do Ceará-Mirim na Casa-Grande de S. Francisco. Como em toda a parte, as antigas e semiabandonadas residências senhoriais eram mal-assombradas: luzes, rumores, arrasto de móveis, batida de portas, gemidos, papéis, galhos, folhas secas atritadas, proezas de ratazanas e morcegos, lufadas nos arbustos circunjacentes, que a escuridão promovia à categoria de mistérios.

O canavial guardava a sombra viva de seus trabalhadores mortos. Eram deparados nos "cortes" outrora privativos, sorriam, saudavam, remergulhando nos partidos, como voltando às moradas invisíveis. A lembrança familiar sugeria homenagens votivas, velas acesas, rezas, votos de pacificação e demora permanente nos recantos eternos. Ocorria em noites de verão um desfile de luzes intermitentes à flor do massapê, *marche-aux-flambeaux* penitencial, originário de emanações da matéria orgânica, na combustão espontânea pelo oxigênio atmosférico. Procissão de almas penadas!

Manuel Rodrigues de Melo informou sobre o *Zumbi do cavalo* na várzea do Açu. Jaime Griz encontrou o Zumbi do boi na área canavieira pernambucana. Zumbi, do quimbundo *mzumbi*, espírito. A sepultura é privativa dos corpos com alma. Bicho-bruto enterrado vira assombração. Creio crendices vinda do tabuleiro sertanejo para o vale úmido, onde não havia. Na literatura oral clássica há o animal "encantado", mas não existia o "ressuscitado". O Zumbi-animal é novidade mágica no Folclore brasileiro, sem correspondência com os anhangás amazônicos.

Um acontecimento vulgar nas Casas-Grandes e dependências residenciais era o misterioso apedrejamento noturno, cacos de telhas, bandas de tijolos, torrões de barro, seixos miúdos, atirados violentamente às janelas, varandas e telhados. Atribuíam a causas sobrenaturais. *Poltergeists* na classificação alemã dos fantasmas. Valiam anúncios de sucessos desagradáveis, nas famílias alvejadas, alterações lamentáveis, não econômicas, mas domésticas, raptos, moléstias graves, mortes, inimizades. A insistência da lapidação assombrava os moradores e as interpretações eram sinistras. Esgotados os recursos locais de investigação, recorriam ao delegado de Polícia. Raro seria o Engenho onde não houvesse ocorrido o fenômeno. Quase sempre o fantástico apedrejador era um ou mais moleques interessados na perturbação da tranquilidade pública pela habilidade clandestina. Gustavo Barroso (*Coração de menino*, 1939), narrou um desses episódios no Ceará. Não era "característica", mas uma "constante" no ambiente canavieiro. Havia quem se especializasse nessa técnica, inutilizada pela repressão.

Essas saraivadas ou pedras isoladas, caídas em horário mais ou menos previsto, estão em declínio. Existem, naturalmente, nos povoados adeptos do Espiritismo e uma camada mais rude e primária tudo *explicava* pela intervenção dos *maus* espíritos, *sofredores,* devendo ser *doutrinados.* O outro grupo, crescente em popularidade, é constituído pelos antigos "Capa Verdes", protestantes, batistas, pentecostais, perfeitamente descrentes da sobrenaturalidade das pedradas insólitas, dando justificação plausível.

***

A noite trazia os fantasmas.

Evitava-se o espectro com a luz, adversária clássica. No "claro" não há "visagem".

O Anjo da Guarda afasta-se das casas sombrias, atraindo os diabinhos do pavor.

A flama pequenina, humilde, tenaz, garante a tranquilidade noturna, defendendo o sono de inocentes e pecadores. É uma herança universal e milenar.

As Usinas são iluminadas como os antigos salões de baile, antes da penumbra afrodisíaca do *Night Club*. Os Engenhos também, evoluídos das primeiras lâmpadas de querosene, com chama amarela vacilante. Outrora, bujões de azeite de carrapato ardendo nos pavios de algodão, valorizando o escuro.

Enfrentando a noite tropical, povoada de mistérios sonoros e plásticos, levavam um tição aceso, agitando-o como a uma lança. Foi avô da pilha moderna e portátil. Voltando para casa ou cumprindo encargo, andando na estrada negra, o tição é o luminoso companheiro.

Da calçada, Casa-Grande de Mangabeira, de Filipe Ferreira, ou a de Igarapé, de Milton Varela, via desaparecer, no caminho adensado pela sombra das grandes árvores, os moradores, denunciados pelos breves coriscos dos tições manejados como armas. De sua amplidão funcional, recordo impressão viva da África Oriental.

— Saímos ao anoitecer de Xindenguele. Tínhamos assistido a bailados e músicas, nativas e já influenciadas pelo europeu. Variedade de instrumentos fabricados no local, numa recriação surpreendente. O automóvel corria pela rodovia que o lento crepúsculo manchava de escuro, atravessando aquela terra de Gaza, domínio do Gungunhana, rumando Xai-Xai, à beira do Índico.

Vamos silenciosos, sob o enlevo misterioso da grande noite africana, olhando o caminho negro, ladeado de árvores. É uma zona de pequenos agricultores e as *machambas*, plantações, dividem os labores dos chopes, bailadores e timbileiros incomparáveis. Vez por outra há uma pequenina fogueira queimando diante das palhotas redondas. O mais encontrado é o negro, ágil e rápido, que passa com um tição aceso na mão, agitando-o ao vento da noite, abafada e morna.

Não será, certamente, para clarear-lhe a pisada que aquele preto balança o tição ardente, riscando a treva num arabesco de brasas. Aqui estão em casa, há séculos, plantando, cantando, dançando, outrora guerreando, lança na mão, escudo no braço, contra os sobas invasores, repelindo os "impis" zulus do grande filho de Muzila, neto do Manicusse, esmagado por Mouzinho de Albuquerque.

Deve haver festa nos arredores porque os tições reaparecem, denunciando os convidados para o baile sonoro, movimentado e vibrante, como vimos em Zavala, distrito de Inhambane. Mulheres, tambores, timbilas.

Não, o carvão escarlate é um companheiro luminoso, guardião do corpo, custódia do homem, protegendo-o com o breve clarão da presença divina. Afugentará as coisas temíveis que andam à noite, como orava o rei David. Nenhum fantasma resistirá àquela aproximação deslumbrante com que Mowgli espavoria as feras famintas da *jangla* indiana.

Criado no sertão do nordeste brasileiro, sei a função mágica dessa curta e trêmula chama apadrinhadora. Ninguém saía de casa, noite fechada, sem o tição protetor, agitado como um broquel impenetrável. Na ida e na volta, todo o cuidado era pouco para não deixá-lo apagar, inutilizando a potência defensiva. Abandoná-lo no mato equivalia ao repúdio do próprio Anjo da Guarda.

O que vejo em Gaza, rodando para João Belo, verei na Zambézia, ao derredor de Quelimane. Idêntico em Cabinda, águas do Zaire; no Dundo, reino dos Macuas, na fronteira do ex-Congo Belga; na estrada de Quinhamel, indo para Bissau. O mesmo hábito dos sertanejos de minha infância nas caatingas e tabuleiros do Rio Grande do Norte.

Na *Informação das Terras do Brasil*, o Padre Manuel da Nóbrega escrevia em 1549 sobre os indígenas: — "Dormem em redes d'algodão junto ao fogo, que toda a noite têm aceso, assim por amor do frio, porque andam nus, como também pelos Demônios que dizem fugir do fogo. Pela qual causa trazem tições de noite quando vão fora". Ainda em 10 de agosto do mesmo 1549 o Padre Nóbrega insistia no pormenor, referindo-se aos amerabas da Bahia: "Têm grande noção do Demônio e têm dele grande pavor e o encontram de noite e por esta causa saem com um tição, e isto é o seu defensivo".

Em 1549 não havia influência negra no Brasil. O hábito era tão legitimamente ameraba como seria autenticamente africano.

John Roberts vira que o hindu *porte à la main un tison pour écarter ses invisibles ennemis.* François Lenormant ensina que *cette description des Hindous modernes s'applique trait pour trait aux anciens Chaldéens.*

Assim o caldeu de milênios atravessava a treva fazendo-se acompanhar pelo tição lampejante, talqualmente vejo no chão de Gaza.

Esse pedaço de madeira fumegante é uma das mais antigas participações sagradas, uma das tantas vezes milenar expressão testemunhal de um Deus cordial, indo pelo mesmo caminho dos pés humanos, prolongando com a luz o sinal da simpatia sobrenatural. Será uma das mais venerandas utilizações do Fogo no plano da força mística. Não mais o lume imóvel, iluminando e aquecendo a residência na caverna ou palhoça, mas a potência miraculosa acompanhando o crente de seus valores mágicos através da caminhada, anunciando aos monstros e aos espectros a predileção superior invencível. O homem já conseguira a conquista da divina piedade para segui-lo no percurso da viagem e não apenas aguardar a oração no recinto murado dos templos ou no limite rústico dos *Fanus.* Essa acha rubra seria, sucessivamente, arma, oblação, súplica, amuleto, estandarte distanciador de todos os inimigos. Veio das primeiras horas da inteligência refletiva. Começou em todos os grupos humanos no alto Paleolítico, quando o cadáver foi sepultado com oferendas para alimentar-se e defender-se. Quando o homem acreditou na jornada inevitável depois da morte, lutando e caçando nos campos do céu.

O tição esbraseado, embaixador da coivara flamejante, cumpre ainda a missão de salvaguarda. Na noite africana vou identificando essa presença inesquecível de minha juventude no sertão de pedra do nordeste brasileiro, revendo a flor vermelha do fogo abrir suas pétalas de chama, guiando e defendendo o homem de sempre na floresta do mistério e do medo (*Made in Africa,* 1965).[2]

***

Quase todos os Engenhos possuíam um fantasma vivo, legítimo, estranho e normal. Era uma macróbia rezadeira, isolada, misteriosa, espalhando esperança e medo na devoção canavieira. Receitava simples chás, defumação, purgantes, fricções. A força estava nas orações-fortes, murmuradas na voz sincopada e sonolenta. Não saía do rancho, sede de consultas, presentes de algum dinheiro, víveres, roupa. Ninguém a

---

[2] Edição atual – 2. ed. São Paulo: Global, 2002. (N.E.)

perturbava. Seus contemporâneos dormiam no cemitério. Não se podia imaginá-la moça, provocante, natural. A velha sibila reumática valia potência animadora. Cercava-a respeitoso silêncio. José Carvalho, Humberto de Campos, Gilberto Amado, José Lins do Rego fixaram os modelos do Baixo-Amazona, Piauí, Sergipe, Paraíba. Tratavam-na por Senhora, *Sinhá*, e não a Velha Fulana. Conheci uma dessas pitonisas, Sinhá Buna, de S. José de Mipibu, dobrada em ângulo de 45 graus, sem idade, sem sexo, sem passado, suja, lenta, poderosa.

***

Os alemães dizem que um velho castelo sem fantasmas é um castelo desmoralizado. Não há Casa-Grande antiga sem uma sala, uma alcova, um corredor, recanto de varanda, *mal-assombrado*. A fama do edifício valoriza-se com o elemento fantástico. Alguns foram identificados e sabem, desde muitos anos, de quem se trata. Não pede sufrágios nem lembra missas. Antigo Senhor ou velho proprietário expoliado em seus direitos, reivindica-os numa posse sobrenatural. Noutras ocasiões é uma presença vaga, assustadora, agressiva pelo terror irradiado. Não se sabe em que corpo vivera a visão apavorante. Continua sendo um motivo de arrepio incontido, determinando pequenina literatura oral estarrecente. Denomina-o um pormenor da materialização. É o "Barbudo!" O "Amortalhado!" O "Velho Coxo"! A "Mulher do cabelo comprido!"

Não há fantasmas de rapazes, moças, crianças. Parece que *memória desta vida se consente* aos que muito viveram. A característica é que o fantasma não parece ter outra missão além do sugerir o receio misterioso de algum malefício, cujo enunciado silencia. Nas Casas-Grandes de Guararapes e de Ferreiro Torto, ambas minhas conhecidas em Macaíba e que as julgo derrubadas, havia apenas um quarto interdito durante a noite. Não viam coisa alguma, mas o atrevido que o penetrasse reaparecia alucinado, tremendo de frio, gago, confuso, apalermado. Não recordava história alguma ligada aos aposentos, despidos de móveis, tijolados de branco, e normais. Em Lagoa do Fumo aparecia o velho Barão de Mipibu dando o ouro que enterrara, jamais encontrado pelos presenteados, inclusive, em 1933, a um velho amigo meu. O Barão do Ceará-Mirim limitava-se a descer, pela madrugada, a escada rangente do solar. Não o viam. Identificava-o o andar, lento, pesado, senhorial. Pisada de dono de casa.

O verdadeiro prestígio era a *maison hantée*, sem personalização terrífica. Rumores, clarões, vozes, gemidos, sombras. Houve casos em que a família abandonou por algum tempo a mansão *visionnée*, procedendo-se a cerimonial expiatória, missas, bênçãos, esmolas, como no engenho Cucaú, e noutro, em Barreiros ou no Cabo, em Pernambuco. De fatos semelhantes em Portugal, escreveu Teófilo Braga: — "Às vezes a *alma penada* torna inabitável uma casa ou um sítio qualquer". De lá nos veio a herança espantosa.

As almas penadas processionais, com luzes bruxuleantes, num *Fackel-zug* espectral, não ocorrem rodeando a Casa-Grande, mas percorrendo caminhos ermos que passem pelo Cemitério e terminem à porta da Capela, lugares do batismo e sepultura dos corpos cristãos, desmerecendo o *requiescat in pace* litúrgico.

Não é fácil o incêndio nos "partidos", dada a natureza úmida do material. Ocorre, às vezes, no depósito do açúcar ensacado. Outrora castigo, e agora vingança. Não existem no Nordeste os entes míticos do fogo comunicante, espalhando chamas no pasto, como o *Méuan*, de Couto de Magalhães, punindo as queimadas inúteis.

"O fogo conserva no espírito popular as velhas credenciais expiativas. Todo incêndio de origem inexplicável é intervenção sobrenatural. Entre 1877-1879, as labaredas destruíram dependências da Casa-Grande, depósitos e muita moenda arruinou-se misteriosamente nos vales canavieiros. Penitência à violência sexual de alguns senhores de Engenho às esposas e filhas dos "retirantes" sertanejos que a Seca dos Dois Setes expulsara de suas terras distantes.

O excesso de êxito raramente era explicado pela divina intervenção. "Pauta" com o Diabo, aliança maldita. Presentemente a posse de uma alma não justifica a esforçada colaboração satânica. Antigamente os "afilhados do Diabo" possuíam Engenhos trabalhando silenciosamente, fora de horas normais, em dias proibidos e épocas impróprias.

Joaquim José de Sant'Ana, paraibano de Campina Grande, foi meu colaborador (*Geografia dos Mitos Brasileiros*, 1947),[3] e entre as notas não utilizadas divulgo esse episódio: — Possuindo um lote de burros, alugara-se como cambiteiro num Engenho. Residia numa casinha nas proximidades. Terminada a safra, mudou-se para a vila próxima, mas deixou, por favor do Patrão, os animais no Engenho onde havia bom pasto. Tendo contratado uma viagem, querendo "fazer uma madrugada", foi buscar os burros noite velha, escura e deserto o caminho. Ficou admirado vendo a casa do engenho meio clara, com as portas trancadas. Aproximando-se, viu por

---

[3] Edição atual – 3. ed. São Paulo: Global, 2002. (N.E.)

uma fresta a moenda virando e uns negros magros cevando feixes e feixes de cana que não era transportada. A garapa corria para o parol e o mel fervia nas tachas. Não vendo nem um trabalhador conhecido, cismou tratar--se de uma estripulia do Maldito, e retirou-se rezando Creio em Deus Padre. Soube depois que o Engenho tinha essa fama de trabalhar sem gente e o canavial continuar com as mesmas canas. Tempos depois, passando com um comboio de rapaduras, reparou que todas as portas e janelas tinham cruzes pintadas, evitando a volta dos diabinhos. O Patrão assistia à santa missa sem entrar na Igreja. Não sabe que fim Deus lhe deu. As máquinas trabalhando sozinhas em benefício do *protegido* pertencem a um ciclo generalizado pelo Mundo industrial.

Havia Engenhos com um cruzeiro perto da bagaceira ou diante da Casa-Grande, exorcismando as forças adversas que o Inferno vomita.

Fantasmas de Engenho!...

Dinheiro e Solidarismo Canavieiro

Diablo es el dinero; y que lo que no hiciere
el dinero, no lo hará el diablo.
Quevedo, *Los Sueños*, Chister, 1622.

Uma transformação poderosa operou a Usina no espírito de seus operários, em qualquer departamento funcional. A projeção uniforme e monótona do interesse financeiro contagiou-os do veneno do *espírito prático*, outrora patrimônio de classes abastadas ou ricas. A noção de equilíbrio, poupança, previdência em matéria de dinheiro, jamais pertenceu ao Povo. Nem mesmo seria doutrina cristã, exposta pelo Evangelista Mateus (VI, 24-34). A sabedoria dos provérbios ensinava o contrário da técnica financista. O futuro a Deus pertence. Quem guarda com fome, o gato come. Mortalha não tem bolso. *Deus provide bito.* "Não vos inquietais pelo dia d'amanhã!" Resume o fundamento teológico do Providencialismo. James George Frazer estudou *le Péché du Cens* (*Le Folklore dans l'ancien testament*, Paris, 1924), fonte do anexim vulgaríssimo: — *Do contado come o lobo*, com registro em D. Francisco Manuel de Melo (*Escritório Avarento*, 1655). Dinheiro em moeda é para rodar e em cédulas para voar! Indígenas e africanos negros não conheciam depósitos, armazéns, reservas. Foi lição dos brancos e dos mouros, enterrando cereais para livrá-los do fisco. O consuetudinário era juntar para gastar oportunamente. Amanhã, a ovelha perdeu a lã! As festas populares constavam de participação pessoal nas despesas gerais. Assim os indígenas no moacaretá, cada um levando sua matalotagem para o rega-bofe coletivo. Nas primeiras guerras as tropas aprovisionavam-se nos despojos sucessivos. Onde não há, Rei perde! Guardar era desconfiar da divina misericórdia. Olhai os lírios do campo!...

A tradição é que a Pobreza não condicionava a Tristeza. Pobrete mas alegrete. Tristezas não pagam dívidas! Festa de Pobre era alegria bulhenta, algazarra, estrupício cordial. Distância do Entrudo "brincado" ao Carnaval "assistido". Do Frevo para o desfile. Ver o baile não é dançar. Festa de Rico é luxo, festa de Pobre é bucho! Comer, beber, saltar, gritar, esquecer as misérias, espavorindo-as com a dinâmica jubilosa.

Esse complexo condenava o mealheiro, o pé-de-meia, o saquinho oculto. Quem esconde pão chama o ladrão! Dinheiro e estrume só servem espalhados! O poupado, cauteloso, econômico era o "amarrado", casca--grossa, vinagre, pão-duro. Os tupinambás do Rio de Janeiro zombavam de Jean de Léry, extenuando-se no esforço para deixar herança aos descendentes. "Não será a terra que vos nutriu suficiente para alimentá--los também?" Preparar o filho para enfrentar a Vida e não enfraquecê-lo com antecipações desvirilizantes. Havia o que já não existe, Confiança! Decorrentemente, alegria no dia presente. Amanhã, Deus dará! Explica--se que o folguedo, que reaparece financiado, era mantido pelas migalhas populares. Infinitamente mais animado e resistente na força espontânea. Folguedo de graça, noite inteira, sem perder o rojão, é inacreditável. Ou pura parvoíce para os contemporâneos, mesmo com o pregão heroico: — "Com pandeiro ou sem pandeiro, eu danço!" do Carnaval carioca de 1944. Mas é exceção. A "ciência" é o *eu quero a nota!* Quem canta de graça é galo e trabalhar sem receber é missão de relógio.

O trabalhador de Engenho, na plenitude do *Jus Ludi*, livrava-se da subalternidade no ângulo da recreação. Tinha e usava suas alegrias peculiares, antigas, legítimas, herdadas. A festa na Casa-Grande não lhe despertava inveja, mas excitamento na improvisação das próprias. Não poderia dançar no salão do Patrão, mas este e os filhos não resistiam ao apelo trovejante das batucadas. Cardápio, cachaça, meladinha, peixe frito, bolacha, pegava-se o Sol com a mão bailarina. Nos mais "arranjados", o baile de quota, o baile de rifa, o baile de noivo, era furdunço de entusiasmo inigualável. As violas primárias estavam transformadas nas sanfonas inesgotáveis, sanfonas de oito baixos, irradiantes e suficientes. Não falemos no álcool porque era em bem menor quantidade. Bebe-se presentemente muito mais, sem o ambiente hilariante que Luís Edmundo e Brito Broca evocaram, e com a intensa colaboração consumativa feminina. O uísque não daria Paula Ney nem Emílio de Menezes.

A Usina deu aos seus operários uma noção exigente, estreita, quase sobrenatural, da Economia. Eliminou, como acessórios dispensáveis, todas as mais preocupações que possuíam formas concretas de ação carencial, fazendo-as depender unicamente do dinheiro. O trabalhador, nascido e criado numa atmosfera de padrinhos e madrinhas, compadres e comadres, primos e primas, reais ou nas gostosas *joking relationship*, do S. João, S. Antônio e S. Pedro, irmãos de criação ou de leite, amigos do Pai e do Avô, resultando uma parentela de *gens* no mesmo clã rural, interligados pelos liames de relações contínuas e familiares, como cognatos, esperava encontrar recursos alheios aos limites dos próprios rendimentos pessoais, recursos que não deveriam ser recusados pela imposição da lei secular do costume. A Usina deu a cada operário o isolamento das finanças individuais, incomunicáveis e ciosamente defendidas e aplicadas porque *valiam mais do que o sangue*. Essa revelação do dinheiro-tabu, básico, dinheiro-honra, aprisionou-o automaticamente à percepção do ganho e a batalha do "aumento" começou. Vimos a proteção trabalhista interromper os auxílios tradicionais do grupo aparentado. Agora a lei impõe e os contribuintes defenderão as parcelas recebidas como inalienáveis. A solidariedade grupal é incompatível com uma assistência legalmente obrigatória. A lei deveria amparar quem fora relativamente amparado pelo tradicionalismo amigueiro e familiar. Em tempo de murici, cada um cuide de si! "O dever é da lei e não meu!" Para muitos a oficialização evapora a ternura do ato espontâneo. Um senhor de Engenho em Pernambuco, amoroso da Casa-Grande, velha de séculos, dinamitou-a, sabendo-a tombada num departamento encarregado de preservar os edifícios históricos.

Desapareceu a figura agitada do agregado honorário, serviçal *ex officio*, indolente e astuto, fazendo milagres para não suar, espécie de *outdoor man*, dançador, cachaceiro, capanga, recadeiro, profissional em coisa alguma, sumindo e reaparecendo em misteriosas viagens inadiáveis e suspeitas. O ritmo econômico da Usina retirou-a da circulação folgada e milagrosa. Desceu para a cidade, alistando-se nas bandeiras da malandragem decorativa.

Etnógrafo de campo, recordo época em que duzentas coisas custariam cada uma menos de um cruzado, e não lembro a desvalorização espantosa dos centavos, praticamente inoperantes. Pelo mundo agrário as moedas metálicas corriam abundantes porque significavam as divisas exatas de aquisição normal. A Usina intensificou o dinheiro-papel, e o *bolo de notas* não vale o punhado dos velhos níqueis.

Esses trabalhadores de Usina seriam a massa apetecível às catequeses sociais. Possível à compreensão solidarista porque já não existia o mundo tradicional onde o dinheiro não era tudo. A balança dos preços assustava-os e qualquer promessa de equilíbrio valia o anúncio salvador da Boa-Nova.

O dinheiro trouxe-lhes a angústia pela continuidade em multiplicação. Morreu o Tempo em que ninguém sabia quanto era feliz...

Esse domínio do dinheiro-honra tem tido comprovantes surpreendentes. José Batista de Araújo, Zé Lula, vinte e duas vezes assassino, suicidou-se em 11 de agosto de 1939 na Penitenciária de Natal, por não poder saldar um débito. Devia Cr$ 3.500 e possuía apenas Cr$ 1.500. Essa imagem do dinheiro valer a suprema dignidade penetra o espírito de um matador de homens, impondo-lhe o sacrifício pessoal. Outros problemas não o afligiam. O dinheiro a repor era argumento decisivo e único para ele, no plano da honestidade. Somente uma dívida insolvável é a desmoralização irreparável. É uma *conquista* do Progresso depois de 25.000 anos de Civilização.

Até os primeiros lustros do século XX na paisagem rural que conheci o Dinheiro não ostentava essa coroa fulminante.

Veio depois...

Na proporção que o papel-moeda substituiu o crédito consuetudinário dos "bons costumes", foi desaparecendo a confiança nos antecedentes do bom comportamento creditório, no âmbito grupal. Apareceram avisos sobre *Fiado*, dragão devorador das pequenas bodegas populares. "Fiado, amanhã!" "Só vendo, vendo! Não vendo, não vendo!" O crédito, *crédere*, creditar, não resistiu à ofensiva fiduciária. "Copo na mão, dinheiro no balcão!" "Bebeu, cuspiu, pagou, saiu!" A Usina atraíra muita gente nova, fugitivos da Cidade, sabidos, quebra-galho, boa-vida; finórios, estranhos à população estável e regular dos arredores. Calotes, fugidas, sumiços, quengadas! Ensinaram ao bodegueiro a presença de bodes velhos no curral das ovelhas pacíficas. Pelos Santos, pagam os Pecadores!

Mesmo depois da Abolição, o hábito de pagar uma parte do salário em gêneros continuou funcionando. E quanto as mulheres conseguiam, de esmola e ajuda, na cozinha da Casa-Grande, não sendo consumido ia parar às mãos do vendeiro, farinha, rapadura, botija de mel de engenho, saquinhos de sal, mel de furo, açúcar-bruto, esses últimos sempre de apropriação e iniciativa pessoal, passando das prateleiras para os comboieiros e viajantes pobres, compras pagas a níqueis. E outrora os *vales*, 400 e 500 réis, valorizados pela fama do emitente. O bueiro solene da Usina iscou a fiscalização, estendendo-se às baiucas com pencas de banana-anã, meio saco de farinha, lata de querosene, garrafão de aguardente. Defraudadores da Fazenda Nacional! Deviam conhecer as exigências legais da legislação fiscal!

O dinheiro do trabalhador rural, em duas terças partes, *corria* na aquisição dos *panos* (fazendas) e a feirinha próxima semanal. Havia reserva para as compras *na festa* (Natal). A percentagem de víveres permutados era imensa. Esmola de moeda? Casa-Grande ou de *arremediado*. Esmola de meia garra de gás (querosene) e caixa de fósforos, ou algumas "cabeças" deles.

Com o dinheiro no fim da semana veio jogo, fobó, mulher-dama, passeio na festa vizinha. Casa e passadio, inalteráveis. O salário revelou muito pecado dorminhoco por ausência de combustível.

O "pagamento" ao serviço, saldando-o em definitivo, apagando o vestígio do liame pela prestação anterior, estendeu-se ao conceito tradicional dos vínculos comunitários, funcionando como um sistema retributivo de auxílios pessoais. Era modelo supremo o Adjunto, Mutirão, Puxirão, Faxina, Arrelia, trabalho rural gratuito de grupo em benefício de um companheiro. Realizava-se em ritmo festivo, comida, bebida, cantigas, e bailes ao finalizar. Significava mais uma manifestação legítima de nível cultural que uma dadivosa expressão espontânea de colaboração desinteressada. Havia o imperativo da reciprocidade assistencial. Hoje por mim, amanhã por ti! O dinheiro, acompanhando qualquer esforço, evaporou a força motriz do Mutirão. "Sem bucha, meu Boi não puxa! Quem trabalha de graça é relógio! Tempo de escravo já se acabou!"

O meio circulante à volta de 1888 era modesto, não atingindo 300 mil contos. Dois anos depois, duplicara. O giro agrícola crescera 505%, informava Agenor de Roure. Não pela transformação política, mas pela morte da escravidão.

Os escravos não recebiam salário e mesmo os encarregados de tarefas especializadas recebiam pouco. O dispêndio semanal era módico. Depois da Abolição, 500.000 ex-cativos ganhavam dinheiro. E quase 300 mil imigrantes esperavam a paga regular. O trabalho livre exigira e valorizara o preamar fiduciário.

No Nordeste ligavam o volume do papel-moeda, de empréstimos e emissões, aos nomes prestigiosos dos tribunos queridos. Resultara do 13 de Maio e não do 15 de Novembro: —

> *Dinheiro novo,*
> *Republicano!*
> *Joaquim Nabuco,*
> *Zé Mariano!*

A última década do século XIX intensificou a divulgação amoedada, tornando-a indispensável, imediata. Popularizara-a. "Quem abre portão é tostão!" As moedas divisionárias foram para todos os bolsos. Esmolas de dobrão de cobre e não mais "quarta" de farinha, duas bananas e rabo de bacalhau. Dinheiro trocado e não nota grande é que faz movimento!

As indústrias, improvisadas ou reais, foram arrancar da lavoura os candidatos ao operariado, agrupando-os ao derredor das cidades. Aí deviam comprar tudo quanto precisassem. Não teriam garapa, cana e mel de Engenho nem macaxeira e batatas do roçado do compadre. Regime de loja e vendinha. Toma lá, dá cá! O salário seria necessidade básica, como a respiração.

De um modo geral, a valorização salarial arrebatou o trabalhador rural da economia do consumo para a economia competitiva.

Inventaram um jogo digital, simbólico e vulgar. Juntavam os dedos das mãos, com os indicadores dobrados. Iam sucessivamente soltando os pares, batendo as falangetas, começando dos polegares. "Sem Pai se vive". Nos mínimos: — "Sem Mãe se vive!" Nos anulares: — "Sem Deus se vive!" Os médios ficavam imóveis, sem possibilidade de afastamento. Era a vez do dinheiro. Sem ele, não se vive!

CASA-GRANDE E CIDADE

Os Engenhos são acusados de não promoverem a criação das cidades. Tiveram eles uma função automática, inconsciente e contínua negada pelos sociólogos, justamente nesse rumo de condensação demográfica. Prolongavam o clima urbano, conservando-o no âmbito da Casa-Grande. Sua população adventícia vinha da Cidade e pequena parte dos Sertões, fugindo ao pauperismo uns, outros seduzidos pelos lampiões citadinos. O Engenho era uma adaptação para uns e uma cura de repouso para os demais. Todos os Engenhos possuíam moradores, visitantes anônimos, agregados espontâneos, sem participação regular nas tarefas de campo e oficinas de reparo, lenha, comboios, limpa no canavial e revisão nas levadas de irrigação. Eram colonos na acepção romana dos "clientes". Comer e saudar. O Engenho de administração feliz ia aglutinando os banguês, almanjarras, engenhocas ao derredor. Os ex-possuidores passavam a fornecedores de cana, pagos em cachaça ou açúcar inferior. Havia, para cada um deles, um grupo de trabalhadores, pagos por obra, *faxineiros*, ou moradores permanentes, de mais confiança. Todos residiam na mesma zona que o destino comum articulava em unidade. Os plantios crescendo, o casario derrama-se, irregular, espaçado, mas contínuo e desigual como uma colcha de retalhos e tacos. Nenhum grande Engenho deixou de provocar uma povoação circunjacente. Povoação que reagia ao monopólio patronal, vendendo víveres e mantendo vícios de aguardente e samba. Bodegas, com a garrafa *enforcada*, anunciando cachaça. Vendinhas com farinha, feijão, charque, bananas, sal, numa concorrência humilde e teimosa aos centros financiados pelo senhor de Engenho, que negava sorrindo ser o sócio comanditário e capitalista. A indolência não consentia no "roçadinho" sertanejo para a panela diária. José Maria Belo registrou esse panorama na bacia do Una. Na zona da mata pernambucana as cidades nasceram dos Engenhos e nos Sertões, das fazendas de criação. O Engenho-chefe ia engolindo os rivais menores como a Usina faria com ele. Esse é o quadro um tanto antes e depois da libertação dos escravos.

Em Pernambuco, sendo governador Barbosa Lima (1892-1896), iniciou-se a industrialização do açúcar com as Usinas Centrais, tendo cobertura financeira nos empréstimos em apólices estaduais. O Barão de Lucena começara o *master-plan*. A produção açucareira subiu, mas o interesse *literário* não acompanhou a Usina. Nem o Gerente substituiu o senhor de Engenho, deposto e humilhado. Não motivara senão uma literatura de ataque, áspera e lírica, proclamando a violência constringente de polvos. Em centenas e centenas de refrãos às cantigas populares só conheço um, referente à Usina, divulgado por Ascenso Ferreira: —

> *Olha a volta da turbina,*
> *da turbina, da turbina,*
> *da turbina da Usina,*
> *da Usina brasileira!*

Mesmo assim, o poema "A Casa-Grande de Megaípe" recorda o solar, anterior aos holandeses, que desabou dinamitado. O poeta está "contra" a turbina da Usina. Não apenas a Casa-Grande, mas o Engenho, no conjunto produtor, constituía centro de interesse social, acima do "Mundo fabril" contemporâneo. Os Engenhos eram incluídos no programa das visitas oficiais, Imperador, Ministro, Presidente de Província, Príncipes itinerantes. D. Pedro II hospedou-se nos Engenhos fluminenses, baianos e pernambucanos, de 1847 a 1859, assistindo à *Botada*, empurrando para a moenda as primeiras canas, enfeitadas de fitas, ante aplausos e bailes. Escravaria e moradores exibiam as danças de roda, coro e refrão, palmas e tambores ressonantes. Enquanto a festa decorria no palacete senhorial, a batucada prolongava-se nos adros das senzalas e bagaceiras estrondantes. Hoje já não há tempo, clima psicológico, para um Presidente da República repetir a complacência imperial.

Um parque industrial deve ser apresentado como uma realização de inteligência mecânica e não conquista de tenacidade e convergência humana. A alegria popular é humilhante para um maquinário moderno, impecável e brilhante. *Hurlent de se trouver ensemble.*

A máquina entristece. Émile Verhaeren fala na *noire immensité des usines rectangulaires*, anoitecendo a policromia popular.

A assistência usineira é técnica, emanando da legislação, sem o calor do compadrio e da parentela que as leis trabalhistas asfixiaram, metodizando.

Os grandes receptáculos metálicos ausentam do contato visual as substâncias fabricadas nos estágios de transformação. O maquinismo deprime e restringe a colaboração humana. O volume da produção espanta as mãos produtoras. As abelhas estranham a desmarcada quantidade de mel. O pássaro João-de-Barro assombra-se com o arranha-céu de que o dizem arquiteto. As esteiras móveis carreiam as canas sem cambiteiros cantadores de "emboladas", mudados em veículos insensíveis e práticos. E quando as grandes cortadeiras decepam, em retas infalíveis, os "partidos", as cantigas não têm mais razão de vida melodiosa. O trabalhador de Engenho torna-se o operário da Usina. Outra entidade específica. *Que voulez-vous, Monsieur! tout a une fin en ce monde!*, dizia Francet Mama'l, velho tocador de pífano, a Alphonse Daudet, quando a *minoterie à vapeur* substituiu os moinhos de vento, girando com o mistral e a tramontana, respiração do Bom-Deus!

O Engenho constituiu em uma atração demográfica irresistível. Um problema era evitar a aglomeração dos *encostados*, inúteis, partícipes no saque canavieiro, pedinchões das cozinhas, aparecidos suplicando um *encosto para passar a chuva*, e se deixando ficar, com mulher e filharada em multiplicação, com trabalho raro nos machos e choradeira aliciante nas fêmeas. A molecagem não ia à escola nem dava um recado, cursando a *Life University* nos córregos, pegas de camaleões e bodoque nos passarinhos míopes. Essa gente, vez por vez, erguia casebres de barro, *quixós*, cobertura de palha de coqueiro. O casario não ficava bem perto da Casa--Grande para ser muito visto nem longe para que fosse ignorado. Era um fluxo e refluxo para os últimos bairros da cidade ou vila mais próxima. O senhor de Engenho ia *dando, dando de boca*, terra para morar, mas essa cassa constante de procedências antigeográficas já, em séculos passados, merecera suspeita aos Capitães-Generais, que até pensaram em fundar vilas para abrigá-la, promessa que era uma ameaça aos futuros beneficiados. Os grandes Engenhos tinham centenas e centenas desses ranchos *comendo o chão*, subindo e descendo as colinas ao longo da estrada principal, caminho da Rua. Nas moagens, alguns davam uma *mãozinha* não muito firme. E percorriam os Engenhos vizinhos em safra, aproveitando a boa vontade ou descuido dos moradores velhos. O casario às vezes ligava um Engenho a outro e, rumo do leste, ia-se aproximando dos derradeiros sítios urbanos. Sucedia que os meninos cresciam e *davam* para trabalhar, ocupando-se em pequeninos ofícios adjuntos, oleiros, carpinteiros de carro e porteiras, cambiteiros, varejão nas barcaças, tratador da estrebaria. Nem tudo seria malva e tiririca desprezível. As meninas-moças engomavam, bordavam, batiam bilros, aprendendo cozinha. As mães ajudavam no *pesado* do canavial, levando os feixes aos cambiteiros ou enchendo os vagonetes, lavando roupa, "aparecendo" nas cozinhas em dia de alvoroço. O ritmo procriador era inalterável. Um na mão e outro no bucho.

Esse Mundo fixo, oscilante, lerdo, ativo, cujo melhor bem era a ausência do mal deliberado, funcionava como um sistema de esponjas, que a Morte esvaziava e a Vida enchia. Foi o fundamento da povoação, comprando, vendendo, furtando, rezando, dançando, amando, incessantemente. Desses núcleos, em eterno potencial ambulatório, partiam os aventureiros para Amazônia e S. Paulo. Embarcadiços. Atividades miúdas e múltiplas, trapicheiro, tocador de pandeiro, garageiro, lavador de Mercado, sorveteiro ambulante, catador de moluscos nos mangues, varredor preguiçoso, vagabundo, cachaceiro gratuito, contador de pabulagens valentes. De súbito, volta à sombra do Engenho, goderando, de papo pro ar, mastigando planos.

O Engenho não era uma determinante, mas a provocação catalítica ao confuso aglomerado fervilhante. Não era Casa-Grande nem trabalhadores. Era Povo, plebe, semente infindável da multidão anônima.

Nenhum Engenho que se impusesse pelo volume da produção ou do crédito deixou de ostentar esse colar de casinhas vassalas. Com o declínio dos senhores de Engenho e funcionamento das Usinas, essas centralizaram os interesses que as Casas-Grandes dispersavam. O ex-Senhor vendendo ou "entregando" a propriedade, mudando-se para as Cidades, não levaria seus moradores, os ex-escravos que tinham voltado, desiludidos da liberdade sem frutos, e notadamente os agregados, "encostados", residentes cujo usucapião não seria alegado. Essa gente ficou gravitando ao redor da Usina, do Gerente e funcionários graduados, fascinações novas para as tentações mulatinhas. Nem todos no Estado do Rio de Janeiro, assinalando-se Campos, Bahia, de Alagoas ao Rio Grande do Norte desertaram. A maioria resistiu ou se associou às turbinas da Usina brasileira. Mas a franja informe e vasta desses focos senhoriais não seguiu a trajetória dos velhos astros na descida perpendicular para o Mar. Ficou onde estava, no ritmo de ida e volta, esto e pausa, olhando a Usina na atração das novas seduções compensadoras.

As estradas de ferro e posteriormente as rodovias estabeleceram uma circulação econômica e vadia cuja intensidade a Casa-Grande desconhecera. A Cidade aproximou-se e os loteamentos fixaram moradias em linhas contínuas na formação de círculos concêntricos, cujos nódulo de atração receptiva ficou sendo a Cidade, a todos acessível pelos veículos motorizados, automóveis, ônibus, sopas, jardineiras. Em Pernambuco, Marcos Vinicios Vilaça estudou essa *Sociologia do Caminhão* (1961) e Rachel Caldas Lins já fixara a função social da bomba de gasolina, independente da venda de combustível (1960), provocando o arruamento utilitário.

A bibliografia brasileira sobre transportes já não cabe numa referência acidental. Minha visada é a rodovia, sem expressão econômica, ter posto o mundo usineiro nos subúrbios citadinos. A eleição dos traçados, mesmo atendendo ao reclamo da produção zônica, sugere uma anterioridade funcional de caminhos que a Casa-Grande consagrara em uso, na pista social da Cidade.

Recordo preferencialmente o Nordeste, onde vivo. Para a Guanabara e a região do Rio de Janeiro, a indústria do açúcar fora fundamental e decisiva. Não seria substituída pela centralização usineira, dissipando as Casas-Grandes, mas pelo plantio regular do Café nos finais do século XVIII, galgando as encostas na investida irresistível de sua verde multidão. A zona baixa, abrejada, rica de Igrejas, Solares e Senzalas infindas, seria invadida pelo matagal anônimo, escondendo as ruínas dos palácios sobradados, habitados por fantasmas e recordações.

O historiador Alberto Ribeiro Lamego evidenciou, magistralmente, esse processo de fixação demográfica, monocultura teimosa em três séculos de simpatia e suficiência econômica. Os partidos canavieiros no litoral úmido iriam retardar o avanço populacional para as elevações circunjacentes. A Loreley carioca cantava no seio dos canaviais e não nas águas da Guanabara ou nos cimos feiticeiros das penedias que centralizariam bairros sedutores e cidades industriais.

— "Daí o compreendermos agora mais profundamente a pertinácia e o aferramento à monocultura do campista, que vimos em *O homem e o brejo* por trezentos anos de olhos fitos nos canaviais. É que o carioca, do qual saiu ele por direta descendência, também isoladamente assim viveu agarrado aos seus canaviais, criando de maneira idêntica a sua economia numa região de frouxos contatos com o restante da Colônia. Enquanto existissem planícies, embora alagadiças, ao redor da Guanabara, nenhum desejo haveria no carioca de galgar a cordilheira, como acontecera ao vicentino premido sobre o lagamar, entre o Atlântico e as escarpas do Cubatão. Foram os engenhos que o retiveram na Baixada. Foi a riqueza vizinha do açúcar que, incrementando o comércio, desenvolveu a cidade portuária. Foi a crescente escravaria necessária às lavouras que poderosamente contribuiu para o grande aumento da população do segundo século, quando a fortuna dos senhores de engenho refletia diretamente na cidade, único ponto de intercâmbio e único elo com a civilização de ultramar"... "Entre os fatores econômicos ativadores dessa ofensiva para o domínio da gleba, ressalta como o mais eficiente a cana-de-açúcar" (*O Homem e a Guanabara*, 1948).

A Guanabara possuiu um sistema fluvial convergente, facilitando o escoamento da produção. Recife não mereceu esse benefício telúrico, que a cidade de Salvador contava no entreposto centralizador do Recôncavo. Deveria Recife contar com estações intermediárias, herança dos *Passos*, onde o rio era mais farto, e, no mais, a estrada começava e findava na entrega das safras. "Todo o meneio destas gentes é por água", informava o *Livro que dá Razão do Estado do Brasil*, 1612, referindo-se à Bahia de Todos-os-Santos, *onde a lavrança das canas leva todo o trabalho*.

Em Pernambuco, escrevia Fernão Cardim em 1584: — "o serviço das fazendas é por terra e em carros". Gandavo, bem anterior, escrevera do transporte no Recôncavo baiano: — "Os moradores da terra todos se servem por ela (Bahia) com barcos para suas fazendas".

Na luta do Rei com os senhores feudais, o castelo sempre se opôs à Cidade onde estivesse o Paço Real. A Casa-Grande não seria escudeira e pajem da "Rua", mas a figurava em representação implícita, na bailia rural. O senhor de Engenho foi, tipicamente, Corte na Aldeia, excluindo os mais rombudos e baços, grosseiros e primários, tema de pilhérias e mofas dos demais Barões do Melaço. A casta senhorial personalizava, na encarnação urbana, os Comissários de Açúcar, cujos interesses faziam-na *non diversa sed adversa* no terreno do recebimento, pesagem e saldos das safras por eles comumente financiadas. Constituíam os Embaixadores, Fiscais, Advogados, Procuradores dos colegas reinando no condado agrícola. A medalha legítima revelaria o Barão de Gindaí (Antônio da Rocha de Holanda Cavalcanti), senhor de Engenho, e o Barão da Casa-Forte (Antônio João do Amorim), Comissário de Açúcar no Recife. Eram iguais e dessemelhantes. Nos hábitos, faustos, tratamento, mentalidade, bandas da mesma fruta.

Gilberto Freyre não contrapôs Casa-Grande à Senzala, mas evidenciou suas continuidades e interdependências. Esse devia ser o critério para Casa--Grande e Cidade. Convergência e não antagonismo. Apenas a Casa-Grande não dissipava as características no contato da *Praça*. Recife, Salvador, Rio de Janeiro não foram ácidos dissolventes para as "permanentes" da aristocracia canavieira. No momento (julho de 1970), com 90 anos, vive João Borba de Albuquerque Maranhão, Joca Maranhão do Pirauá em Siriji, Pernambuco, 8 filhos, 37 netos, 47 bisnetos, indeformado e autêntico senhor de Engenho. Dar-lhe-ia a réplica norte-rio-grandense Filipe Ferreira, de Mangabeira, seu Engenho em Arez (1844-1935), falecido com 91 anos lépidos. No dia em que morreu, montara a cavalo, fazendo a volta do pátio. 12 filhos, 63 netos, 30 bisnetos. Cento e cinco descendentes tomando-lhe a bênção.

O pensamento íntimo, recôndita harmonia, dos senhores de Engenho, de alto gabarito, era aliança e fusão nos comandos da Cidade. De autoridade local, alcançava o convívio mais quente na Assembleia Legislativa. Sugestiva a projeção na província e na Corte, por toda a História do Legislativo nacional. Bem ao contrário da lógica dedutiva, foram formalísticos, cerimoniáticos, protocolares. Em 1925, um deles, Estácio Coimbra (1872--1937), impecável nas maneiras da elegância glacial, presidindo uma sessão noturna do Senado, mandou advertir ao Senador Lopes Gonçalves o seu casaco de brim branco, incompatível com a etiqueta da Câmara Alta. Gesto digno do velho Abaeté, do Visconde de Camaragibe ou de Cansanção de Sinimbu.

Muito mais Cidade que Casa-Grande...

Mel e Açúcar: Função Social do Doce

> *Darei um juramento falso por*
> *um torrão de açúcar.*
> Anatômico Jocoso

Para que serviria o açúcar no Brasil quinhentista? Para enviar à Europa, obtendo o que dizemos "divisas". E o consumo local? Não havia café para adoçar e o chá sem açúcar é fórmula aconselhada. O *doce* amansa a energia curativa. O açúcar constituía a invencível tentação para portugueses e seus descendentes policolores. Indígenas e africanos não concorriam na mesma saborosa preferência.

O português tivera do mouro o vício da doçaria ininterrupta. Quem diz mouro, árabe, persa, egípcio, diz "açúcar", acompanhando-os como uma sombra infalível. Os doces orientais são inimitáveis. Apenas os europeus acham *doces de mais*. Inacreditável o consumo do mel e do açúcar no Oriente. E as mais inesperadas composições para o nosso paladar, mesmo afeito aos exageros açucarados. O *pollo a la morisca* é frango frito, recoberto de mel. As carnes assadas servidas com geleia e que julgamos alemãs são de origem oriental. O açúcar-cande, encanto de todo menino do meu tempo, é vitória da técnica arábica. Quase todos os doces começaram na base do mel de abelhas, talqualmente Júpiter fora criado, *aerii mellis coelestia dona*, cantava Virgílio.

Dois dos mais antigos doces, milenares e democráticos, comidos pelo profeta Maomé, califas, sultões e beis, legitimamente árabes, cheirando às *Mil e uma Noites*, continuam vida folgada e milagrosa no Brasil — o alfenim e a alféloa, possuindo esta o prosaico apelido de *puxa-puxa*, de mel de engenho ou calda de açúcar branco, com erva-doce, progenitora do anis.

São de venda unicamente feminina ou infantil. Doces de tabuleiro. O Rei D. Manuel proibiu homem vender alféloa sob pena de prisão e açoite. Não sei as razões jurídicas. O interdito continua em prorrogação brasileira. Homem não vende "puxa-puxa".[1]

O açúcar é fundamento lógico da nossa doçaria portuguesa, aclimatada na Terra Santa Cruz *pouco sabida*, como poetou Camões. Indígenas e africanos não deixaram herança de bolos e doces contemporâneos. O ameríndio é pimenta. O africano é sal e pimenta. Há doce e bebida feitas de pimentas na Nigéria. O ameraba ignorou o açúcar e jamais gostou do ovo. Apiacás, Moré, Itoreauhip preferem o ovo do jacaré ao ovo da galinha. Tendo-os, vendem aos "brancos". Mesmo procedimento africano, do Senegal à Zambézia.

A evocação clássica dos guerreiros germânicos, gauleses, mongóis, é o festim com carnes rechinantes e rubras. Estímulo belicioso devorar as postas sangrentas, divididas pela espada, na vizinhança da fogueira convivial. O doce é sublimação social, índice de valores abstratos, meditativo. Ninguém sacudido pela ira mastiga um doce. Daí o mel de abelhas pacificador, resistência na marcha, tônico muscular, reforço à energia vital. Permitiu a primeira imagem fiel de comparação melíflua — *doce como o mel!* O açúcar apareceria milênios depois.

Onde não foram as abelhas conhecidas e saqueadas? Seria processo de Aristeu, filho de Apolo, sua domesticação e não obediência submissa. Quatorze séculos antes de Cristo a profetisa Débora governou os hebreus quarenta anos. Débora é abelha. Toda uma antiguidade mística autorizaria a *apis melliflua* batizar uma mulher inspirada por Deus. Erland Nordenskiöld evidenciou a apicultura ameríndia, amada por todos povos ilhéus e continentais. O sabor, ilimitado no tempo e espaço, é sempre

---

[1] O Rei D. Manuel proibiu que houvesse homem com a profissão de alfeloeiro (*Ordenações*, Liv. I, Tit. 101) "porém se algumas mulheres quiserem vender alféloas e obreias, assim nas ruas e praças, como em suas casas, pode-lo-ão fazer sem pena". Depois, em 1496, determinou sua extinção: "Que não haja alfeloeiros, e que pena haverão" (*Ordenações*, Liv. V, Tit. 101). As razões seriam a rusticidade da fabricação portuguesa do doce mouro e sua clandestinidade, utilizando indistintamente todo tipo de açúcar e mel. Posteriormente voltaram à venda pública, sempre por mulheres e ofício privativo do sexo, inclusive o portuguesíssimo assar e vender castanhas nas ruas, "exclusivamente destinadas para o exercício honesto, e precisa sustentação de muitas mulheres pobres, naturais destes Reinos, que se ajudavam a viver, e com efeito viviam, destes pequenos tráficos, sem que homens alguns se atrevessem a perturbá-las neles". Carta Real de 19 de novembro de 1757. Ainda hoje o costume defende o privilégio feminino dessas vendas, reservadas a ele desde o século XVI.

uma contemporaneidade disputada. Ao Povo Eleito Iavé promete a Terra da Promissão onde manava leite e mel. Todas as coisas agradáveis, sedutoras, suaves, melodiosas, são *doces*. "Vida, doçura, esperança nossa!", saúda-se, numa hiperdulia, à Virgem Mãe. *To be sweet on*, apaixonar-se. *Lieblich*, doce e nacorado. Maomé dedicou-lhe a surata XVI no *Alcorão*. A colmeia é emblema das associações científicas, símbolo da colaboração harmoniosa. Sedução, amavio, habilidade; mel nos beiços, palavras de mel, todo meloso. Lua de Mel, inesquecida aos que viveram sob sua luz inefável. Era crime sacrificar abelhas (*Ordenações do Reino*, Liv. V, Tit. 78). Pousavam no manto imperial de Napoleão, numa constelação austral, nos lábios dos poetas maiores. Mantê-las seria uma das quatro profissões autárquicas no Portugal Velho: — "Abelha e ovelha e a pena atrás da orelha, e parte na Igreja, desejava para seu filho a velha".

O mistério da elaboração melíflua, "segredo da abelha", a cera para vivos e mortos; a necessidade de informar aos cortiços o falecimento do proprietário do colmeial sob pena de as abelhas fugirem ou morrerem; o fato de sua proximidade e utilização excluírem domínio e subordinação ao homem; a maravilhosa organização da hierarquia funcional; o voo e aclimatação dos enxames são motivos de encantados comentários.[2]

Ainda resistem doces depoimentos positivos da continuidade milenar: bolo de mel, da Madeira e de Beja, pinhoadas, quartos, ladrilhos de marmelada, bolo podre, nogado, rabanadas, boroas de mel pelo Natal, o bolo-folhado com mel, correspondendo ao brasileiro "mil-folhas", tudo quanto hoje fazem com açúcar seria outrora utilizado o mel de abelhas.

O mouro certamente não revelou em Portugal o gosto do mel, bem usado e amado por toda parte da terra habitada. Todas as raças povoadoras da Península Ibérica conheciam abelhas e sua coexistência, nem sempre pacífica pelo saqueio da intervenção humana, neolítica. Alguns tipos de doces, de puro mel cristalizado, e outros com farinha de cereais, tiveram no árabe o mestre inicial, mais ávido e devoto que o romano dominador e bem parcimoniosamente doceiro.

Além das colmeias cultivadas nas proximidades residenciais, o português possuiu a profissão de *meleiro*, caçador e coletor dos favos rústicos.

Teófilo Braga informa que "as grandes brenhas e dilatados matagais, que principalmente em Trás-os-Montes, Beira Alta e Baixa, havia no tempo

---

[2] O adjetivo "sincero", do latim *sincerus*, refere-se ao mel puro, *sincêra*, mel sem a cera do favo, verdadeiro, legítimo.

dos nossos primeiros Reis, deram ocasião a que grande número de homens vivessem de "colher mel" e matar coelhos pelos montes, chamados por isso Coelheiros e Meleiros. "As criações apiárias eram mais constantes em Oeiras, arredores de Lisboa, Torres Vedras, Abrantes, Évora, Ourique etc. O mel participava no pagamento de impostos antigos e era incluído na obrigatoriedade das prestações regulares dos forais. A rainha D. Teresa instituía para os caçadores da Vila de Ferreira d'Alves em 1126 a cláusula: — "et de mel de morada de monte, médio alqueire". E nas "vidas" pagas em Santo Tirso, 1279: — "e no tempo de mel, de mel". O vendeiro seria apicultor. "Mel se o achaste, come o que baste. Mel novo, vinho velho. Miguel, Miguel, não tens abelhas e vendes mel?", são locuções alusivas e seculares.[3]

Misturava-se no vinho, e o mel teria sido o primeiro confeito para a fruta. Com o pão torrado, úmido de caldo de carne, era a "sopa no mel".

No *Monólogo do Vaqueiro*, de Gil Vicente, é oferta pastoril ao recém--nascido D. João III (1502).

Durante o século XVI o açúcar, tornado mais abundante pela produção das ilhas e do Brasil, destronou sem que eliminasse o mel. A preferência pelo açúcar acentuou-se mesmo nos velhos redutos da antiga doçaria. Primeiro, o fidalgo cedeu. Depois as classes mais humildes decidiram-se por ele. Duarte Nunes de Leão, 1610, lamentava-se com enfado: — "As marmeladas que os antigos faziam de mel em casas muito honradas, não quer agora qualquer mecânico comê-las senão com açúcar, e tocadas âmbar e almíscar". O Desembargador Duarte Nunes de Leão faleceu em 1608. O açúcar era Rei coroado. Há em Lisboa uma Rua do Açúcar.

O açúcar ampliara a doçaria, fazendo-a variada, determinando as espécies procuradas e provocando vocações inventivas. O jesuíta Duarte de Sande acompanhara à Europa a primeira embaixada enviada pelo Japão ao Ocidente, constando de quatro príncipes nipônicos que visitaram o Papa Gregório XII. Esteve em Lisboa, escrevendo exaltada descrição. Admirara a Rua dos Confeiteiros, desaparecida no terremoto de 1755: — "como todos os anos da Ilha de S. Tomé, de muitos portos do Brasil, Ilhas

---

[3] Quando o açúcar cingiu coroa e as naus voltando da Índia encontravam-no levado para Portugal, na carreira do Brasil, justificar-se-iam os fundamentos agrícolas portugueses, para Antônio Sérgio. "A base agrícola à navegação da Grei só existiu com vulto alguns séculos mais tarde, com o açúcar que nos vinha do Brasil". *História de Portugal*, Lisboa, 1941. O autor defendia a predominância da orla marítima na manutenção alimentar e expansão econômica nos primeiros séculos, contra a tese da "Monarquia Agrária", de J. Lúcio de Azevedo.

Canárias e da Madeira é importada para Lisboa, em muitíssimos navios, inumerável quantidade de finíssimo açúcar, é tal a abundância de doces e bolos expostos à venda nesta rua, que não somente dá para o consumo da cidade, mas se exporta para muitas outras da Europa".[4]

Por esse tempo, 1583-1585, somente os sessenta e seis engenhos de Pernambuco safrejavam 200.000 arrobas. Mais as 120.000, dos trinta e seis da Bahia.

Ainda no reinado de D. João III, o mel de abelhas era de peso sensível e notório na arrecadação das sisas, impostos de transmissão. A sisa do mel de abelhas alcançava seis mil-réis. A do pescado, cinco mil e seiscentos. A do azeite, dois mil-réis. A das frutas secas e verdes, três mil-réis. A do vinho, quatro mil e quinhentos. Hortaliças, setecentos e cinquenta réis. Mariscos e frutas de além, oitocentos réis. É um índice de sua importância econômica, mesmo na época do açúcar ascensional. Pela Carta Régia de 18 de junho de 1541, D. João III concedera a João Antônio de Prioli privilégio para uma refinaria de açúcar em Lisboa.

O açúcar embriagava muito mais do que o vinho. Assenhoreara-se dos paços ducais a casa d'El Rei. O Cardeal Alexandrino, legado do Papa Pio V, visitou Portugal em 1571, hospedando-se em Vila Viçosa na residência de D. João, sexto Duque de Bragança. Notou o aluvião de doces servidos e a sem cerimônia com que o pasteleiro ducal polvilhava de açúcar e canela quase todos os pratos, tornando-se estranhos ao paladar cardinalício. Duelo do sal romano contra o açúcar tropical.

Emanuel Ribeiro diria: "Os portugueses, creio, que nunca fizeram nada na sua vida sem deixar de lançar mão dos produtos da doçaria".

Um donatário da ilha da Madeira mandou a Roma oferta humilde ao Sumo Pontífice, o Sacro Palácio construído de açúcar e os Cardeais de alfenim, da estatura de um homem.

O doce era uma mobilização das essências longínquas, dando resumo das conquistas além e aquém mar. Cravo das Molucas, noz-de-banda, pimenta e gengibre de Malabar, canela de Ceilão, açúcar do Brasil para as obras-primas que duravam um minuto de júbilo na verificação do incomparável sabor que não se repetirá.

O doce, o bolo, possuía uma função social indispensável na vida portuguesa e que se comunicou na convivência brasileira tem quatro

---

[4] Pe. Duarte de Sande, *Itinerário de quatro príncipes japoneses, mandados a santidade de Gregório XIII, e de tudo quanto lhes sucedeu até se retirarem a suas terras*, Macau, no Colégio da Companhia, 1590.

séculos e meio de alegria familiar. Representava a solidariedade social. Os inumeráveis tipos figuravam no noivado, casamento (o bolo de noiva), visita de parida, batizado, aniversário, convalescença, enfermidade, condolências. Era a saudação mais profunda, significativa, insubstituível. Oferta, lembrança, prêmio, homenagem traduziam-se pela bandeja de doces. Ao Rei, ao Cardeal, aos Príncipes, fidalgos, compadres, vizinhos, conhecidos. O doce visitava, fazia amizades, carpia, festejava. Não podia haver outra delegação mais legítima na plenitude simbólica da doçura. Completava a liturgia sagrada e o cerimonial soberano.

Informa o etnógrafo português Luís Chaves: — "Em festas litúrgicas, gerais ou locais, os institutos religiosos, seculares e regulares, confrarias, irmandades, preparavam doces especiais. Quer pelos nomes, por que eram conhecidos, quer pelos Santos invocados na comemoração individualizada, quer ainda pelas marcas impressas com 'pintadeiras' e 'chavões', e por desenhos alusivos de pó de canela em doces de prato, sem esquecer formatos simbólicos, ficaram notáveis na história da doçaria portuguesa. Muitos dos conceitos, dos feitios e dos nomes têm hoje continuidade de uso. Doces de virtudes profiláticas e curandeiras, doces simbólicos por via da forma ou da nomenclatura, antropomórficos, idiomórficos, talismânicos, provenientes de religiões primitivas em superstição pagã, superficialmente cristianiforme, continuam hoje nas festas de Santos milagreiros e nas romarias, que lhes andam adstritas".

Desde, notadamente, o reinado de D. Afonso VI a maio de 1834, quando as ordens religiosas foram dissolvidas, a doçaria abria seus esplendores nos conventos, masculinos e na maioria femininos, sussurrando nomes que eram confissões, apelos, críticas, murmúrios de queixas: — bolinhos-de-amor, esquecidos, melindres, paciências, raivas, sonhos, beijos, suspiros, abraços, caladinhos, saudades. E os que traziam aromas de cela mística de freira letrada — beijos de freira, triunfos de freira, fatias de freira, capela de freira, creme da abadessa, toicinho--do-céu, cabelo da virgem, papo-de-anjo, celestes, queijinhos de hóstia. Os satíricos: — barriga de freira, conselheiros, velhotes, orelhas de abade, galhofas, lérias, casadinhos, viúvas, jesuítas, arrufadas, sopapos, desmamadas. E os cerimoniáticos: — capelos de coimbra, manjar real, bolo Rei, major imperial, príncipes, marqueses, morgados. Bolos com os nomes dos conventos, Santos, cidades, vilas, lugares, talvez de criadores da guloseima ou vênia anônima ao apelido preclaro de senhores e damas que só deixaram no mundo esse vestígio no bojo dourado das gemas amarelas, revestidas pela poeira do açúcar, das amêndoas, riscado à canela cheirosa.

Fazer certos doces era uma característica funcional. O personagem da *Comédia Ulysippo*, de Jorge Ferreira de Vasconcelos (Coimbra, 1560), declarava: — "Sois cá moça de vila, não sabeis mais que amassar, e peneirar; fazer filhós, e bolos de soborralho!" Bolos cozidos nas cinzas do borralho. A moça era da família de Maria Borralheira.

Outros participam, emocionalmente, da História. Fernão Soropita falta nos "farténs" de Beja. É o primeiro doce de Portugal que o Almirante Pedro Álvares Cabral oferece ao indígena tupiniquim de Porto Seguro, na sexta-feira, 24 de abril de 1500. *Deram-lhes ali de comer; pão e peixe cozido, confeitos, fartéis e figos passados.* Primeiro ato da conquista. A posse pela gula. Esse fartém, fartel, fartes, caracterizado pelo recheio de creme, é o primeiro bolo comido no Brasil por um brasileiro, e ainda se come em Portugal.

É óbvio que os conventos jamais tiveram o monopólio exclusivo da doçaria e fora deles sempre se fazia doce nas aldeias e vilas nas cidades e quintas; doces fiéis às festas do ano e às alegrias das comemorações familiares. A doçaria conventual supria a necessidade de um volume maior porque podia ser vendida nas portarias. E alguns seriam mais saborosos.

As freiras portuguesas tinham mais tempo, tarefa obrigacional, material utilizável abundante, destinação mais vasta e os paladares daqueles que recebiam às *grades* suntuosas, davam os agradecimentos em palavras mais animadoras para o aperfeiçoamento das artífices monacais. Joias, baixelas, privilégios. Possuíam as freiras emulação e vagar para superar, de tempos em tempos, os próprios valores realizados no impulso de vencer outros conventos rivais. A técnica doceira requintou-se em séculos de experiência e apuro no uso das receitas secretas e mesmo presença de monjas com o gênio instintivo da perfeição, deixando a herança que não seria transmitida além dos parlatórios privativos. Nenhuma coleção de receitas conseguirá a repetição do que se fazia, comumente, sob D. Pedro II, D. João V, D. José e D. Maria I. *Exceptis excipiendis.*

Há certas iguarias intransportáveis, intransmissíveis, irrepetíveis, fora do clima natural de sua criação. Não haverá livro, curso, olho direto no mestre, com possibilidades de captação total. Doces simplíssimos como os ovos-moles de Aveiro, pratos banais como sardinhas assadas com salada de pimentas ou uma caldeirada à fragateira voam acima de qualquer plágio, insistência, repetência noutras paragens. Uma feijoada completa é tão local como a baía da Guanabara. Uma moqueca de peixe é privilégio da cidade do Salvador. Lagosta de Pernambuco. Bicuda-perna-de-moça de Fernando Noronha. Carne-assada em Natal. Sopa de peixe em João Pessoa. Sururu alagoano. Churrasco gaúcho. Virado paulista. Lombo de porco mineiro.

Tartaruga amazônica. Paçoca cearense. Inútil a memória para reconstruí-
-las, distantes da paisagem telúrica do seu feitio tradicional.

Assim os doces na misteriosa dosagem do açúcar feiticeiro...

Há nos doces, Horatius, coisas que não deduz tua vã filosofia. A mão
magistral da humílima doceira, analfabeta e provinciana, da freira velha,
sobrevivente e saudosa de sua comunidade que o "Mata-Frades", Joaquim
Antônio de Aguiar, abolira, independe de conceito interpretativo. Ninguém
neste mundo sublunar pode precisar as mutações delicadas dos pontos de
fervura, fritura, elevação da massa sob a cadência do batedor. O pulso tem
ritmo diverso, com intensidade e compasso que escapam a qualquer registro
"científico". Em cem pães de ló há sessenta ou oitenta sabores diferentes
que não explicamos, mas existem. *Pero que los hay, los hay.* Alguém que
sente o infrasápido que nossas papilas grosseiras ignorarão perpetuamente.
Assim como os "Provadores de vinhos" precisam a safra e evidenciam os
defeitos, na rápida degustação. Não vemos o ultravioleta e o infravermelho,
mas estão eles nas orlas terminais do espectro. Assim, *si parva licet*, na
doçaria. Certas doceiras pertencem a uma raça que não se renovará no
plano biológico, mesmo porque não atinamos com a explicação fisiológica
daquela acuidade maravilhosa. O Padre João Damasceno Xavier Carneiro,
preso na revolução de 1817 em Natal, quando "chegou à mencionada
prisão diminuta parcela de massas, um naco de pão de ló, reconheceu ter
sido feito em casa da própria família", contava a professora Dona Isabel
Gondim. Gradações mínimas de gosto, denunciando pormenores que
facilitavam a indicação da origem. No Natal-velho do meu tempo de rapaz,
cem senhoras faziam "pastéis de nata", mas meu Pai identificava os feitos
por Donana Wanderley, casada com o Juiz Substituto Federal, Dr. Celestino
Wanderley. Julio Camba afirmava que as sardinhas galegas assadas por
Pepe Roig, boticário em Villanueva de Arosa, eram inconfundíveis.

Compreende-se que a tradição boleira e doceira de Portugal replantou-
-se imediata e profundamente no Brasil, servindo-se dos elementos nativos
e alienígenas, reunidos aos recursos trazidos da Europa, farinha de trigo,
ovos, especiarias. Desde o primeiro século da colonização a doçaria estava
aclimatada e pujante em todos os centros habitados. Há o depoimento
positivo de Gabriel Soares de Souza na Bahia de 1597: — *com açúcar
fazem as mulheres mil manjares.*

Toda mulher portuguesa faz três doces, ensina cinco e opina sobre dez.
Não houve lavrador, por mais insulado em sua quinta, granja ou monte,
que não desfrutasse de uma pequena doçaria caseira. Verifica-se, pelo
confronto com os tipos citados no século XVI, que o português defendeu,
pelo uso preferencial, os padrões da sobremesa nacional. Nem o Atlântico

de um lado e nem a Espanha do outro tiveram o condão de influências modificadoras nos bolos e doces favoritos.

Era dever das raparigas saber mexer um bolo e fazer um doce velho como o avô gostava. Pospasto do futuro marido. Alegria aos filhos. Oferta aos vizinhos prestimosos. Esse conceito utilitário e sentimental constituiu, até bem pouco, um critério genérico e inevitável na educação feminina brasileira. Somente nas cidades grandes os doces eram vendidos. Pastelarias valiam raridades à volta de 1910. O imenso "interior" dos sertões, fazendas, engenhos, lavouras, jamais ignorou doces e bolos nos dias festivos, mesmo no isolamento das paragens longínquas ao litoral, onde havia a *pancada do mar*. Fora herança portuguesa, viva na Terra do Açúcar, essa *constante* obstinada, fiel à ciência de bolos antigos e de doces avoengos, receitas lusitanas agora utilizando os frutos da região tropical. O título de *grande boleira, mão de ouro nos doces*, uma *quituteira*, eram elogios, valendo dotes em potencial às moças e halos de glória às casadas.

Nunca um brasileiro dispensou o *adoçar a boca* depois de *salgar o estômago*. Muito mais de sessenta por cento dos bolos e doces portugueses seguem no Brasil uso e abuso no plano do consumo. Como em Portugal, a industrialização comercial, mesmo conservando nomes e formas clássicas, facilita e provoca o lento abandono na atividade doméstica, compensado pela fácil aquisição nas confeitarias inesgotáveis. O alucinado preço dos ingredientes básicos afasta a normalidade doméstica da produção. Todos preferem vender a comprar.

Mas dizia o Padre Antônio Delicado nos seus *Adágios* seiscentistas, *com açúcar e com mel até as pedras sabem bem*.

Amargo, basta a Vida.

O doce, o soberano açúcar, defende a esperança do alívio.

Canavial, Trabalho Macho!

> *— O trato e negócio principal do Brasil é de açúcar.*
> Frei Vicente do Salvador, 1627.

O algodão não possuiu no Brasil a grandeza social da *Big-House* no sul dos Estados Unidos. Banjo, *legends of the Old Plantation*, a movimentada escravaria, *away Down South*, das melodias de Stephen Foster. Canções que Joel Chandler Harris recolheu:

> *De ole bee make de honey-comb,*
> *De young bee make de honey,*
> *De niggers make de cotton en co'n*
> *En de w'ite folks gits de money.*

O senhor de Engenho tornara-se acentuadamente urbano quando as grandes mansões se ergueram nas plantações sulistas d'El Rei Café. Ausentíssimo. Um "representante" fantasiava na Casa-Grande o Irrepresentável-Insubstituível.

A tradição popular valoriza as tarefas de forte movimentação, transmitindo uma impressão física de domínio e luta sobre a matéria trabalhada — lenhadores, cavoqueiros, caçadores, pescadores de baleias, maquinistas, ferreiros, em oposição aos alfaiates, barbeiros, gente de copa e cozinha, padeiros, pescadores de anzol que não pagavam imposto, costureiras, rendeiras de almofada, crochê e labirinto, grupos do "trabalho brando", esgotante, mas sem exigir exaustão verdadeira. As tarefas nos canaviais não deviam ser comparadas aos vários serviços cafeeiros. Corta--se a cana a facão e apanha-se o café com a mão. O Café requer paciência, minúcia, tenacidade. O Açúcar, disposição, resistência, desembaraço. Fernando Ortiz estabeleceu categorias entre o Açúcar e o Tabaco em toda extensão das etapas de preparação, através das sucessivas técnicas de obtenção. *El tabaco nace, el azúcar se hace.* Diferença entre um leptosoma e um pícnico, apolíneo e dionisíaco, erótico e narcísico. As *utilidades* do Café, do plantio à chavena, são inferiores ao complicado manejo desde o canavial ao açúcar na saca exportável. Os homens e mulheres trabalhando nos "partidos" gastariam maiores esforços que os empregados nas "ruas" do cafezal. Consequência é que o negro do canavial e o do engenho, ao calor das fornalhas e à beira das tachas ferventes, com as mãos arriscadas à mastigação pelos cilindros, considerar-se-iam em plano elevado na atividade muscular e predicados indispensáveis do mestre de açúcar, no tempo em que o maquinismo simplificador estava dentro da cabeça dos inventores.

Outra tradição nordestina é que o escravo temia como insuportável castigo ser *vendido para o Café*, ou para a mineração. Fugia, apadrinhando-se com os senhores vizinhos, suplicando a graça de não mudar senão para ocupação equivalente. Mineração e Café impunham regimes inteiramente diversos de exercícios musculares acrescidos na exigência de uma atenção cuidadosa, dispensável na labuta canavieira. Proporcionalmente semelhava à colheita do algodão em capucho ou café em "cerejas", encargos competentes às mulheres e crianças e não aos homens adultos, vagamente humilhados naquele labor miúdo e contínuo, de arbusto em arbusto.

> — *Quem tiver sua filha moça,*
> *Não mande apanhar café.*

Se fosse o serviço decepá-los com um golpe de foice ou facão, não haveria repulsa íntima na utilização pessoal do escravo.

Exatamente como o indígena brasileiro, o preto africano "funda" o plantio, mas não lhe dá assistência. Os cuidados para a "limpa" e colheita, mesmo o arrancamento custoso de grandes raízes, pertencem às mulheres e raparigas crescidas. Caçador nato, célula belicosa, transporta com vaidade as peças abatidas ou partes dos animais de vulto, elefantes, hipopótamos, búfalos. Quando a caçada ocorre nas proximidades da aldeia, limita-se a dar a notícia do êxito, indicando o local onde jaz o montão palpitante de carne fresca a ser carregada pelos ombros e cabeças femininas.

Mesmo os pescadores brasileiros levam para casa ou mercado os peixes grandes, vistosos, glorificadores da pescaria. Os peixinhos, reuníveis em cestos ou caçuás, caberão às esposas e filhas. Oferecer venda de peixes menores de palmo é uma "desfeita" ao pescador de cavalas, albacoras e meros. Ao tirador de pau, derrubador de árvores de porte, rachador de madeira, repugna ser carregador de lenha, apanhador de gravetos e garranchos para a cozinha doméstica. Alguns amarram o feixe e outras mãos conduzem. A missão natural é trazer o grande pau cortado, ostensivo despojo, ocupando vários parceiros orgulhosos do troféu conquistado à mata, anões com o imenso corpo imóvel do gigante vegetal.[1]

Há posições tabus para homens. Trabalhar sentado ou de cócoras não é condizente à dignidade masculina. Sugere ofício de rendeiras ou na apanha de frutas silvestres. Dizer que um homem faz rendas, ou borda, é debochá-lo. Os velhos sertanejos não entravam na cozinha, faina de mulherio. Não se admitia, entre fazendeiros e senhores de Engenho, um homem sendo cozinheiro. Acabava "fême". Assar caça era tradição máscula.

Na África, como no Brasil ameraba, trabalho de oleiros era encargo feminino, assim como cozinhar o alimento. Assar é que é do caçador. Herança de milênios. Daí a surpresa de Max Schmidt vendo Apiacás oleiros e cozinheiros. Oleiro homem é normal na industrialização, mais ou menos contemporânea. "Quem agrada macho é barbeiro." "Quem cata piolho e dá cafuné é *muiê*". A rede de dormir é remendada pela mulher sentada. A rede de pesca é consertada pelo pescador de pé. "Braço é do homem e dedo é de mulher." "O homem tem o talento (força física) e a mulher, o sentimento (delicadeza)." "O homem diz *oi* e a mulher diz *ui*!" nas interjeições de espanto. Apanhar café e algodão excluíam a colaboração macha. Ainda são, acentuadamente, tarefas de *muiê-fême*. O esforço dos cortadores no canavial e dos cambiteiros, transportadores, arrastador, virador, arrumador de bagaços, forneiros, turma das tachas, é ofício de suar, nada "maneiro", "leviano" e fácil. E quando a propriedade era mantida com disciplina e energia serena, envaidecia no trabalhador sua participação. "Trabalhei em Ilha Bela do Coronel Zé Feliz, no Ceará-Mirim!" "Trabalhei no Rosário, de Sebastião Wanderley, em Sirinhaém!" Eram credenciais apregoadas. Essa individualização não aparecia noutras indústrias e sim referências às abundâncias dos plantios, vinte mil arrobas de algodão, trezentos mil pés de café!

A saca de açúcar seria uma comprovação orgulhosa do domínio modificador, do canavial à refinação.

Se a pescaria ensina o silêncio ao pescador e a caça, o segredo da marcha cautelosa, o ambiente canavieiro seria o apelo à movimentação dos gestos largos, das vozes sacudidas, dos ímpetos irrefreáveis no mau comportamento da Bagaceira, que José Américo de Almeida estudou em romance clássico (1928).

---

[1] Na ilha de S. Tomé, África Ocidental Portuguesa, a venda popular de peixes é feita pelas mulheres, *palaé,* tendo os homens constrangimento ocupando-se nesse serviço.

Ao negro do canavial, cabra da peste, do pé do Engenho, cabiam a turbulência em vivo potencial. Na alagoana Viçosa, um "Coco" de roda, festivo e pacífico, grita esse refrão desafiador:

— *Si a Puliça chegá, qué-quê nós fáis?*
— *Morre tudo na bala, e ninguém vâi!*

Carro de Bois

· · · · · · · · · · · · · · · · ·

Em 1550 os canaviais estavam em Pernambuco, Bahia, S. Vicente. O solo negro e viscoso era esmagado pelas rodas maciças do mais antigo veículo do Mundo, o carro de bois.[1] *Amasa* grego, citado por Homero, *Essedum* gaulês, *Plaustrum* romano, inaugurara o tráfego na Terra com a primeira roda inteiriça, resistindo na assombrosa contemporaneidade. Identificada em Ur, onde Abraão nasceu na Caldeia, por Leonard Woolley. Derramou-se pela Ásia, solução de carga, guerra, penetração geográfica, belicosa, comercial. Os fenícios levaram-no para Cartago e daí alcançou a Península Ibérica. Era o carro *chillon*, gemendo no eixo fixo para afugentar malefícios. Os romanos encontraram-no na Espanha. *Gruñen más que carretas de bueyes*, fala Cervantes na *Ilustre Fregona*. O modelo de Roma cantava também, *stridentia plaustra*, de Virgílio (*Geórgica*, III, 518). A roda raiada é sua neta, espalhada no continente americano que a ignorava. Sugeriu *La Carreta*, o inesquecível bronze de Belloni em Montevidéu. Ainda indeformada na Ásia Menor. Foi o veículo da sociedade canavieira. Carreta, carro de lenha ou de canas, medida de capacidade, como em Portugal. Carreira, abrindo a estrada no sulco da passagem repetida. Conduzia o povo do Engenho às festas do arraial, bailes, casamento, batizado, entoldado de ramagens ou pano bonito. Em 1939-1945, o combustível escasseou pela dificuldade das comunicações marítimas. O carro de bois multiplicou-se. Prestante, valioso, insubstituível. Indispensável na paisagem sentimental da Casa-Grande. Tem sessenta séculos de idade.

---

[1] "Jangada e Carro de Bois", *Jornal do Comércio*, Rio de Janeiro, 23 de março de 1941. Bernardino José de Souza dedicou-lhe o monumental *O ciclo do carro de bois no Brasil*, S. Paulo, 1958.

CORTESIA

>*Otrosí, damos por incapaces de razón a*
>*todos aquellos que, habiéndoles Dios hecho*
>*bien criados de personas, son mal criados*
>*de gorra; y deleitándose en ser descorteses, se*
>*consuelan a vivir malquistos.*
>
>Quevedo, *Premática del Tiempo*

— "Esta gente não sabe tirar o chapéu!" – dizia Maneco Varela, do S. Francisco, referindo-se à decadente aristocracia rural do Ceará-Mirim.

O senhor de Engenho conservou e defendeu, enquanto as circunstâncias permitiram, o dever imperioso da cortesia tradicional. Conhecia-se o cavalheiro pela saudação. Saber saudar era apanágio fundamental da nobreza agrária, notadamente montando os ginetes de preço, aparelhados de prata. Miguel Ribeiro Dantas, do "Diamante"! Xandú Varela, de "S. Francisco"! Victor José de Castro Barroca, do "Verde Nasce"! As "aristocracias" subsequentes, erguidas na base financeira sem a pátina sentimental do Tempo, não sabiam saudar e sim receber vênias submissas e louvores maquinais.

Fabrício Gomes de Albuquerque Maranhão (1852-1924), da Usina Maranhão em Canguaretama, irmão do Senador Pedro Velho, do aeronauta Augusto Severo, e do Governador Alberto Maranhão, evocava na desaparecida residência de meus pais, Av. Jundiaí em Natal, os direitos e deveres de uma sociedade que o Progresso matara.[1]

---

[1] Viajando entre o Rio de Janeiro e Minas Gerais, fevereiro de 1822, notava Saint-Hilaire: "Nos encontros das estradas, ninguém jamais deixa de saudar um viandante, quando vai tomar lugar num rancho cumprimentam-se os primeiros ocupantes".

O chapéu era o atributo da cortesania civil. Mantendo-o afastado, um instante, na paralela da cabeça, era a saudação entre iguais. Erguê-lo para o alto, o braço quase inteiramente estendido, *hasta los cielos*, vênia aos superiores, homenagem de entusiasmo eufórico. Descê-lo ao nível do joelho, reverência de subalternos. Empregava-se afetuosamente aos velhos amigos da família, aos íntimos, entre apreço e burla, impondo gesto idêntico retribuidor. O mais humilde era o chapéu *varrendo o chão*, dos mínimos aos Altíssimos. Quem fosse a cavalo respondia à saudação dos pedestres agitando a mão, sem tocar na aba do chapéu, exceto tratando-se de autoridades ou pessoas de relações pessoais, andando a pé. Descobria-se, ligeiramente, com um sorriso. Ir a cavalo era um estado visível de superioridade, de igualdade no *rang* mais alto. Ao Rei, saudava-se descoberto e curvando-se na sela. Os fidalgos de menor hierarquia apeavam-se. Assim William Beckford registou no Portugal de 1787.

As saudações de mão entre cavaleiros são de uso contemporâneo, última década do século XIX, sob o regime republicano, e diziam-nas vindas das repúblicas do Plata, vistas durante as guerras cisplatinas, mas sem que conseguissem implantar-se na hirta pragmática dos Marialvas.

Na Imperial Vila de Papary (cidade de Nísia Floresta, RN), era famoso o encontro de dois ricos senhores de Engenho, Trajano Leocádio de Medeiros Murta, do "Pavilhão", e Inácio de Albuquerque Maranhão, de "Belém". Detinham as montadas dois segundos para o cumprimento espetacular e silencioso. Inácio de Belém era Luzia, liberal. O velho Trajano do Pavilhão era Saquarema, conservador. Presidira a Província em 1863.

Não corresponder era uma afronta cruel. Henry Koster, em 1814, conta de um pobre lavrador de Amparo (ltamaracá) encontrando o Amo "tirou o chapéu para saudá-lo mas o gesto não foi correspondido pelo patrão. Sem perder tempo, o nativo arrancou-lhe o chapéu da cabeça dizendo: — 'Quando se fala com a gente tira-se o chapéu!'" Não havia relação alguma entre a condição social e econômica e o direito da relativa e gradual reciprocidade cortês. Koster narra outro episódio, este de caráter trágico: — "Numa dessas ocasiões (de feiras), um rapaz de cor parara para arranjar as compras que fizera para a semana, quando um homem de grande poder surgiu perto dele. O indivíduo importante, que trazia uma longa bengala na mão, vibrou uma forte bengalada no jovem mulato, dizendo: — 'Por que não tira seu chapéu quando um branco aparece?' O golpe foi dado feroz e brutalmente recebido. O rapaz, puxando sua faca, voltou-se rapidamente e cravou-a em quem o havia insultado e, com a faca ensanguentada na mão, fugiu, ameaçando atacar quem lhe pusesse obstáculo. O rico proprietário só teve tempo, antes de morrer, de pedir que o assassino não fosse perseguido, porque era devido à sua imperiosa tirania que sucedera aquela catástrofe. O rapaz voltou poucas semanas depois à sua antiga morada, sem ser molestado por nenhum dos parentes de quem matara, e o crime nem sequer chegou ao conhecimento da justiça". Sendo obrigação basilar *vingar o sangue* de alguém da família, a impunidade do jovem assassino constituirá exceção honrosa aos sentimentos de agressividade vindicativa dos grupos poderosos da região. Maria Graham dizia-os unidos como um clã escocês.

Passar com o chapéu *atolado* na cabeça por um senhor de Engenho diante da Casa-Grande era um desafio intolerado. Júlio Bello (*Memórias de um Senhor de Engenho*, 1948), conta que o avô, Tenente-Coronel Francisco Antônio de Albuquerque Pereira dos Santos, mandara amarrar e surrar a um negro livre, negociante em Abreu de Una, por vangloriar-se de não saudá--lo, avistando-o na calçada da Casa-Grande de Tentugal, em Barreiros. Esse prepotente senhor de Tentugal esbofeteara o filho, Bacharel José Nicolau Pereira dos Santos, no mesmo lado da face em que batera no velho escravo Teodósio. Vingara, em represália, o negro cativo, mas não compreendia o desacato incivil à sua dignidade senhorial.

O Major Cristóvão da Rocha esperou, horas, pelo regresso de um advogado que não o cortejara na bagaceira do Engenho Marrecas. Desafrontara-se, gritando em plenos pulmões: "Vosso Pai é um ladrão e vós ides pelo mesmo caminho!"

O Brigadeiro Dendé Arcoverde mandava *correr a chibata* em quem passasse coberto ante a Casa-Grande de Cunhaú. Os negros do Engenho Ferreiro Torto (Macaíba, RN), todos alforriados e trabalhadores livres, pretendiam obrigar os viajantes descobrirem-se atravessando as terras da propriedade. O dono, Dr. Francisco Clementino de Vasconcelos Chaves (1834-1896), que presidira a Província (1872-1873), opunha-se formalmente ao despotismo do costume, que o pessoal analfabeto do Engenho considerava sagrado.

Fabrício Maranhão recordava que em Nazaré da Mata, terra paterna, e Goiana, onde casara, os comboeiros abstinham-se de fumar enquanto defrontassem a Casa-Grande, máxime visível o Senhor. Todos retiravam da cabeça os chapéus de palha ou, sendo sertanejos, os *cascos de peba*, de couro, com abas redondas e curtas. Era como se passassem diante de Igreja, Palácio do Rei, ou de seus prepostos.

Tirar ou não o chapéu decidia atitude moral mais expressiva que verbal. "Negou o cumprimento!" As armas resolveriam. O faminto e paupérrimo fidalgo de "Castilla la Vieja", amo de Lazarillo de Tormes em Toledo (1554), *había dejado su tierra no más de por no quitar el bonete a un caballero su vecino!*

Era maneira gaiata de anunciar excelências literárias *Chapeau bas!* "É um soneto de Olavo Bilac!" Gastão Cruls (*Antônio Torres e seus amigos*, 1950) escreveu página deliciosa, lembrando as reuniões cariocas no Bar Nacional, onde Augusto Maia antecedia as declamações com a inevitável e cabulosa intimação: — "Tirem o chapéu! *L'Enfance d'Héraclès*, de Leconte de Lisle!"[2]

O Prof. William Rex Crawford dizia-me, 1944, da próxima divisão no Ocidente entre *Sombreristas* e *Sinsombreristas*.

Para as gerações novas o chapéu é peça acessória e dispensável, mas esse conceito não se verificava entre os nascidos nas duas primeiras décadas do século XX, em que o uso era obrigatório e normal, e andar sem chapéu valia *andar sem cabeça*. Em torno do chapéu havia um complexo cultural profundo e vasto (*Dicionário do Folclore Brasileiro*,[3] "Chapéu"; *Locuções tradicionais no Brasil*,[4] "É de se tirar o chapéu!"). Dispensá-lo, para quem o usara anos e anos, vale adesão consciente a uma nova mentalidade, compreendendo modificações essenciais nas próprias soluções psicológicas e, decorrentemente, processos de entender e julgar. Num homem da minha geração, um velhote de cabelo ao vento é um Cardeal sem batina. A batina não implica, presentemente, afirmativa ou negação teológica e sobretudo canônica, como outrora, onde sua privação era punição execrável (Art. 2.291-11).

Depois de 1920 o chapéu foi visivelmente perdendo seu simbolismo social. As guerras de 1914-1918 e 1939-1945 impuseram quepes, boinas, bonetes, e essas coberturas não são retiradas da cabeça para saudar-se. Faz-se continência, tocando-as com os dedos unidos. A saudação comum é a continência militar aproveitando-se o chapéu civil. Bate-se com os dedos na aba em vez de tirá-lo. É o estilo saudador, entre homens que se encontram. As senhoras ainda merecem o descobrir-se a cabeça de quem as corteja... quando há chapéu. Os rapazes não têm mais esse código para com as amiguinhas.

O chapéu constituiu um sinal exterior da dignidade adulta, como as calças compridas oficializavam o final da infância.

---

[2] "Agora, tiremos o chapéu para pronunciar o nome de Sua Majestade Romanée-Conti, rei absoluto dos grandes 'crus' da Borgonha" (*Assim falava Baco*, Paulo de Verbena, S. Paulo, s.d.).
Era tradição francesa, ainda viva em Alfred de Musset: *Ôtex vobre chapeau, c'est Mathurin Régnier, de l'immortel Molière immortel devancier!*
[3] Edição atual – 12. ed. São Paulo: Global, 2012. (N.E.)
[4] Edição atual – 2. ed. São Paulo: Global, 2004. (N.E.)

Um meteorologista previrá o tempo por um conjunto de elementos dominantes, esparsos e convergentes, assim como em Semiologia a configuração mórbida é uma soma de sinais diminutos e dispersos, valendo sintomas denunciadores e reais. Os leves indícios são arautos sonoros para as percepções sensíveis como Saint-Exupéry pôde prever a tempestade de areia que rolava no Saara pelo simples encontro de uma borboleta verde, no abrigo de Port-Etienne, plantado no litoral africano.

As modificações nos processos de saudação, transmissões de aviso jubiloso da convivência social, passando de não tirar o chapéu a não mais usá-lo, fixam nitidamente a rapidez com que o Mundo está transitando de um *organismo* para um aparato mecânico, igual, obediente aos comandos articuladores, prático, matemático, regular. Ideal, para um maquinista...

G. W. Trevelyan afirma que a Idade Média terminou no século XVIII. Spengler e Toynbee são outros tantos Noéis abrigando o que julgam essencial em cada ciclo histórico, arrumando-os como salvados no bojo das Arcas, classificações destinadas a fazê-los sobreviver. Certo é que as Idades se prolongam em sucessão onde as eliminações dos acessórios aparentes são ajustamentos harmoniosos. Desapareceram os indivíduos que criara me exerceram as culturas iniciais. Essas culturas, vale dizer as técnicas de utilização, continuam, com maior ou menor suficiência, em serviço contemporâneo. Alta percentagem do Paleolítico vive em nossos dias. Spengler e Toynbee julgam que os ciclos históricos terminam como serpentes mordendo a cauda. Seria preferível a espiral de Vico.

Tirar o chapéu apareceu quando os chapéus podiam sair facilmente da cabeça e significavam submissão, desarmamento mental ante o homenageado. Gregos, Romanos, todo o Oriente ignoraram essa fórmula, e saudavam por gestos. Talqualmente agora voltamos a praticar, descendo da astronave. Começaria essa saudação à volta do século XIV, mas o costume tornou-se etiqueta durante os Valois na França e Tudors na Inglaterra, por influência das pequenas Cortes italianas da Renascença, semeadoras da cortesia, vinda da *Corte*... como a cortesã. Os capacetes e elmos, anteriores e normais, não deixariam suas funções defensivas, ostentando insígnias heráldicas. Mesmo no esplendor de Luís XIV o uso não estava regulamentado ao sabor dos nossos preceitos protocolares. Jantava-se com o chapéu na cabeça diante do Rei, o único a cobrir a cabeleira diluvial.

O chapéu, superado pela mobilidade da Moda, *cosa mobil per natura*, atendendo apenas ao inverno europeu, determinou a saudação regressar ao monopólio digital e manual. Voltamos à Idade Média, cortejando com os gestos da mão, como Carlos Magno e os Doze Pares de França.

O século XX tem direitos imanentes, constantes, não típicos, mas legítimos e mesmo uma Mentalidade. Apenas não existe *Mentalidade* que não seja heranças modificadas das antepassadas.

Um centro irradiante, irresistível e poderoso é o que não havia no século XIX — a intensidade das comunicações. Quando Domício da Gama foi para Europa, o escritor Raul Pompeia, a mais linda inteligência de sua geração, não escrevia ao amigo, descrendo que uma carta do Rio de Janeiro alcançasse Londres. Agora ouço em Natal a voz do meu filho que me fala de Roma, e vou a Paris em seis horas. E a Televisão, assombrosa para quem vira o Kinetofone de Edison.

Esses movimentos deviam atingir a aba do chapéu com que o senhor de Engenho saudava, *baralhando* no alazão de raça.

***

A pragmática alcançava o Povo, então o mais exigente na cortesia usual. Nas feiras e mercados não se comprava sem a saudação preliminar ao vendedor. "Bom dia! Bom dia! Quanto custa o abacaxi?" Havendo esquecimento, o vendeiro lembrava a omissão. — "Quanto, o beiju? — Bom dia! Duzentos réis!" Mesmo os pobres peixeiros ambulantes: — "Boa tarde! Não quer peixe fresco para a ceia?"

O escravo dobrava o joelho, estendendo a mão direita, dedos unidos: — "Bênção, Senhor?" Os trabalhadores livres, arrancando ou não o chapéu de palha: — "Bom dia, Patrão!" E quem parasse, saudando: — "Bom dia, meu Branco!" Começando as falas em negócios: — "Deus guarde Vossa Senhoria, Coronel!" Certos comandantes: "Bom dia, meu Regimento!" Entre iguais, ombro a ombro: — "Bom dia! Como lhe vai?", fórmula popular do século XVII.

Não tocar na beira do chapéu. Não dar as horas. Passar trombudo, fechado, fagueiro, olhando sem ver, malcriação, desprezo, atrevimento; *mal criados de gorra*, dizia Quevedo. Alguns protestavam: — "Você tem o chapéu pregado na cabeça?" O excesso: "Tira o chapéu até a toco de pau!" Não se passava por alguém à janela ou parado à porta, sem salvar. Os chefes de serviço, Secretários de Estado, diretores gerais, atravessando o salão dos funcionários, erguidos à sua passagem: — "Bom dia, Senhores!" David Campista, Miguel Calmon, Tavares de Lyra.

O depósito das vênias esvaziou-se. A tendência popular decide-se por um arremedo de saudação militar, notadamente nas cidades. Os tratamentos de etiqueta verbal sumiram-se no desuso. No Sertão, vagamente, boiam as patentes, Capitão, Major, Coronel, agonizantes. Os clássicos Vossa Mercê,

Vossa Senhoria, morreram. No âmbito urbano já não há. Senhor é uma sobrevivência. *Vossa Inselência* é defunto quase secular. Também os tradicionais Sá Dona, minha Dona; a Dona está? Moça, seu pai demora? O Moço já voltou? O amável diminutivo, Doninha, substituindo o Sinhá-Moça romântico. E para as senhoras jovens, Minha Santa! Os indeterminados Seu Hôme, Meu Senhor, Cidadão! O pejorativo Seu Coisa!! Respondia-se: — "Eu tenho nome! Coisa é troço como você!" Presentemente, "troço" é um elogio.

Outros tempos. Outros deveres. O pessoal antigo, da velha fidalguia rural, tinha seus direitos à cortesia. Gente-fina. Gente-sinhá.

> *Não sou Cabano,*
> *Lá do Pará!*
> *Sou Gente-Fina,*
> *Gente-Sinhá!*

IMAGEM E REPRESENTAÇÃO

> — *É uma história nova sem nenhuma novidade,*
> *e uma perpétua novidade sem nenhuma coisa de novo.*
> Padre Antônio Vieira, *História do Futuro.*

Sociologia é uma técnica de recomposição pela síntese ou de dispersão pela análise? Na minha saudosa fase de esponja fui leitor sem radar e sem autopitonismo. Atinei, ao final, que todos os sociólogos defendem apenas um itinerário pessoal através dos fatos sociais. A tendência, imutável nas crianças, é quebrar o brinquedo para explicá-lo. Depois, é impossível a reconstituição, vale dizer, revê-lo íntegro após a interpretação. *C'est la destruction des phénomènes qui importe à la science*, dizia Tarde. Mas Gabriel Tarde morreu em maio de 1904. Muito cedo. Hoje o fenômeno *provocado*, laboratório, vivário, inquérito, estatística, imaginação, é o que nos interessa. Adaptação e não oposição do fenômeno, às avessas de Tarde. Elimina-se o fenômeno oposicionista negando-lhe a existência.

A utilidade imediata e real das Culturas é adaptar o Homem ao convívio dos semelhantes. Atenuar os atritos na superfície áspera dos temperamentos porque é impossível consegui-lo na medula das mentalidades. As descargas aliviadoras são indispensáveis. Visita à Lua, Copa do Mundo, são processos catárticos para o timpanismo mental. A eficiência vive na Oportunidade fundamental. Verifico que todas as coisas desagradáveis são apenas inoportunas. Na Economia, a Oportunidade é a segurança da circulação. Na sociedade é a concordância.

Há quem permaneça solene e sonoro na sala de visitas dos assuntos. Na copa, cozinha e quintal decorre a vida normal e lógica. Existe, natural-mente, o pavor de forçar a intimidade fenomenológica com a Sociedade. A oportunidade do observador talvez não coincida com a oportunida-de no motivo observado: — disposição, exposição de ângulo essencial, estado típico em legitimidade funcional. A observação será autêntica, mas fixando uma exceção, crise, anormalidade, instantâneo de uma careta, náusea, bocejo. O único dispositivo verdadeiro é o contato regular com a *Quotidianidade*. Quotidiano com *Q*, e não *cotidiano*, ideografia convencional e dissipadora do conteúdo legal do vocábulo. Depois de Bergson, a *intuição* é forma aquisitiva. Em Sociologia *de campo* corresponderá ao nosso clássico *palpite*. Às vezes dá certo. Noutras, a águia vira borboleta.

***

Nos caminhos do açúcar há labirintos direcionais para qualquer projeto de investigação. Bibliografia maciça, revistas ágeis como *Brasil Açucareiro*, reportagens, mentiras sedutoras, narrativas com mais figuras que discurso de posse. Preferi trabalhar, essencialmente, sobre o material obtido diretamente em sessenta e três anos de curiosidade. Reminiscências pessoais de antigos senhores de Engenho e usineiros, Milton Varela, Luís Lopes Varela, Waldemar de Sá, o alagoano Aluísio Vilela, amigos diletos e fiéis, e as vozes emudecidas mais ainda ouvidas por mim, Filipe Ferreira, Prof. Augusto Meira, Maria Madalena Antunes Pereira, a Sinhá--Moça do "Outeiro", evocações humildes e preciosas de antigos mestres de açúcar, fornalheiros, carreiros, cambiteiros, ex-escravos, depoimentos de incomparável elucidação e pormenor. Visitas vagarosas às zonas canavieiras da Paraíba, todos os vales produtores norte-rio-grandenses, a região da Mata pernambucana. Convivência de anos e anos com meninos de Engenho, velhos trabalhadores canavieiros, macróbias de Casas-Grandes em fogo morto, reacendidas no poder da evocação. Hóspede de Engenho podia perguntar e viver naquelas vidas pajeantes do açúcar, em mais de meio século. Depois, viagens, livros, caçadas em arquivos, vencendo as traças na degustação de relatórios manuscritos. Ausência de programa imutável, fazendo abstração das provas em contrário. Conversando com produtores antilhanos. Insensível às imposições solenes dos processos econômicos, esquemas, estatísticas, gráficos comparativos de produção. Interesse imutável à circulação do açúcar nos domínios etnográficos. O social sobre o econômico. Um milhão de sacos de 60 quilos pesando menos que o comentário ardente e colorido de um "cabra de pé de Engenho", cuja fraseologia não foi dicionarizada. O maquinário encontrarei em toda a parte. A confidência humana, inesperada e legítima, é uma oferta do acaso feliz. Evitei o ambiente condicionador, mutilando o verismo da participação oral. Duas vezes que conversei com o Embaixador Hernández Catá o assunto único foi revelar-me o tempo em que trabalhara em fábricas de cigarros em Havana. Os circunstantes sorriam, entediados, preferindo literatura e política. Quanto dele ouvi reputo mais precioso que qualquer revelação de temário jornalístico. Comigo, graças a uma discreta e hábil insistência, o ágil Embaixador Alfonso Reyes só me falou da sobrevivência culinária tradicional do México, resistindo ao impacto da nivelação alimentar internacional. No mundo canavieiro fiquei restrito às heranças da Casa--Grande e da bagaceira. Inútil às tentações discursivas da industrialização sempre renovada no apelo publicitário da propaganda "técnica". Esses registros fundamentam minha exposição.

***

A denominação do açúcar é da forma e não causa. Não deriva do seu sabor, mas do aspecto cristalizado pela mão utilitária dos iniciais fabricantes. Peço permissão para chover no mar. Do árabe *al-succar*, versão do sânscrito *sarkara*, referente à semelhança com os grãos de areia alva. Os árabes trabalhavam na Índia, o sânscrito impôs-se. Imagem comparativa e não de essência substancial.[1] Inacreditável que os gregos, árabes, hindus, persas, chineses, não tivessem a doce sugestão insuperável do objeto saboreado. Mas isto é um parêntese.

O açúcar vem para o Brasil como um colono rico e não emigrante tolerado. Solicita unicamente o solo para a residência. Traz a matéria--prima e compra na África o trabalhador. O brasiliense legítimo, indígena, não entra na comandita. Todo o labor iniciado nos vales de massapê é diametralmente oposto ao seu processo de plantio e colheita. Ele planta e a mulher encarrega-se do resto. Exatamente como na fecundação. Ama caçar, guerrear, pescar de flecha e arpão. Tarefas que podem ser interrompidas *ad libitum*. Toda continuidade é, para ele, uma monotonia exasperante, exceto beber e cantar, enquanto há o que engolir e a garganta permite a rouca e obstinada emissão. Depois provará não ser muito ortodoxo no uso do açúcar e do sal. Adora a pimenta e as frutas ácidas. Com o mínimo de sacarose. Nos canaviais prefere a cana mais insípida

---

[1] "Posto que o nome do assucar se não derive primitivamente do sabor doce, e a palavra sanskrita *sarkara*, da qual procedem todas as designações posteriores (o nome português vem pelo árabe e conservando o artigo *as-succar*), se aplica à forma granulosa da substância cristalizada, é certo, que tanto Dioscórides como Plínio se referem ao seu sabor doce, quando classificam o *sakkharon* ou *saccharum* como uma espécie de mel": nota do Conde de Ficalho ao LI dos *Colóquios dos simples e drogas da Índia*, de Garcia de Orta (Goa, 1563), vol. II, 302, Lisboa, 1892.

e nova, como todos os roedores e ruminantes. Garapa azeda. Na instalação da Casa-Grande, por algum tempo é o fornecedor de carne do mato. A *cunhã* colabora no gineceu branco e preto. Mas a negra expulsa-a dos jiraus e redes prevaricadoras. Não aprende a cozinhar e seus acepipes não seduzem o macho europeu pelo paladar. Não rebola os glúteos na marcha. O indígena, no arranco bandeirante, é soldado e não provisionador de matalotagens. O canavial é trabalho estável, regular, metódico. O indígena não se habitua à cadência inflexível dos eitos. Ainda em 1812 dirá ao inglês Koster: *cabôco é só para hoje!* Vencido e vendido, apodrece logo, inutilizado pela malária, tuberculose, varíola. O simples sarampo infantil despovoa malocas e um catarro dispersa as aldeias como um ciclone. Na Guerra dos Mundos, de Wells, os irresistíveis marcianos sucumbem ao defluxo. Os soberbos Peris, dominadores de onças, rios e tempestades, morrem de gripe mansa. Terão, como o africano, o delírio pela aguardente, água-de-fogo, ajudando-o na hecatombe. Aqueles que conseguem produzi--la consomem toda a produção. Ventania solta e livre, não gira moinho nem impele velas. Desaparecerá, como desapareceu, de toda a orla do litoral brasileiro onde enfrentara o português: — Bahia, Pernambuco, Rio de Janeiro, S. Paulo. Morre olhado por um frade como o último tamoio, ou espalhado e anônimo nas serras e brenhas, manada de caititus sem dentes, onças sem patas, abelhas sem faro. O gavião de penacho não se acolhe ao pombal negro das senzalas onde desdenha a fêmea de ébano. Não estima a negra. Estrebuchou para morrer, como os velhos leões africanos, devorados pelas hienas.

O açúcar construiu seu Mundo com os materiais idôneos e devotados às liturgias do plantio e safra. Valorizou o negro e arredou o ameraba. Em Cuba do século XVII um africano valia quatro indígenas. Não deperece tanto, mas um negro não se troca por três nativos. Até o século XVIII a resistência no eito é a tabela qualificativa do esforço masculino. O teste canavieiro anulou o indígena e matriculou o negro na servidão verde. Ser--lhe-ia outro Alcácer-Quibir, para morrer devagar, no meio das canas direitas e altas como lanças de uma guerra sem pausa e pena.

O açúcar atestaria a presença do branco nos planos de sua perseverança nos êxitos das moagens. Fornalha fria, canavial invadido pelo mato, Engenho de fogo morto, proclamariam o cemitério financeiro, partida para o exílio das mudanças e hospedagens mendigadas.

***

Quem trouxe o europeu para o Brasil não foi o açúcar mas o ibirapitanga, o pau-brasil. Competia nos mercados com as especiarias do Índico. A intrusão francesa fazia duvidar da posse portuguesa, ausente na exploração regular do pau-brasil pelos traficantes de Dieppe, Honfleur, Havre. Uma multidão de tradutores, línguas, intérpretes, trugimões, habitava o Nordeste, pintados de urucu e jenipapo, bebendo cauim, gritando nas pocemas. Ainda em 1597 o francês estava, de rede armada e cachimbo aceso, na minha terra. Foi preciso expulsá-lo a espada e mosquete e fundar a Cidade do Natal, dois anos depois.

O açúcar foi a ocupação definitiva, a estabilidade, a *ficada possessória*. O *animus domini et possidentis*, do Direito Romano. O pau-brasil fora indústria de extração, de passagem, assalto ao que a terra produzia e jamais replantado. Uma mineração vegetal. O indígena cortava, o francês recebia, carregava a nau, ia embora. Com o canavial plantado, tratado, mantido, a subsequente fabricação do açúcar, garantia-se domínio e posse ininterrupta, sem que o francês pudesse alegar o *uti possidetis*, argumentando que o testamento de Adão não dera a terra exclusiva a Espanha e Portugal.

Creio inútil a indagação sobre a data em que as primeiras *saccharum officinarum* atingiram o Brasil. No mínimo setenta anos antes de maio de 1500 os canaviais estavam na ilha da Madeira. A produção castelhana nas Canárias é posterior. Bem antes de 1530, data de sua morte, o poeta espanhol Bartolomé Torres Naharro versejava: —

> *La isla de la Madera*
> *que de azúcar nos mantiene.*

Canárias exportava açúcar e nas Antilhas, Cuba, tivera *cañaveral* em 1501, açúcar em 1506, trapiche em 1515, Engenho, um ano depois (Fernando Ortiz, 1963): Torres Naharro, posto entre Juan del Encina e Gil Vicente, no teatro ibérico, entrega à portuguesa Madeira a fartura do açúcar mantenedor. Creio ainda que o exemplo castelhano empurrara a cana madeirense para o Brasil, bem logicamente ao Nordeste, região mais povoada e disputada no momento. Seria na zona úmida e quente de Itamaracá, onde em 1516 dois navios de Espanha saqueiam pau-brasil e prendem onze portugueses. Feitoria nesse ano fundada por Cristóvão Jacques. É daí que exportam em 1526 *algum açúcar* para Lisboa (Varnhagen), ano em que a visitou Luis Ramirez, cronista da armada de Sebastião Cabot, destinada às Melucas. O feitor chamava-se Manuel Braga. Nesse ano o milho brasileiro penduou em Portugal. Quando plantaram canas em Itamaracá e Igaraçu, denominada então Pernambuco, possibilitando *algum açúcar* em 1526?

Não sei. Não sabes. Não sabemos.

***

Não conhecendo o açúcar, o indígena falando nhengatu, dizia *ceên*, *ceê*, *cê*, agradável, gostoso, apetecível, o "bom" relativamente ao paladar. Batista Caetano diz provir do verbo transitivo querer, desejar, apetecer: *a cê*, *re cê*, *o cê*, quero, queres, quer. Quando a melancia chegou, provada e aprovada, ganhou o nome de *vá-cê*, a fruta doce, desejada. *Ceê, raramente usado para indicar açúcar*, informava Stradelli nos finais do século passado. A insistente imagem da doçura era o mel, *ira*, Iracema, Irac.í, Iramaia, Irapuã, comumente designando abelhas. O açúcar não conquistou o ameraba, devoto permanente do mel, em intransferível fidelidade. O negro rendeu-se aos amavios açucareiros, pagando-se da canseira que lhe dava a fabricação. Em Angola, *sukide*, como o nosso matuto dizia *sucre* e *súca*. Planta estranha à flora brasileira, dominadora econômica, possui sobre o Café a vantagem da fácil utilização imediata, em qualquer dos estágios da transformação industrial. Pode estender-se em touceiras clandestinas ao redor dos casebres e moradas distantes e paupérrimas, aproveitada em espécie, em todas as idades armadas de dentaduras.

O pau-brasil, de colheita perene, é o corolário do cansaço indígena, dando-lhe o nome sem vincular-lhe tradição emocional. A curva decrescente nos mercados europeus dispensou prolongar-lhe a extensão nos ex-futuros replantios. Fora água da fonte, vendida sem as tarefas das ampliações e reforços. O historiador João de Barros, Donatário de minha terra, dizia-o *pau de tingir panos*. Cem anos antes de o Brasil nascer já estava ligado a Portugal, nas técnicas tinctóricas.

> *Him nedeth nat his colour for to dyen*
> *With brasil, ne with greyn of Portingale!*

Escrevia Geoffrey Chaucer no *Canterbury Tales, The Nonne Preestes Tale*. O *old Protector* do poeta era John of Gaunt, Duque de Lancaster, em 1387 sogro do Rei D. João I, de Portugal, o Mestre de Avis. Chaucer morreu no último ano do século XIV.

Um século justo depois, o Brasil seria terra alagadora do *a reddish dye*. Não se pensaria que as anilinas sintéticas matá-lo-iam por asfixia. O real carrasco foi o terem saído da Moda as cores obtidas pela ibirapitanga. O caso das ostras que davam a púrpura. Pimenta e canela ainda empregamos. O pau-brasil, nosso Padrinho, é ignorado por 99% dos olhos nacionais.

Nem existe, sentimentalmente, interesse na apresentação. A campanha educacional de plantar um pau-brasil em cada escola esvaziou-se na indiferença juvenil. Fui uma dessas arapongas serôdias.

Quando a Pastorícia é "uma indústria extensiva por excelência... formando a retaguarda econômica dos Engenhos", como escreveu Roberto C. Simonsen, o açúcar, atraindo a colonização portuguesa, fixando-a, criando fontes regulares para o fisco da Coroa, decorrentemente mantendo-lhe o interesse através das vantagens pecuniárias, constituiu a retaguarda das Cidades nas zonas ecologicamente propícias. As Casas-Grandes foram outros tantos consulados urbanos, entre o litoral e o Sertão. Não seriam, evidentemente, entidades autárquicas porque o Engenho indispensava animais de tração e transporte, além da reserva para o consumo do pessoal canavieiro. Carneiros, bodes, porcos eram afluentes da carne bovina. Os galináceos sempre figuravam como pratos de exceção, dieta e visita.

A fase "experimental" do Brasil é o período anterior à produção regular do açúcar. É uma espécie de proto-história social. O canavial aprovou o povoamento europeu. A extensão territorial impôs a ocupação que se fazia disputada pelo concorrente francês, e até 1580, espanhol. Entre o Engenho e a onda uivante dos indígenas estavam as fazendas de gado, preferidas para os assaltos, esgotando-lhe a violência. Depois da expulsão do holandês, 1654, no Nordeste a penetração do interior acelerou-se, de Alagoas ao Ceará. O seguinte século XVIII seria a etapa povoadora dos sertões com a gadaria. As sesmarias haviam distribuído a terra deserta. Os pródromos da ocupação, na segunda metade do século XVII, pelos currais, motivaram a guerra indígena, nas últimas décadas até princípios da centúria imediata. Essa sublevação, mobilizando tropas pagas, até os Terços Paulistas, que deixavam rasto toponímico, permitiu o conhecimento da topografia sertaneja, onde o flamengo não andara, exceto nas lendas e assombrações. Com a extensão pastoril, na distante paralela dos canaviais, a colaboração acentuou-se entre as duas faixas econômicas. Fazendas de gado pertenciam a senhores de Engenho nas áreas mais próximas, dois, três dias de viagem. A contribuição preciosa foi o elemento humano descendo do Sertão para completar os quadros dos tangerinos, comboeiros, carreiros, cambiteiros, que não mudavam de profissão nem se afastavam dos animais, vindo viver nos Engenhos. São os primeiros distribuidores do açúcar pelo agreste e periferia sertaneja. *Bem no interior* reinava a Rapadura, com outros veículos na entrega e repartição das encomendas.

Ciganos andejos, barganhando sendeiros e cavalos espaduados, funileiros errantes, mascates, com a variada mercadoria sedutora arrumada em duas malas sólidas na mula possante, inevitavelmente arranchavam-se à sombra da Casa-Grande antes de rumar às terras do Sol-se-pôr. Os que voltavam, no refluxo profissional, traziam curiosidades do Sertão, selas decoradas na inconsciente tradição mourisca, chicotes entrançados, chapéus vistosos de aba virada, *agaribaldos*, à Garibaldi, com patacões do Império e barbicacho ponteado de prata, véstias de couro de veado, bordadas de retrós branco, a troco de pechisbeques irresistíveis. Mas o açúcar não adoçava esses *tratantes*, senão pagando-os quando vendiam na Casa-Grande no descanso do retorno. Essa capilaridade também garantia uma comunicação constante e pequenina entre os dois domínios.

Dois domínios interdependentes mas não indistintos e comuns no entendimento psicológico e sensibilidade comunitária. A separação entre Sertanejos e *Matutos*, homens do mato, do interior, apelido dos agresteiros, dos brejeiros, dos brejos, dado pelos sertanejos e citadinos, às vezes confundindo-os, foi constante e viva. Dizer "matuto" a um sertanejo é insultá-lo. Matutos e sertanejos duelavam em versos, batiam-se nos desafios, pilhérias, anedotas, ridicularizando alimentação, indumentária, costumes uns dos outros (Francisco das Chagas Baptista, *Cantadores e Poetas Populares*, Paraíba, 1929), na batalha de Manuel Leopoldino Serrador com Manuel Nogueira, que terminou afirmando: —

> *Falarei com grande empenho,*
> *Colega, não me contestes,*
> *Que no Sul tem duas pestes,*
> *Saúva e senhor de Engenho!*

Sul de Pernambuco, fronteira de Alagoas, povoada de canaviais.

***

A participação da Casa-Grande no ciclo do Ouro tem sido indicada imprecisamente, dada a sedução exaltadora de outros elementos coadjuvantes no *rush*. Na formação das bandeiras de mineração, no arranco desordenado para as solidões das Minas Gerais onde o ouro faiscava nos córregos, uma percentagem notável constou de agregados, moradores, vagamente foreiros dos Engenhos, malta meio ociosa, mandriona, surda ao búzio dos eitos mas sadia, apta ao esforço, resistente e frugal. Oliveira Viana estuda, de passagem, essa sociedade de criação espontânea, colonos livres de obrigações contratuais, suplentes perpétuos dos efetivos nos vários ofícios do mundo canavieiro mas adorando a conservação do repouso inalterável. Compelidos ao trabalho, eram capazes de proezas. Ao clarão dos minérios, espalhado nos céus brasileiros, esses indolentes profissionais largaram a penumbra pelo sol das marchas. Podiam pegar na enxada e no trabuco. Constituíram uma massa plástica, anônima, obstinada no sonho de enricar depressa, sacrificada aos excessos do labor desordenado, dissipando os ganhos fortuitos com a rapidez dos desejos satisfeitos. É da mesma estirpe que convergira em densos enxames sedentos para África do Sul, devotos e mártires de Cecil Rhodes.

A Casa-Grande respirou com o descongestionamento desses apetites reais e colaboradores quando obrigados. Nenhuma expedição oficial passou no perímetro de seus rincões, sem atrair esses soldados-de-fortuna ao recrutamento jubiloso, pensando em saques, mulheres, arrebanhar gado, joias, prataria... e voltar incólume e rico à sombra da Casa-Grande patriarcal. *Reîtres*, lansquenetes, capangas saltando da dormência ao vendaval. Essas moscas-varejeiras sonhavam intimamente ser abelhas prolíferas, não elaborando mas sorvendo o mel das operárias diligentes e crédulas. A mineração, cometa fulgurante, arrastou multidão desses satélites, que gravitavam sonolentos, olhando a cozinha da Casa-Grande. Roberto C. Simonsen registra: — "Muitos senhores de Engenho e agricultores abandonaram, com sua gente, suas atividades habituais, partindo também em demanda das minas". Um modelo fora Gabriel Soares de Souza, largando seus Engenhos em Jaguaripe e Jequiriçá, metendo bandeira de Sertão adentro, farejando prata e ouro onde o esperava a morte em 1592.

Fazendeiros e senhores de Engenho ajudavam a suprir de mantimentos os aldeamentos atrevidos e precários, vilas improvisadas no tijuco onde o ouro estava sozinho e sem víveres. O rio S. Francisco era o travessão entre os dois mundos, a ponte galgada pelos comboios incessantes, irradiados principalmente da Bahia e Nordeste — carne, peixe, sal, a fundamental farinha de mandioca. Os Engenhos eram confluentes nessa caudal, com os produtos das lavouras circunjacentes, além do açúcar, alimento-tônico.

Nos finais do século XVII a indústria açucareira multiplicara seus centros de produção, condensando escravaria renovada. Antes que a importação de Angola, Congo, Guiné, via Elmina, Ajudá, Cabinda, Luanda, intensificasse as reclamadas remessas, os senhores de Engenho cediam a preço valorizador as *peças* indispensáveis às minas, desfalcando as reservas do eito e tráfego em favor da mineração insaciável. Terminado o sonho rutilante, vazias as cidades, povoadas de igrejas barrocas, casarões solarengos fechados, estradas mudas, a criação de gado susteve a catástrofe no Centro-Sul, até que o Café descesse para salvá-los do deserto imóvel. No Nordeste, fazendeiros e senhores de Engenho mantiveram a relativa continuidade suficiente. A curva seria mais acentuada, e cruel sem os dois pilares do açúcar e da carne. Fazendas e Engenhos reabsorveram muitos saldos humanos que as diamanteiras haviam destroçado. Foram extremos compensadores dos excessos que a inflação, como uma chuva de maio, a quase todos atingira e endoidara. Luís XIV e D. João V vistos no ângulo das portas d'águas abertas. Águas que não irrigavam, mas corriam para o Mar.

A mineração deu-nos o povoamento em zonas difíceis de manutenção, garantidas por uma agricultura de apoio, quando o turbilhão aurífero desapareceu.

As duas indústrias históricas reequilibraram a balança dos estômagos do Brasil Central. E, onde foi possível, o canavial ocupou os trechos entre ruínas das minas esgotadas e dos sonhos vazios. Nas primeiras décadas do século XIX as cidades e vilas despertas da alucinação do ouro, repovoam--se lentamente, expulsando os fantasmas tentadores, recomeçando aos palmos quanto haviam esperado em quilômetros. É o Brasil Central que os viajantes naturalistas encontraram numa fase de recuperação e confiança, quando o antigo catador de pepitas é oleiro de tijolos e telhas para as casas que vão matar a solidão dos minérios desertados. Pastoreavam canaviais e gados.

Desabando o cenário do ouro e dos diamantes, constata-se que o repertório constava unicamente de dramas e sátiras, Inconfidência e "Cartas Chilenas". O ciclo do ouro está ausente da imaginação brasileira. Nenhum documentário em versos anônimos, em melodias evocadoras, em anedotário sugestivo. Foi uma festa rica, sarau régio, iluminado de luz vermelha, atordoante e breve. Luz de forja e de incêndio.

***

Muito mais acentuadamente que no ciclo pastoril, o Engenho fora uma concentração humana. Quando os canaviais cresciam e as moagens, com maquinismo renovado, alcançavam maior produção, de todos os recantos convergiam os desempregados e sonhadores de melhoria financeira. E também os primos da comadre amiga da copeira na Casa-Grande. Os Engenhos moíam em meses certos, constituindo motivação explicativa para a diáspora de outras ocupações, abandono das pequenas lavouras, moradores em terras de Engenho-de-fogo-morto, ao redor das ruínas povoadas de morcegos e lagartixas. Iam atraídos pela chaminé fumegante.

Havia, e praticamente desapareceu, uma espécie de malta, grupo errático, demorando onde existisse trabalho; arrumando as catrevagens e teréns quando nada havia a ganhar. Entre a várzea do Açu e Macau, no Rio Grande do Norte, vivia um desses "povos", ajudando no vale na faina de cortar palha de carnaúba no princípio do inverno e dando mão nas salinas macauenses no verão, correspondendo aos "malteses" na época das azeitonas em Portugal, errantes e laboriosos, e também aos ceifeiros, no mesmo estilo ambulatório, quando amadureciam os trigais. A mecanização está matando essas especializações seculares, afastando o *capolié des chiourmes* provençais. Como lamentava Mistral em 1906: — *Aujourd'hui que les machines ont envahi l'agriculture, le travail de la terre va perdant, de plus en plus, son coloris idyllique, sa noble allure d'art sacré.* Tarefas *sans allégresse ni chansons.* Progresso! Mas, como teríamos suficiência com trigo ceifado à foice romana e canavial cortado a facão?

***

África Negra é a região das sociedades secretas sob a égide simbólica de panteras, leões, crocodilos, leopardos, babuínos, do Senegal ao Quênia, religiosas e vindicativas, mas realmente oportunidades para expansão depredadoura e sádica. Algumas tornaram-se políticas, antieuropeias, como os Homens-Leopardos do antigo Congo Belga e os Mau-Mau do Quênia. A bibliografia no assunto é alagante, antes e depois da independência dos povos africanos do Atlântico e do Índico. Com os mesmos processos de sedução gregária do Totenbund alemão, Sinn Frei irlandês, Ku-Klux-Klan norte-americano. Essas entidades, contra as quais as repressões foram improfícuas durante o domínio "branco", tiveram volume e ação mais notáveis desde o último terço do século XIX e com intensidade no quarto lustro do século XX. Ligá-las aos motins negros do século XIX na Bahia é imaginação erudita. Toda a elaboração insurrecional seria puramente local e jamais encontramos vestígios probantes da influência associativa africana nos movimentos de escravos brasileiros durante o século XIX, em vários pontos do território nacional. Rio Grande do Norte, inclusive.

Koster e Tollenare, à volta de 1817 no Recife, surpreendiam-se com a submissão da multidão negra à insignificante minoria branca nos Engenhos. Oitenta, cem pretos, robustos e sadios, armados de facões e foices afiadas como navalhas, eram manejados por três ou quatro brancos, praticamente incapazes de reação. As exceções dessa disciplina foram raras. Revoltas bruscas, trucidamento da família de algozes, incêndio nas residências opressoras, como ocorreu em Minas Gerais, evidenciavam a ruptura no índice da contensão cativa. Os negros brasileiros não tiveram orientadores para utilizar uma agitação e menos souberam provocá-la em extensão. Pernambuco, com a massa negra adensada nos canaviais, daria o material explosivo que não alcançou senão fogachos rasteiros e tênues, facilmente extintos.

Uma explicação intuitiva é a heterogeneidade dos grupos enviados ao Brasil, fiéis ao antagonismo tribal africano, irredutíveis ao esquema unitário. Haviam sido arrebanhados em guerras e vendidos pelo direito da vitória. Na última década do século XIX ainda era fórmula banal para aquisição de braços gratuitos, do Níger ao Zambeze. E mesmo no Daomé, técnica para obter fornecimento de vítimas ao sangrento ritual sagrado, festas aos manes do Rei e oblação aos deuses da vegetação alimentar. Além das tribos vencidas, compreendendo os guerreiros e suas famílias, arrolavam nos despojos a população inteira das aldeias e mesmo os povos vizinhos, culpados pela neutralidade militar. Uma lei de Sólon punia com o exílio e confiscação de bens ao cidadão neutro (Aulo Gélio, II, XII). A lei romana do *Jus vitae et necis* sobre o vencido justificava o despotismo africano: — *Quia servile caput nullum jus habet*. Eram empurrados para os navios negreiros mera carga transportável, reunidos pela derrota mas dissemelhantes na mentalidade das tradições imemoriais. Foram, pela África Ocidental, excelentes tropas auxiliares dos conquistadores muçulmanos, mas conservando seus chefes, no mesmo estilo de Roma com seus mercenários. Os senegaleses em serviço da França colonial.

Para o Brasil exportavam ruínas tribais, destroços mutilados nas campanhas infelizes ou, comumente, colhidos nos assaltos de surpresa noturna, esmagada a resistência pela superioridade das armas quando os árabes assumiram a vanguarda do comércio escravocrata, mantido até depois de 1890. O cativeiro servir-lhes-ia de fundição unificadora, reforçando a têmpera na diversidade dos metais resumidos num único instrumento humano de trabalho. Seria, como foi possível, uma aproximação religiosa mais sedutora pelos valores da liturgia em bailados, canto, trajes e enfeites coloridos, sincretismo mais poderoso e convergência mais numerosa depois da Abolição. Antes, a deserção católica era pecado punível na capitulação criminal. O Santo Ofício desaparecera em 1810, mas a escravaria ficara policiada pela vigilância ortodoxa até maio de 1888.

Dessa divisão étnica, abrangendo heranças indissolúveis dos temperamentos congênitos em cada agrupamento familiar,[2] resultou, enquanto o mercado recebeu "peças" novas, a fisionomia moral do negro

---

[2] Lembrava a obstinação fidelista dos clãs escoceses. Em Natal, conheci um escocês, trabalhando numa fábrica de óleos e que faleceu num desastre na construção. Mantinha relações distantes com outro conterrâneo. As famílias eram inamistosas há seiscentos anos.

manter-se fiel aos modelos ancestrais quanto à sensibilidade receptiva e às modificações intelectuais para cada entidade grupal. Angola não era Congo, Cabinda e Benguela, Haussá e Fulas, Mandingas e Gabões, Guinés e Minas constituíam expressões inconfundíveis, realidades psicológicas positivas. A dispersão pela alforria de 1888, derramando-os nas cidades, iniciou a padronização do comum, a uniformidade mental que o aculturamento das bagaceiras não realizara.

O Engenho de açúcar fora o campo natural para essa convergência preliminar e amistosa. As plantações cafeeiras reuniram milhares e milhares de escravos, mas muito posteriormente à fundação quinhentista dos canaviais. "O Café começou a aparecer, como valor nacional apreciável, em 1820", escreveu Roberto C. Simonsen. Cerca de 150 anos de presença econômica e determinante demográfico positivo. O açúcar, exportado em 1526, terá uma anterioridade de 444 anos. E como quem diz açúcar dizia escravo africano, afirmava o Padre Antônio Vieira em agosto de 1648, não haver Pernambuco sem negros, caberá ao açúcar a responsabilidade da escravidão africana no Brasil, e também o clima social para entendimento e aproximação humana.

Em quatro séculos modelou no escravo africano o Negro Brasileiro! A Mãe Negra e o irmão de leite. A mucama e o pajem. Meu avô materno, o austero Capitão Manuel Fernandes Pimenta, podia dizer, cofiando a barba branca: — "Quem não tem uma negra na sua vida?" Minha avó, Dona Maria Ursulina, traduzia "negra" por adversidades, mágoas, decepções.

Os escravos no Engenho antigo sempre possuíram divertimentos coletivos e locais, habitualmente ligados aos "dias de preceito", comemorados na Capelinha e ampliados fora dela. Mamulengos e, no comum, "rodas de zambê", com batucada reduzida ou estrondosa se o número dos dançantes fosse maior. Não esqueçamos a denúncia do comandante do distrito de Goiana ao Capitão-General D. Tomás José de Melo, e sua resposta em novembro de 1796, autorizando as batucadas.

Havendo festas aos padroeiros vizinhos, de outras Capelas, o Senhor--Velho não se opunha, normalmente, ao comparecimento. Política de boa vizinhança, e ele próprio estaria presente. Os turbulentos negros de Henry Koster não perdiam as "novidades" próximas. As propriedades contíguas motivavam festinhas quase semanais aos respectivos oragos, semeados pelo vale e baixadas açucareiras. O onomástico do divino padrinho do Engenho não poderia ser desconsiderado por seus afilhados, deixando passar em silêncio o *seu dia*, com alegria e foguete. O santoral católico decretava a intercadência festeira nas labutas do canavial.

Às vezes os escravos de certos Engenhos ganhavam fama de provocadores e bulhentos, como os negros de Ferreiro-Torto, em Macaíba, de Belém, em S. José de Mipibu, de Jaçanã, no Ceará-Mirim, pertencente ao famoso Doutor Loló (Jerônimo Cabral Raposo da Câmara), que governara o Rio Grande do Norte como vice-presidente. Era acusado de complacência exagerada. A um delegado de Polícia que, respeitosamente, lembrava tê-lo ouvido excitar seus escravos, gritando *Haja pau! Haja pau!*, respondia ter apenas acalmado o barulho aos brados de *Haja paz! Haja paz!*[3]

A disponibilidade lúdica do negro de Engenho era inesgotável, jamais pueril e maquinal nos folguedos. Lamento o Prof. Huizinga não havê-los incluído no *Homo ludens*, pela integração apaixonada e total na execução do "brinquedo", para ele função conspícua e nunca simples passatempo. "Festa de negro não tem fim!", dizia-se. Esse potencial, profundo e nato, justificará a continuidade e densidade da colaboração negra nos grupos foliões da Cidade, para onde fora, depois da Abolição. O mulato seria mais brilhante, movimentado, improvisador, índices de que não mais possuía a ponderação, teima, casmurrice majestosa do antepassado.

O negro de Engenho era alegre e grave, como ocorre na conduta africana. Triste, lerdo, dura-fogo, pesadão, era o negro das fábricas, egresso das tarefas silenciosas e longas, sem a comunicação jovial durante o trabalho.

A dispersão da escravaria nas Cidades, nos ofícios caseiros, artesanatos, vendagem, carregadores nas ruas, esperando freguês nas esquinas, talqualmente Debret registrou para sempre, não se compararia aos grupos maciços bracejando nos canaviais, Engenho, colmeial das senzalas, enxames nos labirintos da Casa-Grande, casario miúdo e difuso que ia rodeando, num crescente concentrismo, a figura dominadora do Senhor-Velho.

O processo de nacionalização do escravo africano em sua descendência, divulgadora da cultura popular, artífice e animador dos Autos, dando os cantadores profissionais, 90% negros ou mulatos, impondo o folguedo coletivo à Cidade, incluindo-o como um prolongamento da festa religiosa, ampliando as comemorações tradicionais, do Natal aos Reis, participando dos Pastoris e do Fandango ou Marujada, Cristãos e Mouros ou Chegança,

---

[3] O Doutor Loló (1821-1900), dez vezes Deputado Provincial, duas vezes presidindo a província, dirigiu jornais, chefiou facção do Partido Conservador (Os Cabrais), advogado prestigioso, popularíssimo no seu tempo, senhor de Engenho, nasceu e faleceu numa Casa-Grande. Deixou vasto anedotário. Era simples, acolhedor, bonachão. Mandava surrar um tronco de árvore, advertindo ao escravo condenado ao castigo. "Pensa aí se essas lamboradas fossem no teu couro, negro dos seiscentos diabos!" Não aderiu à República. A transformação política do Brasil provocava-lhe uma imagem dos velhos engenhos-banguês. "Os bichos mudaram, mas a roda é a mesma!"

defendendo a continuidade do Bumba meu Boi, do Maracatu, Congos ou Congada, evidenciará uma integração fundamental, básica, insuperável na própria realização lúdica.

Gilberto Freyre ressaltou a função dos pequenos rios, afluentes margeando as terras de Engenho em Pernambuco, na circulação econômica da região. Alberto Ribeiro Lamego fixou a permanente colaboração dos rios que desembocam na Guanabara, lindeiros de canaviais cariocas e fluminenses. Eram todos carregadores de açúcar, como esses últimos seriam do Café, plantado e colhido no cativeiro.

Tarefa semelhante realizou o Engenho com escravaria pouco numerosa. As propriedades arremediadas, modestas, equilibradas, tinham os escravos em clima doméstico. Não chegariam à fusão, mas seria salada, o conjunto conservando a identidade participante. A Abolição separou-os sem desuni-los. Ficaram no mesmo cacho tradicional como pitombas ou penca de bananas. Na primeira década do presente século ainda vi ex-escravos visitando os antigos Amos, *pedindo as festas*, pelo Natal. Nas grandes escravarias fora uma libertação ruidosa e total. Menezes de Oliva (*A santa do pau ôco e outras histórias*, 1957) evocou as reações sádicas dos derradeiros Senhores, seviciando os negros antes que saíssem. Eram potentados, perdendo rebanho e não poucas cabeças de pastoreio.

Uma cena íntima fechará o velário.

Gilberto Amado (*Depois da política*, 1960), contratara para as filhinhas uma jovem professora do sul dos Estados Unidos, modesta, agradável, graciosa. No primeiro sábado, à mesa do almoço, compareceu uma velha preta, ex-cozinheira, Vovó Teté, para a simpatia infantil. Sentou-se com naturalidade, alegria, direitos implícitos, ao lado de todos. A jovem professora perdeu os sentidos. Desmaiara de pavor, de surpresa, de assombro. Voltando a si, balbuciava, aterrada: — The Devil! The Devil!

Ninguém compreendeu Vovó Teté sugerir o próprio Demônio à moça amável e simples, inteiramente sincera na irreprimível repulsa. Nenhuma criatura vivida em Casa-Grande identificaria o Diabo numa velha negra sorridente.

A *Big-House* determinara, em séculos de contatos, outro ângulo de percepção. Os negros do *Uncle Remus* eram da mesma raça de Vovó Teté...

Religião e Moral

Bem cheio de pecados vai esse doce
por que tanto fazem.
Padre Fernão Cardim, 1584.

A Religião e a Moral manavam de fontes consuetudinárias, consagradas *dos princípios*, vale dizer, pela praxe. O trato de negócios pautava-se pelo cosasselava a legitimidade. A convivência regulava-se pela praxe. O trato de negócios pautava-se pelo costume. Leis e regulamentos fiscais seriam, no máximo, tolerados quando não fosse possível a burla na conivência da entidade encarregada de reprimi-la. Funcionava um sistema hábil para "acomodar" as novas autoridades, inocentes dos hábitos anteriores, transgressões que a reincidência tornava normais e desculpáveis. Essas infrações não pareciam desonestas e reprováveis. Fraudar o Governo não era crime. A multa, financeiramente inexpressiva, era, no plano da mentalidade social do Tempo, uma agressão inominável. Toda a teia grupal estremecia no imprevisto choque. De elo em elo, alcançava-se o Governador, o Deputado Federal, o amigo poderoso no Rio de Janeiro, para cancelá-la e castigar o "atrevido" que a impusera. Fora assim durante o Império e as primeiras décadas republicanas não puderam modificar. Mercúrio tinha sua Moral que não era a de Minerva. *Les affaires sont les affaires.*

Na vida diária o senhor de Engenho era valente e supersticioso. Hobbes não acreditava em Deus mas respeitava o Diabo. O senhor de Engenho temia ambos. Deus era impetuoso, susceptível, misterioso em sua justiça. Tolerava blasfêmias e punia leviandades. O Senhor-Velho convencera-se de que o seu Código pessoal de comportamento estava aprovado por Nosso Senhor, protetor dos antepassados legisladores. Era a Lei do Costume, dogma familiar condensado pelo Tempo, a santa "Regra dos Antigos"! O *sempre se usou* significava um *nihil obstat* apostolical. A Religião, viva no culto oratorial, fundamentava a conservação dos hábitos. Uma alteração, novidade modificadora, é que seria perigosa como desrespeito aos usos comuns, armadura defensora da continuidade. A devoção ao Cristo-Rei limitou-se às cidades. *Il n'est miracle que de vieux saints.*

O sexto mandamento da Lei de Deus só existia para as damas e donzelas da família. A diferenciação dos órgãos reprodutores proclamava autorização implícita da função. O ato carnal denominava-se "Brincadeira". Pecado era o excesso.

Notável o decoro das matronas, casadas apenas núbeis, com esposos profissionalmente adúlteros. Excepcional seria a prevaricação, cercadas de primos e parentes ávidos da posse feminina. Geniosas, intolerantes, malvadinhas, mas honestas, impecáveis, superiores em pureza e compostura, elogiaram-nas os estrangeiros visitantes do século XIX.

Quando o Imperador D. Pedro II visitou Pernambuco, 1859, a condessa de Barral reservadamente instruiu a Imperatriz sobre a moral das senhoras que encontraria. Excetuou apenas uma "célebre viúva". Citava, como exemplares, "todas as senhoras da família Souza Leão". Os homens, entretanto, eram devotos das bonecas de piche. Ainda é anexim no Recife — *P'rá negra, Souza Leão*, fazendo parte de versinhos populares.[1]

É lógico que a abundância mulatinha não seria suficiente para descarregar a supérflua libido masculina, preservando as brancas em sua virtude, elas próprias não possuindo reforço defensivo. Mesma situação psicológica, digamos fisiológica, das damas brancas na imensidade colonial africana e asiática de outrora. Portuguesas em Luanda e Goa. Inglesas na Índia.

---

[1]   *P'rá cana só massapê,*
Terra preta p'rá feijão.
P'rá fumo estrume de gado,
P'rá negra, Souza Leão!

Júlio Bello, *Memórias de um Senhor de Engenho*, 99, 2. ed., 1948. O autor refere-se, várias vezes, ao apetite dos Wanderley e a vocação demandista dos Cavalcanti. "Não há Albuquerque que não minta!", registra. Deduza-se a fidelidade desse versinho, que devo ao saudoso Mário Melo (1884-1959): —

P'ra comida Wanderley,
Cavalcanti p'ra questão.
Albuquerque p'ra mentira,
P'ra negra, Souza Leão!

Acresce, no Brasil-Velho, que os sacerdotes não tinham autoridade repressiva nesse assunto de pega-mulher. Não seria por eles que o sexto mandamento pontificasse. As jovens e velhas fazendeiras também foram assombrosas de resignação e decência. Os maridos não eram mais abstêmios que os senhores de Engenhos. Casadas aos doze e quatorze anos, tiveram vida emocionante na solidão sertaneja e displicência amorosa do cônjuge. A gravidez permanente e melancólica denunciava a ração, maquinal e monótona, sem o alvoroço do júbilo fecundador. Um desses bilontras madurões e sistemáticos, a quem atribuía a paternidade de muitas crianças nascidas derredor da Casa-Grande, além do filho anual, aconselhando-o meu pai que poupasse a esposa, respondeu: — É para enxaguar!

O senhor de Engenho era coibido pelas limitações tradicionais. Comadre e afilhada valiam caça de impossível batida. Impedimento canônico para matrimônio. Roberto, o Piedoso, Rei de França, fora excomungado pelo Papa Gregório V por ter-se casado com sua comadre, Berthe de Bourgogne, futura *Reine Pedauque*. Por isso D. Pedro I de Portugal não casou com Inês de Castro, proibido pelo Papa Inocêncio VI.

Havendo união clandestina é como se fora incesto. Depois de mortos, ou ainda vivos na Argentina, giram as almas noturnas confundidas numa bola de fogo (*Dicionário do folclore brasileiro*,[2] "Comadre, Compadre"). Em agosto de 1591, Dona Luísa de Almeida queixou-se ao Santo Ofício da Bahia do seu compadre Fernão Cabral de Ataíde, senhor de Jaguaripe, convidando-a para ajuntamento carnal e, repelido — "o dito Fernão Cabral lhe respondeu que tanto monta dormir carnalmente com comadre como quem não é comadre, e que tudo o mais eram carantonhas, e que com uma bochecha d'água se lavava tudo" (*Denunciações da Bahia*, 365; *Locuções tradicionais no Brasil*,[3] 371). Dona Luísa de Almeida deve ter ficado arrepiada.

Palpar amorosamente a moça afilhada seria desejar a própria filha. Padrinho é o Pai Pequeno, o suplente paterno. Os velhotes mais assanhados resistiam às provocações das afilhadas. A dignidade impedia as intimidades com as "crias de casa", delatoras sonoras da conquista, e sobretudo acariciar insistentemente as meninas-se-pondo-moças, libidinagem excitadora do erotismo precoce, justificando comentário deponente. Muito debatida a fórmula de "Cavalo velho, capim novo", desequilibradora do metabolismo basal. Outras deliquescências não teriam clima "compreensivo" nem justificações hormonais, inculpando a prática repugnante.

---

[2] Edição atual – 12. ed. São Paulo: Global, 2012. (N.E.)
[3] Edição atual – 2. ed. São Paulo: Global, 2004. (N.E.)

Um senhor de Engenho em S. José de Mipibu matou o cão favorito que se deixara montar por outro. Era o costume em tais flagrantes. Os quibungos negros não eram repudiados. Desmereciam boatos e críticas. Fora herança oriental através da escravaria do poente africano.

O senhor de Engenho podia ser sexual, despótico, arbitrário, mas era religioso, como Afonso de Albuquerque ou Vasco da Gama, estes sem piedade e ternura humana, apesar da violência heroica. Não lembraria um Viso Rei da Índia, lascivo e cúpido. Era arrebatado e lírico. Raro o que não tivesse lido Castro Alves e Casimiro de Abreu, solfejando os versos, tornados modinhas apaixonantes.

Nenhuma Casa-Grande sem oratório e padroeiro celestial, quando ainda "as posses" não permitissem Capela. Cemitério com cruzeiro de pedra, os antigos, de madeira rija, os posteriores. Moagem precedida pela bênção litúrgica. Compadre Vigário. Saudando porta de Igreja. Respeito pela Sexta--Feira da Paixão. Alegria pela Noite de Festa. Não tinham intimidades com os Santos, sugerindo cuidados femininos. Raros oravam visíveis, como José Feliz, da Ilha Bela, que morreu rezando o terço indulgenciado. Assistiam à missa de pé, com genuflexões obedientes ao olhar da esposa. Benziam-se sem persignação. Nunca os vi meter o dedo na pia de água benta. Pormenores devocionais do mulherio. Uma Fé sem dengos, afagos, agradinhos. Seca, confiada, viril. De filho para pai austero e não de neto para avô enlevado. Até era uma epiderme congênita e não um traje mudável.

Na maturidade esqueciam livros, preferindo a literatura oral das anedotas, evocações e confidências. Assim, não tendo jamais lido o Novo Testamento, guardavam de Jesus Cristo o halo verbal da literatura oral, numa herança mnemônica. Cada um interpretava livremente os padrões da Ética. Raciocinavam, perigosamente, que Nosso Senhor perdoara o adultério feminino, crime de lesa-majestade à realeza marital. Decisão incompreensível para todos os pecadores profissionais. Inconcebível a monogamia executiva. O esposo-sério ficava ridículo, anormal, hipócrita. "Quer partir o queijo do Céu!", reservado aos puros, como São Lúcio e Santa Bona, "os bem-casados". Um marido fiel era humanamente impossível. Hilaridade coletiva anunciando-se *um dos tais!*

Na Igreja as damas manejavam os manuais soporíferos e bem--encadernados, lidos aos saltos. De maior assiduidade, as *Horas Marianas* e o *Adoremos*. Não havia casos de consciência nem problemas espirituais. Tudo se resumia em ser ou não ser pecado, nas modulações da licitude. Na proporção do envelhecimento, a "experiência", uma experiência mental, convencional, jamais *vivida*, preconizava a suprema Sabedoria. Era *um saber só de experiências feito*, inapelável no âmbito familiar. As reações adolescentes seriam reajustadas pela idade no rumo da concordância. *O Velho tinha razão!* A Moral era o antecedente indiscutido na comunidade. Os níveis do Bem e do Mal, ou do Bom e do Mau, não guardavam índices fixos de aferição. O consuetudinário produzia a jurisprudência, mutante e sempre legítima. Os sonhos, cismas, devaneios instintivos, repulsas inconsequentes, eram *vadiações* mentais, pouco aconselháveis de comunicação.

Os sacerdotes, quase sempre incluindo o Vigário Velho, possuíam família teúda e manteúda, sem escândalo, reprovação e surpresa. Era o pecado da carne humana, não atingindo a santidade do ofício. Permaneciam primeira autoridade moral, acatados, consultados, obedecidos. Ninguém acreditava em castidade de padre, nem esse ângulo interessava aos devotos. O essencial, básico, indispensável, era o exercício real do ministério sagrado na assistência carinhosa ao rebanho. No mais, um homem como outro qualquer. A promessa de ser casto não fora feita aos fiéis e sim a Deus. Assunto entre os dois. A "família do Vigário" pertencia normalmente às relações sociais. Apenas a dama não frequentava reuniões solenes, evitando o constrangimento da apresentação dúbia, limitando-se a "Dona Fulana!" Havendo "visitas de fora" não vinha à sala. Séria, grave, sentenciosa. Como no Oriente, a concupiscência não atingia a santidade catequética. "Você não tem nada com isso!"

Em assuntos de Moral, pública nas ações e privada no raciocínio julgador e deliberante, na visão clássica concedia-se ao senhor de Engenho uma liberdade ilimitada de iniciativas e atos valendo puras expressões de arbítrio pessoal. Naturalmente a desigualdade dos temperamentos explicava as diversas intensidades no comportamento individual. A verdade é que sua conduta estava condicionada às leis tradicionais do grupo e a violação significaria agressão e rebeldia inesquecíveis aos amigos e companheiros, ofendidos no conjunto e na unidade. Os deveres consuetudinários possuíam extensão e profundidades imprevisíveis aos nossos contemporâneos. Esses contemporâneos, por sua vez, estão submetidos a um complexo obrigacional ex-jurídico, imperioso, contínuo, implacável. As "leis sociais" da convivência moderna, abstratas, ágrafas, ausentes dos Códigos, não perdoam esquecimento, deslize, mutilação. O liame da Reciprocidade permanece imortal. Negá-lo é abandonar as relações humanas. Nenhum desses deveres implica sanção penal. Desobedecer não diminui os atributos da capacidade civil. Apenas o renegado sentir-se-á insulado, repelido, glacialmente ambientado pela indiferença. Vale um hóspede sem convite. Um tolerado.

Caminhavam pisando as pegadas antecessoras. A tradição permitia matrimônio de tio com sobrinha, que não fosse afilhada. Um marido "padrinho de vela" seria irreverência e luxúria condenáveis. Não há notícia de avô casar com neta legítima como ocorreu em Minas Gerais.[4] Nem assombrados sussurros de amigação com irmã ou filha, temário secreto de Cidade-Grande, no plano incestuoso que nenhum selvagem da Nova Guiné ou pigmeu do Ituri conceberia.

O concubinato era lícito e normal. Amigado, amancebado, amasiado. Nos viúvos inconsoláveis era aconselhado e quase obrigatório se não pretendesse tomar-estado dentro de ano e dia. Evitava o *raparigar*, arriscado a pegar doença do Mundo, doença feia, um tanto humilhante para o decoro senhorial que não soubera escolher mulher, o cúmulo da sátira, cognominando-o inexperiente, novato, babaquara. A concubina era amante regular, casa alugada ou morando na mesma residência do amásio, uso privativo, proclamadamente reservada e fiel. Diziam-na Moça, Caseira, Amiga, Companheira, Costela. Títulos de vida em comum. Sendo mantida em casa separada, era o Arranjo, Puxavante, Encosto, Comida, Xodó, Paleio, Dor de cabeça. Rapariga, anunciava a de porta-aberta, livre trânsito, e não função arrendada. Depois de anos, a amásia entrava no plano social do comum, com as naturais reservas e precauções ante autoridades visitantes. Quando havia mais de uma, perdiam o direito de apresentação e acompanhar publicamente o amigo. Era um Debochado. O Topa-tudo, Rede-rasgada, Besouro, Furão, Pai de Lote, com neurose sexual, não ganhava simpatias pela inquieta masculinidade insaciável. Havia inveja e reproche no anedotário obsceno que lhe dedicavam. "Espalhava o sacramento". Amásia de homem casado, para as amigas da esposa era a Bicha, a Porca, Aquela, a Burra, a Fêmea, Rapariga, Égua. Nem sempre havia legitimação dos filhos, no vulgar, os bastardos eram amparados e "reconhecidos" pela família e mesmo pelos herdeiros legítimos. Passados anos, articulavam-se na árvore genealógica: — "Netos do Coronel!" Ante o consenso popular, *Res judicata pro veritate habetur*. Era indispensável haver a lembrança do conúbio duradouro, uma *Legitima conjunctio sine honesta celebratione matrimonii*.

E a moral do negro de Engenho? Dependia da Moral do Senhor! Li alforrias espontâneas, também por compra pessoal do beneficiado,

---

[4] Pedro Cordeiro Valadares, opulento fazendeiro em Urucuia, Minas Gerais, casou em 24 de maio de 1860 com sua neta Maria dos Santos Barbosa, filha de sua filha D. Ana, e do genro Pedro da Fonseca Melo. Oficiou o Padre José de Brito Freire, vigário de Buriti. O coronel faleceu a 17 de fevereiro de 1887, deixando três filhos, também bisnetos. A viúva convolou sucessivamente duas núpcias infecundas (Oliveira Mello, *Minha Terra: suas lendas e seu folclore.* Belo Horizonte, 1970).

manumissões testamentárias. Alguns Senhores consideravam as negras animais multiplicadores e maquinais de crias úteis. Ao morrer, libertava--as aludindo ao número de escravos devidos ao seu ventre. O casamento religioso era exigência dos Amos decentes, morigerados, tementes a Deus. Outros não cogitavam em dar sacramento à fonte automática dos moleques. Engravidasse a preta de qualquer um! Moçou, emprenhou! Casavam na "Igreja Verde" do mato, nos abraços furtivos *under the palm trees*, como na Polinésia. Casamento nas urtigas, no marmeleiro, num recanto do canavial. O *trial marriage*, sucessivo, anônimo, bestial. Certas negras amigavam-se, hemigamia, mantendo o ritmo do filho na mão e outro no bucho. O aborto, perder-barriga, valia decepção comercial. Dava-se caso em que fosse uma libertação, acaso abençoado, evitação de martírios. Ficou, na fraseologia popular, como sinônimo de imprevisto afortunado. "É um aborto de felicidade!" Batizavam o escravinho com a displicência de quem dá nome a um borrego.

A maioria absoluta era o inverso. Casamento na Capela. Ajuda ao enxoval humilde. Padrinhos aos filhos, às vezes libertos na pia, oferta da madrinha! Cuidados na gravidez adiantada. Dispensa de tarefas pesadas, enfeixar canas, dispô-las nos carros ou aos cambiteiros. Melhoria alimentar. Na aleitação, comidas e bebidas provocadoras do leite. Interesse econômico, mas o carinho consolava a senzala infantário. Não havia promiscuidade, devassidão orientada da intensidade produtora, como pregoava a fama existir na multidão escrava dos Breves, nas vinte fazendas cafeeiras, ao redor de Mangaratiba, na estação de engorda de Marambaia, Pompeia farta de que a Abolição foi o Vesúvio. Apesar da fortuna, possante, o comendador Breves não foi Barão do Império, quando o Imperador distribuía heráldica aos fazendeiros manumissores de cativos.

O negro lascivo, incontinente, depravado, padreador de fêmeas submissas, era a caricatura do modelo senhorial, sua projeção deformada e rústica: na irresponsabilidade fecundadora do canavial. Do Amo em ato ou potencial.

A escrava desejava sempre homem de sangue melhor. Daí as tentações coleantes aos brancos da Casa-Grande. O homem é que não escolhia vaso para o despejo genesíaco. Esse ecumenismo sexual do português libertou o Brasil do enquistamento negro, como ocorre nos Estados Unidos e na África do Sul, com o *apartheid* e o *Imorality Act*, punindo o crime de o café misturar-se ao leite. No Brasil a melanina dissolve-se no amor. Lapouge e Bryce não podiam entender essas *Rassenbildung und Rassenpolitik in Brasilien*, que o lembrado Jorge de Lima expôs clara e habilmente (Leipzig, 1934). Em agosto de 1835, o Conde de St. Priest, Ministro da França, concluía:

— *Le Brésil est une monarchie mulâtre!* Antecipava a pilhéria de D. Pedro I haver sido deposto por não ser *nato* e D. Pedro II por não ser *mulato*. Prova apenas que o famoso processo de arianização consagrou os efeitos antes das causas. Esse conceito realístico moderaria o critério saia-balão de nossa Sociologia inflacionária, construída de intuitivismo preferencial e raramente de observações concretas, fixando as coordenadas psicológicas da Mentalidade nacional.

***

Entre a negrada do canavial havia feiticeiro e fazia-se feitiço para amor e morte. Henry Koster e Tollenare narram episódios. Dizia-se vulgarmente "Mandingueiro", e a "cousa-feita" *mandinga*, fama que emprestava essa especialização aos negros Mandingas, Malês, sudaneses da Guiné. O Senhor apressava-se em vender o "mandingueiro" apavorador. Mas Henry Koster cita feiticeiros tranquilos, com residência sabida, alforriados, atendendo consultas e dando remédios felizes. Um desses curandeiros, a velha Antônia do Jaguaribe, medicou-o com acerto, esvaziando o inglês com um enérgico purgante de pinhão.

Nenhum vestígio de culto africano nas reminiscências de antigos senhores de Engenho, com escravaria compacta. Os mais recuados registros referem-se aos grupos negros nas cidades. A convivência ou conivência era mais fácil entre os escravos de ganho, vendedoras de tabuleiros ou quitandas, carregadores, recadeiros, todos obrigados a entregar ao Amo uma determinada quantia diária, mais libertos da fiscalização e vigilância do que nos eitos canavieiros onde o preto estava num regime de internato compulsório.

Há natural exagero julgando o negro sempre católico por simulação e medo da chibata. Seria negar a evidência da catequese na África, obtendo uma hierarquia de católicos, contando cardeais e vasto episcopado. No Rio de Janeiro há uma paróquia dedicada aos 22 "Mártires de Uganda", canonizados pelo Papa Paulo VI. D. Jaime Câmara, Cardeal-Arcebispo, estudou-os num ensaio comovente (*Ugandenses campeões da fé*, 1966). Os altares ostentam "Santos Pretos", bantos como Zumbi e Mulungu, ao lado de Reis e Pontífices, dois degraus acima do venerável Joseph de Anchieta. Impossível pôr em dúvida essa demonstração ortodoxa até a morte no suplício.[5]

---

[5] Sua Eminência o Cardeal-Arcebispo do Rio de Janeiro, D. Jaime Câmara, dignou-se informar-me que a Paróquia dos Mártires de Uganda situa-se no bairro de Acari e foi criada a 13 de maio de 1967.

Os escravos foram devotos e as festas ruidosas a N. Sra. do Rosário, com as faces pintadas de escuro, testificavam a fidelidade notória. Igrejas construídas unicamente pelos cativos. As homenagens dos folguedos nos adros. Coroação do Rei de Congos. As Irmandades privativas. Da euforia, resta a frase: — "Está de Viva-Rosário!", significando animação, entusiasmo, alegria (*Locuções tradicionais no Brasil*,[6] 50).

Há documento histórico positivando a livre permanência cristã no espírito negro. Em 1795, o Capitão-General de Mato Grosso, Melo Pereira e Cáceres, mandou uma expedição militar ao Rio Guaporé e afluentes, destruir quilombos e prender seus fugitivos moradores, evadidos dos serviços de mineração. Vieram prisioneiros escravos, mulheres Cabixés indígenas e descendentes dos quilombolas, os clássicos Caborés, falando português e *sabem alguma doutrina cristã que aprenderam com os negros*. Nas aldeias longínquas, ocultos nas matas anônimas, momentaneamente independentes, sem coação, ameaça, imposição, haviam transmitido o catecismo dos Santos brancos e não as lembranças dos orixás sudaneses ou dos ilumdos bantos. João Emanuel Pohl (*Viagem ao interior do Brasil*, 1837) refere-se em 1819 a um quilombo existente nos arredores de Caldas Velhas em Goiás: — "A três dias de viagem daqui, acha-se um refúgio dos negros escravos fugidos de São Paulo, os quais erigiram um verdadeiro arraial, fortificado com pontes e fojos. O número deles é tão considerável que se evita agredi-los. Têm eles consigo um sacerdote que aprisionaram e que tem de celebrar o serviço religioso. Os arredores desse arraial, chamado Quilombo, devem ser auríferos e esses negros fazem comércio com Cuiabá". *Believe it or not*. Pohl registrou a fama corrente em Goiás. Mesmo no Quilombo de Palmares, no século XVII, as denominações kimbundas disfarçavam organização de influência reinol. Contemporaneamente no Salvador e Recife, Pais, Mães de Terreiro, Babalorixás fazem questão de sepultura e exéquias católicas. Céu do Padre Eterno e não de Olurum.

A *Santidade*, de indígenas e negros no século XVI, fora uma contrafação do cerimonial católico. Seriam, evidentemente, as impressões mais sedutoras e poderosas para a imitação. A imitação é uma homenagem. A presença do sacerdote prisioneiro entre os escravos evadidos de São Paulo, arregimentados em Goiás, é uma vitória catequista. Essa indispensabilidade da liturgia católica entre quilombolas positiva surpreendente projeção religiosa.

Os Candomblés foram reações urbanas como a *Hampa* antilhana, processo convergente de subalternidades econômicas no centripetismo

---

[6] Edição atual – 2. ed. São Paulo: Global, 2004. (N.E.)

religioso. Um tanto as antigas *Cours des Miracles*, encruzilhada dos afluentes da Esperança e da Miséria na Paris do século XIII, aquecendo-se na mútua companhia, consolando-se na improvisada e fictícia hierarquia.

O canavial conheceu o cangerê, a cousa-feita, o feitiço, como o romano possuiu a *Purgamenta*. Ignorou o padê de Exu, trovão de Xangô, águas de Iemanjá.

O ambiente canavieiro facilitava a superstição mais acentuadamente que nas fazendas de gado, com escravaria reduzida. Antônio Conselheiro e o Padre Cícero Romão Baptista saem do ciclo pastoril. Ascetas e puritanos. Com renúncia e simplicidade. Frugais e valentes.

A Pastorícia provoca e fixa o espírito de energia, decisão, intrepidez. É a profissão do comando incessante. Samuel deveria encontrar o primeiro Rei de Israel entre pastores, cajado para a defesa do redil e ataque aos lobos. Imagem de vigilância, dedicação, sacrifício. Transmitindo-lhe a responsabilidade apostolical, Jesus Cristo entregou a Simão Barjonas, Pedro o pescador, a missão do pastoreio, não mais o exercício das redes, independente da custódia aos peixes sem disciplina. Todos os profetas foram senhores de rebanhos de tendas. Sem a sugestão ambiental do gado em rebanho, não haverá o Messias, Enviado de Deus, nascido entre os homens. Maomé, criado por beduína, pastor de camelos, guia de caravanas, espera na solidão a visita de Gabriel.

Antônio Conselheiro será o "Bom Jesus" de vaqueiros no sertão das caatingas baianas. Bromélias e cactos repercutem as vozes que os canaviais dispersam. Já se disse que o deserto era monoteísta. Sertão, desertão, é moldura individualista. O canavial é uma festa dos sentidos, de batuque e mamulengo, polifônica e pagã. Não fixa. Não condensa. Não unifica. Sustenta mas não desenvolve as crendices, os medos, os temores. Carne--de-sol e farinha concretam. Caldo de cana dissolve. Quando os sertanejos desciam, morenos, enxutos, graves, atravessando as bagaceiras sonoras, julgavam ser gente estranha, desacostumada ao normal, filhos de outra raça. Severos. Fanáticos. Intolerantes.

Viviam no Engenho os agouros europeus, desconhecidos pelos indígenas e aprendidos pelos negros. A Velha Silvana, ex-escrava do Ceará--Mirim, minha colaboradora saudosa no *Vaqueiros e cantadores* (1939),[7] tinha pavor ao espelho quebrado, anúncio de desgraça. O Duque de Morny, que fora fabricante de açúcar em Clermont-Ferrand, anunciou que morreria

---

[7] Edição atual – 3. ed. São Paulo: Global, 2005. (N.E.)

breve por ter-se partido, inexplicavelmente, o grande espelho veneziano do seu salão em Paris. E morreu mesmo. Era uma flor de civilização com raízes imóveis no Tempo. A negra Silvana e o impecável irmão de Napoleão III encontravam-se na lâmina despedaçada do espelho. Irradiação da cidade, os miasmas do receio premonitório, mais circulante na Casa-Grande que presentes nas Senzalas. Afirmam justamente o contrário, mas *lascia dir le genti...* A opinião do Padre Lamennais é que *tout ce qui arrive dans le monde, a son signe qui le précède.* O espelho era aviso para Silvana e o Duque de Morny, presidente do Senado francês, o mais elegante homem da Europa.

Com tantos anos de observação, leitura e viagens, foi possível, assentando o polme, verificar quanto ficara em suspensão. Condicionar a dedução ao material e não vice-versa. Evitar a sedução doutrinária e o sucessivo prestígio magistral. Em Sociologia nem sempre a Matemática é a certeza e a constatação, veracidade. Posso enganar-me e o Mestre estrangeiro também. Para verdades, o Tempo...

Os mais decisivos contatos entre os ex-escravos ocorreram nas cidades, depois de 1888. Naqueles em que a devoção católica fora insuficiente e sobreviviam, inertes mas vivos, os fermentos das crenças africanas, sussurradas pelos pais na senzala, a aproximação dos companheiros negros, soltos, livres, entusiastas, reviveu-os como a ressequida flor de Jericó mergulhada n'água. Na bagaceira, terreiros de café, roçados de algodão, o tempo-útil não seria bastante para o processo de renovação e sobretudo de organização cultural. O caldo de cultura urbano embebeu a esponja negra, egressa de canaviais e cafeeiros. Agora sem obstáculos e restrições para a absorção deliciada, também ambivalência na alforria do culto oficial do ex--Senhor. Noutras criaturas não houve solução de continuidade. Foram surdas às vozes orixás. Ninguém retomou a devoção sudanesa, já aculturada no Brasil, fazendo-a regra única de necessidade sobrenatural. Não se verifica, evidentemente, sincretismo, mas xifopagia de dois cultos, adaptação ativa, como dizia Gaston Richard, no dualismo harmônico e funcional. Há Ogum e há São Jorge, inseparáveis mas distintos, como Cosme e Damião. Não existe imposição alguma para as efígies católicas ostentarem-se no peji, mas elas continuam, inalteráveis e prestigiosas. Teriam desaparecido quando a coação deixara de ser a causa. O preto ou o mestiço do Candomblé não tem problemas dogmáticos e sim limitações no cerimonial. Os orixás são ciumentos de suas prerrogativas. Psicologicamente não depara antagonismo algum entre as duas práticas rituais. Mas as raízes étnicas não determinam proselitismo maciço. Quem frequenta Igrejas sabe da existência de pretos e mestiços católicos para os quais Xangô é o Demônio e o Terreiro uma perdição. Para muitos, com matiz de indiferença e desprezo, o Candomblé é uma manifestação lúdica sem nenhuma finalidade moral ou religiosa. Pretexto para vestir fantasia, dançar, cantar e fazer caretas ao som dos tambores.

O Engenho não cultuou orixás nem, possivelmente, desconheceu-os, embora sem vestígios de afirmação ou negativa. Teria um conhecimento difuso, confuso, indeciso. Aparência, contorno sem substância íntima. A adesão ao Candomblé terá a justificação radicular e misteriosa da Predisposição, enigma psicológico e campo aberto às indagações nervosas.

Havia outra vedação aos orixás. Exportavam gente menina e moça, adultos na força vital. Pohl, em 1820, encontrou numa estrada de Minas Gerais um grande bando recém-comprados. Todos rapazes entre 15 e 20 anos. Velhos e velhas, madurões e maduronas seriam inservíveis nos eitos, minas e cafezais, peças com adiantado desgaste muscular, prometendo rendimento mínimo às tarefas escravas. Somente as grandes fazendas utilizavam, indiscriminadamente, africanos nos trabalhos. Nas propriedades medianas para modestas, a preferência era pelo escravo ladino, nascido no Brasil. Chegavam para o "degredo" homens e mulheres em idade mais irradiante que aquisitiva. Sem concentração e possibilidade de posse de um patrimônio religioso, exceto os Malês, ciosos das tinturas alcorâmicas e preceitos ritualísticos do Islã.

Quando e como atingiram o Brasil os missionários de Xangô? É verdade que, até julho de 1961, Portugal possuiu no Daomé o porto de S. João Batista de Ajudá, ex-escoadouro de sudaneses, da Costa do Marfim ao Gabão pelo litoral. Mas, desde inícios do século XIX, a exportação humana ao norte da linha equatorial estava oficialmente proibida. Sei muito bem que sempre houve contrabando, navegação clandestina, mas o material banto era mais numeroso e fácil por Luanda. Essas *peças* ignoravam todos os orixás, cujo Céu não alcançava o Zaire.

As denominadas religiões negras no Brasil serão supletivas e lúdicas. O devoto frequentador ou mesmo *ogã* de Candomblé é católico, e não brasileiro, protestante-pesquisador. O Terreiro não é *suficiente*, depois que os tambores emudecem. A disponibilidade mágica do brasileiro é que multiplicou as áreas da expansão cultual jeje-nagô. Inútil negar a evidência da alagação, desde o Rio Grande do Sul ao extremo Norte, onde enfrenta a Pajelança, resíduo de aculturação ameraba. Não lembro as Antilhas, como o monumental Fernando Ortiz, os pesquisadores do culto vodu no Haiti, a penetração sul e centro-americana. Motivação sedutora, mas alheia ao meu itinerário açucareiro. Assunto de Edison Carneiro, olho firme.

Os orixás são mais conhecidos no Brasil do que na África. O país natal, Nigéria-Daomé, cabe folgadamente em Mato Grosso. E nem todos os grupos étnicos da região são reverentes dessas entidades. Xangô tem um monumento em Lagos mas não a devoção em toda a Nigéria.

A verdade é que, na África negra, onde não corre água muçulmana, a terra está úmida de sua infiltração.

Creio que o estágio canavieiro dera acústica ao entendimento dos negros, separados pelas raças, culturas, religiões. Seria um contato prévio que a Cidade amplicou no conjunto, avivado pelo intercâmbio convivial, sem o feitor, toque de búzio e vozeirão do Senhor. Não seria justo comparar as graúnas do canavial com os xexéus maliciosos da Cidade.

***

Os escravos eram batizados na África antes da viagem marítima. Sem doutrina ou interesse subsequente. Fariam o sinal da Cruz num gesto duro e maquinal como elefante exibindo bailado. Ficavam com a impressão lógica de uma hierarquia semelhante à do Níger, Congo ou Zambézia — o Rei, os Ministros, a Corte, na aldeia farta. Jesus Cristo, os Santos, os Anjos, o Paraíso. A predileção fixava-se em Nossa Senhora, projeção sentimental da assistência materna, mais compreensiva e diária que a despreocupação sobranceira e displicente dos progenitores. Chegavam ao Brasil com a categoria de cristãos, inútil e comum como o nome bonito num animal. No Brasil é que fizeram o curso oral e vago do catecismo, menos pelo Capelão boa-vida, indolente e comilão, esquecido do Seminário onde passara como barata em chapa quente, que entendendo as velhas pretas, arredadas do serviço ativo, trabalhando sentadas.

As segundas e terceiras gerações, nascidas no cativeiro, tinham a imagem indecisa da África sem pormenor. Não conservavam a língua. Os africanismos na fraseologia e toponímia nasceram das primeiras vozes negras durante o século XVI. A preservação dessas sobrevivências verbais foi feita pelos brancos e mulatos. Os missionários portugueses que tinham vivido muitos anos na África e falavam idiomas da região, passando pela cidade do Salvador, nos finais do século XIX, pregaram em quimbundo e nagô sem que fossem compreendidos. Os unidos conservando algum vocabulário foram os Malês, malinkis, mandingas, sudaneses maometanos. A explicação estava na defesa religiosa que mantiveram até a dissolução na mestiçagem nacional. A linguagem ligada ao culto torna-se sagrada e viva. Por isso o latim resistiu tantos séculos, graças ao ritual católico. O ecumenismo latitudinário dissipou-o. Será como o grego ou o sânscrito. Arqueologia filológica. Uma multidão de pretos alforriados voltou para a

África, traficando produtos africanos, indo e vindo, para Luanda, Ajudá, Lagos. Levavam e traziam curiosidades valorizadas na saudade escrava. E de fácil colocação pela sedução exótica. Esses regatões sopravam as brasas das reminiscências sudanesas e bantas. Residindo na África, falavam o português e deram aos descendentes nomes brasileiros. Até hoje.[8] A costa do Ouro e dos Escravos fora sendo substituída pelos embarcadouros angolanos. Alguns desses libertos adquiriram propriedades e tiveram influência e fortuna. O presidente da República de Togo, Sylvanus Olimpio, pertenceu a uma família regressando da Bahia. O escritor Antônio Olinto motivou um romance na vida desse estadista, assassinado em 1963 (*A casa da água*, 1969). Creio que esse intercâmbio plantou e cuidou o jardim dos tímidos orixás, reservado à Cidade.

Maurice Delafosse observa: — "A experiência demonstra que o culto familiar desaparece mais rápida e totalmente entre os negros cristãos que entre os negros muçulmanos". A projeção cristã seria mais penetrante e suficiente, não dando margem abrigadora às religiões anteriores dos catecúmenos. A dedução de Maurice Delafosse está contra a evidência antilhana e brasileira, de notada coexistência católica e jeje-nagô. Houve uma margem de aceitação serôdia, fácil e fértil, do culto sudanês nos pretos católicos, reconvertidos aos olvidados orixás. Índice de uma disponibilidade supersticiosa que o Cristianismo não satisfizera, ensinado sem paciência e sem piedade, na catequese veloz e coletiva dos Engenhos e cafezais. Os pequenos grupos cativos foram mais doutrinados. Com veneração mais permanente quando se tornaram livres e vieram para a cidade aglutinante. Esses não atenderam aos tambores do Candomblé.

Mas o Candomblé não nasceu nas fazendas do Café nem nos Engenhos do Açúcar. Foi planta rampante e trepadeira, estendendo-se dos arrabaldes citadinos. Tenho a impressão que seria levada da Bahia para o Rio de Janeiro, sementes de organização, quando este se tornou capital do Brasil, 1763, provocando afluência negra e utilização escrava nos cafezais nascentes e nos canaviais resistentes. E a centralização burocrática, com a vasta famulagem doméstica. Não conquistou as grandes massas africanas de Minas Gerais, então em sensível declínio de mineração. Nem Mato Grosso e Goiás. Pula de cidade para cidade, sem pontos de apoio intermediários. Chega ao Rio de Janeiro antes do Recife. Porto Alegre antes de Natal, contemporaneamente. Os frutos da catequese são de maturação misteriosa. Nem toda Nigéria conhece Xangô. Iemanjá é rainha na capital

---

[8] Antônio Olinto — *Brasileiros na África*, 1964.

baiana, mas não no Daomé. Os orixás onipotentes não atravessaram o Congo, o planalto do Sudão, as orlas do Senegal. Fronteiras guardadas pelas cimitarras sarracenas.

A batucada canavieira seria convergente, mas não determinante dos cultos negros da cidade acolhedora de todos os Santos.

Na África a cristianização separa o crente da comunidade fetichista ou maometana, ambiente normal na convivência. O cristão é o aliado, filho, devoto de uma religião estrangeira e branca. Levada pelos brancos ao continente negro. Tal não ocorre com uma adesão muçulmana, milenar e explicadora de guerras, reinados, disputas dinásticas, enfim uma tradição oral, também viva na arquitetura e na indumentária indisfarçáveis.

Os cultos anteriores ao Islamismo foram mais penetráveis às conquistas missionárias. Um viajante suíço, o médico Fred Blanchod, registou: — "Na África, o fetichismo é nosso aliado natural, e o maometismo nosso eterno inimigo". Era o perigo real para Savorgnan de Brazza. Verdade é que o negro muçulmano, descontando-se a minoria sacerdotal e letrada, afeita ao cerimonial, não renuncia totalmente às práticas das velhas crenças tribais, como, sete séculos depois de Moisés, os israelitas escondiam-se para comer carne de porco. O maometismo é mais consistente e rebelde às conversões cristãs. Há luteranos em Roma, mas não vivem descrentes em Meca. Os Malês não se fizeram católicos na escravidão baiana, teimando em ser fermentos de insubmissão e motim (Nina Rodrigues, *Os africanos no Brasil*, 1933). Os vestígios do Alcorão, a escrita árabe como amuletos na cidade do Salvador, desapareceram antes da Abolição. Quanto possuímos de mourisco recebemos do português e não influência direta do agareno, via Malês (*Mouros, franceses e judeus: três presenças no Brasil*, 1967).[9]

O mundo canavieiro tolerava o feiticeiro, mas não o heterodoxo. O patriarcalismo agrário subentendia a unidade religiosa em que o senhor de Engenho era o chefe civil, o *Lord* Protetor, inflexível aos desajustados, sinônimos de incrédulos negativistas da harmonia grupal.

---

[9] Edição atual – 3. ed. São Paulo: Global, 2001. (N.E.)

PARÊNTESE DO SINCRETISMO

*N*ão havia no mundo canavieiro culto reservado aos escravos e, depois de 1888, ao pessoal componente do Engenho. O encontro de imagens toscas e figuras representando Santos afirmava unicamente a devoção individual, no recanto da senzala ou camarinha do morador. Essas preferências acompanharam os pretos na dispersão abolicionista. Lembrei os testemunhos da Fé católica dos negros nas igrejas a N. Sra. do Rosário, em todo o Brasil, construídas pela dedicação dos cativos. Ninguém os obrigava ao sacrifício edificador. E ainda, em 1795, os quilombolas no sertão de Mato Grosso ensinando aos filiais caborés o catecismo cristão. Sabemos todos que as altas hierarquias do Candomblé pedem extrema--unção, encomendação e sepultamento ortodoxos. Rumo ao Padre-Eterno e não a Olurum. Nenhum pesquisador etnógrafo evidenciou a unidade religiosa dos ex-escravos e seus descendentes, no plano contemporâneo.

Em mais de meio século de convivência, jamais ouvi nome de orixá pronunciado num Engenho nordestino. Ignoro documentação congênere baiana, carioca e fluminense. A gente era a mesma e o ambiente, idêntico. Já não darei essa confidência tratando-se das Cidades, vale dizer, Salvador, centro irradiante para o Recife, inocente desses ritos até finais do século XIX. Não passariam sem o registro alarmado do Padre Lopes Gama, o "Carapuceiro" incomparável, que Waldemar Valente estudou (Recife, 1969).

O feitiço feito pelo negro não viera da África. Era acentuadamente europeu, com leve matiz local na fabricação (*Meleagro*, 1951).[1] Demorei, anos e anos, a convencer-me.

---

[1] Edição atual – 2. ed. Rio de Janeiro: Livraria Agir Editora, 1978. (N.E.)

A influência moura, derramada através da poderosa catequese muçulmana pela África de leste e oeste, tem sido investigada lenta e dispersamente. O negro feiticeiro, no título com que era geralmente conhecido, *Mandingueiro*, os Mandingas sudaneses da Guiné, já naquele tempo estavam notadamente islamizados. No íntimo, conduzia muita superstição da África setentrional, romana, bizantina, moura. No Brasil recebeu o esmalte católico. Alguns eram sinceros e outros, cristãos de estatística, como os japoneses que S. Francisco Xavier converteu.

A coincidência dos Santos nos Candomblés, vultos e efígies, explicou--se pelo processo do Sincretismo. Realmente não seria sincretismo, que é uma fusão conciliadora, mas um mimetismo protetor e defensivo. Cada orixá exteriorizava-se um Santo, disfarçando-se ante a vigilância dos brancos. O devoto venerava Ogum e não São Jorge, que seria o equivalente. Essa homocromia jamais funcionara nos países africanos submetidos ao Catolicismo. Unicamente na América do Sul. Não há rasto no Reino de Angola, onde, aliás, não há Ogum, mas vivem os Ilundos suspicazes. E pelo imenso domínio francês ocorreu a mesma ausência sincrética. Os sudaneses independiam de fetiches para a espetaculosa possessão, como, nas religiões reformadas, não há necessidade da sugestão plástica para a concentração espiritual. O Irã[2] não é antropomórfico. É a árvore dos votos e ex-votos. Um altar vegetal guardando o Deus invisível.[3]

Quando o Candomblé apareceu com Terreiros, tambores e bailados, as equipolências católicas compareceram, como fiéis ordenanças ou inseparáveis "duplos", presos pelo liame ritualístico. Já não teriam função de custódia e ocultamento dos orixás porque esses haviam obtido livre trânsito cultual. As mais antigas notícias jornalísticas na Bahia, depois de 1890, não referem a repressão ao culto mas ao barulho devoto, perturbador da tranquilidade vizinha.

No meu tempo de estudante de História Natural (1915-1918), o Mimetismo era uma explicação curial e lógica, como presentemente as "manifestações alérgicas", salvadoras dos diagnósticos indecisos. Não se discutia. Trinta anos depois, o Mimetismo reduziu-se às modestas proporções de alguma reação ambiental sobre a criatura e não soluções

---

[2] Na Guiné o Poilão, *Eriodendrun anfractuosum*, Mufuma, em Angola, *Ceiba pentandra*, que é a Barriguda das caatingas nordestinas.

[3] Leo Frobenius estudou as culturas negras mais de trinta anos, em doze viagens pesquisadoras por todo continente africano (1904-1935). No assunto, concluiu: — "Quanto a mim, não vi em parte alguma da África Negra os indígenas adorando fetiches".

intencionais de caráter somático e defensivo por semelhança crômica. As exceções constituem o normal.

O Sincretismo também possuiu uma fase inflacionária de prestígio. Agora, sua mecânica de convergência está mais clara e restrita. Há uma tabela de condições específicas para a confluência dos elementos característicos e componenciais do complexo. Há, invariavelmente, um sentido de utilidade na atração assimiladora. Sempre soluções funcionais, mesmo referentes aos ornatos do corpo, destinados à defesa mágica ou insígnias de proeminência grupal. Nada existe de inútil ou supérfluo nos usos populares. Todas as coisas têm uma missão a cumprir. Nossa ignorância é que sugere a desnecessidade. Naturalmente as senhoras contemporâneas já não sabem porque põem brincos ao lóbulo da orelha e pintam de azul as pálpebras. O sentido íntimo das saudações evaporou-se na memória daqueles que as praticam. Notadamente os gestos de mão. Mas isso é outro caminho...

Quando dizemos africana a superstição de um negro escravo, afirmamos que seus tambores, enfeites e armas, palhoças e danças, são igualmente originárias da região e etnia. Inadmitimos paralelismo ou difusão influenciadora, ou fruto local resultante de enxertos sucessivos e oportunas adaptações. Tanto quanto resista à dedução, as superstições canavieiras eram negras porque viviam nos escravos, mas seria possível identificar as fontes díspares e distantes reunidas naquelas águas do canavial. Dava coloração especial e visível a expressão humana do elemento comunicante. O ambiente da festa dá outro sabor ao vinho.

Os negros velhos e suas companheiras eram refugados e ficavam na terra africana. Atravessava o Mar gente moça, robusta, resignada e apta ao cativeiro. Era notável a rapidez da recuperação física no carregamento desembarcado, exausto, faminto, perebento. Quase sempre o caju restituía alegria e vigor, nos milagres intuitivos do ácido ascórbico, como nenhuma outra entre as frutas do mundo! A massa anciã sucumbiria nos porões ou na primeira semana da chegada, embora o clima do Nordeste fosse quase o mesmo da África ocidental.

Lembro a exportação de escravos inferiores a trinta anos (as mulheres muito mais novas) para destacar a pouca possibilidade do conhecimento e prática religiosa, atributo normal nos indivíduos maduros. Na África, como em qualquer outra paragem da Terra, juventude e adolescência são períodos de imitação bem diversos da convicção. Pertencem ao cortejo e não às iniciativas. Talvez, no meio confuso da encravaria, que lotava o barco, viesse, por exceção, um negro sabedor do culto tradicional de sua tribo, e com possibilidades de transmissão aos camaradas dos eitos, falando o mesmo idioma. O processo da irradiação parece milagre, mas, como dizia Voltaire, *tout est miracle*.

Como não houve vestígios do culto africano na paisagem açucareira do Brasil, é lógico formal que os Santos e orixás foram constâncias urbanas, posteriores a maio de 1888, quando o Cativeiro morreu no Brasil. Um negro livre, alforriado ou nascido liberto, possuiria um oratório de imagens católicas significando para os amigos íntimos Xangô, Iemanjá, Ogum? Exibição sem o culto subsequente e bailador? Não me fio demasiado na Lógica que pode ser trampolim para todos os erros.

O processo da simultaneidade e equipotência é uma operação mental de elaboração ágil e feliz na observação das semelhanças e fixação das coincidências miríficas. Quando o Candomblé foi espetáculo lícito e comum, embora nos subúrbios da cidade do Salvador (mesma denominação da anterior capital do Congo), os Santos não teriam mais utilidades nas prerrogativas da defesa, simulação, disfarce. E por que ficaram no Candomblé? Pelo impulso da veneração habitual, vinda das senzalas do açúcar, café, algodão. Um índice psicológico do preto não compreender culto sem as efígies que se tinham tornado tradicionais em provocá-lo e presidi-lo. São Jorge chegara primeiro, no seu cavalo branco, que Ogum, a pé. Os Santos nos Terreiros são unicamente presenças, convidados indispensáveis, gente nobre e superior, valorizando a festa, assistindo-a. Fui apresentado ao Candomblé baiano durante todo o ano de 1918. Os Santos nas paredes do salão e nos altares do peji não têm função nenhuma. Nem convergência, aglutinação, confluência. Não interferem em coisa alguma. Irradiam, nos participantes, um sentimento de aprovação ortodoxa. Se estão ali, sem ação punidora, é porque não há pecado, atrevimento, violação aos bons costumes. São Delegados do Céu autorizando a euforia jeje-nagô.

O Sincretismo é uma solução protetora, um meio de conservação, reforço aos elementos de resistência, o sedutor *United We Stand*, enfrentando o desgaste e adversidades no Tempo. Maneira de garantir a duração. Integra-se no conjunto como uma unidade radicular. Vivem, porém, as limitações, barreiras, vedações. O indígena levou o testo português para suas vasilhas de vime e barro, mas desprezou a janela para a maloca. Não há família ameraba sem o cão, mas a galinha não teve acesso na dieta comum. Integrou-se na aguardente, mas opôs restrições ao sal. Não altera o ritmo das danças, mas modifica o reforço dos arcos e armas de arremesso. O mouro tornou-se maometano não dispensando seus santos e santões, imprevistos para Maomé. O esquimó resistiu ao Cristianismo porque no Paraíso prometido não havia focas. O instinto da fecundação obrigou a Teologia a conceder que homens e mulheres ressuscitarão no Dia de Juízo com seus sexos, inoperantes e formais. Evidência do Sincretismo limitado na utilização assimiladora.

Os antigos explicadores da Imitação (Le Dantec, Bonnier, Tarde) não puderam incluí-la nas origens do Sincretismo, que não é reprodução nem repetição. União de identidades ou dessemelhanças, o Sincretismo, sem referência às acomodações doutrinárias, no domínio etnográfico é uma realização prática, aliança permanente de aparelhagens para finalidade útil.

No Candomblé, os Santos são paralelos aos orixás e não fusionismo. Não encobrem nem revelam os sudaneses. Fazem companhia. Não comensais, mas convivas. Nem continente e nem conteúdo. Unidos mas distintos, como soldados de pelotão.

ÁGUA DO LIMA NO CAPIBARIBE

— Quem te engana, Viana?

A primeira região de Portugal citada no Brasil foi a de Entre-Douro-
-e-Minho. Apareceu logo em 1º de maio de 1500 na carta de Pero Vaz de
Caminha ao Rei D. Manuel. Nome simbólico, o do escrivão de Calicute.
Homem do Porto, usando a denominação da cidade onde o Rio Minho
cai no Mar. Registrava em Porto Seguro "umas choupaninhas de cana
verde e de fiteiras muito grandes, como as de Entre-Douro-e-Minho". As
choupaninhas eram as malocas dos tupiniquins.

Essa menção trazia a imagem da terra densamente habitada, coberta
de lavoura, num cenário de arvoredo, água deslizante e fecundidade
sedutora. Oliveira Marins dizia o minhoto laborioso, acanhado, devoto,
desconfiado. Pescando no litoral, plantando e criando gado do interior.
A faixa marginal da Ribeira Lima povoa-se de solares e casas nobres,
torres quadradas, ampla varanda, abrindo a escada exterior para o pátio
fidalgo, ladeado de Capela, pomar e jardim. Ali se aninhavam cavaleiros,
frades, damas, raízes trazidas por Afonso Henriques, vivos na heráldica
das cimalhas e frontões, em moradas e túmulos. Domínio das famílias
imemoriais, ciumentas, reservadas, orgulhosas do Passado, imóvel nas
almas. Patriarcalismo. Respeito. Cerimonial. Presença do nome, do
sangue, dos Mortos julgadores dos Vivos. Justiça pessoal. Varões rijos,
enxutos, incansáveis. Mulheres fortes, ternas, inesgotáveis. Severidade e
ternura. Donaire na circunspecção.

Duarte Nunes de Leão (1610) comparava-os aos enxames de abelhas
inquietas, voando "para todas partes do Reino: não há lugar onde se não
achem muitos". Lisboa. Alentejo. Algarve. "E nas partes da África".

O jesuíta Fernão Cardim escrevia em 1584: — "Os vianeses são senhores de Pernambuco, e quando se faz algum arruído contra algum vianês diziam em lugar de ai qui d'El-Rei, ai qui de Viana!"

Em 1535, Duarte Coelho, Donatário de Pernambuco, querendo fundar Igaraçu, a primeira vila do domínio nordestino, confiou o encargo "a um homem honrado, vianês, chamado Afonso Gonçalves, que já o havia acompanhado da Índia. Da vila de Igaraçu, ou dos Santos Cosmos, mandou vir de Viana seus parentes, que tinha muitos e mui pobres, os quais vieram logo com suas mulheres e filhos, e começaram a lavrar a terra entre os mais moradores que já havia, plantando mantimentos e canas-de-açúcar, para o qual começava já o capitão a fazer um engenho": Frei Vicente do Salvador, 1627. Afonso Gonçalves morreu de espada na mão, defendendo Igaraçu de um assalto da bravia indiada.

De Viana vieram os Paes Barreto. Em 1560, Duarte de Albuquerque Coelho organizou a campanha guerreira para expulsar os Caetés das regiões do Cabo. João Paes Barreto foi o capitão da companhia composta de vianenses. Vencedores, recebeu sesmaria no local. Fundou oito Engenhos de açúcar, deixando-os para os oito filhos. Foram os instituidores do morgado do Cabo, família de Francisco Paes Barreto (1779-1848), morgado, presidente da província, Marquês do Recife (1826), primeiro pernambucano a ter esse título.

Pero de Magalhães Gândavo, primeiro historiador do Brasil, amigo de Luís de Camões, se não pertenceu a Entre-Douro-e-Minho, aí viveu, amou, casou, ensinou latim. De Viana do Castelo a Ponte de Lima fixava-se alto interesse pelo açúcar brasileiro. Em meados do século XVI o tráfego ocupava setenta navios, "com que a terra está mossiça de riqueza... mas nenhum comércio lhe tem montado tanto, como o das terras novas do Brasil", informa Frei Luís de Souza.

Pedro Teixeira Albernaz, em 1630, noticiava: — "mandavam para o mar duzentos navios que vinham carregados de açúcar e outras mercadorias". Era a terra única em que os fidalgos traficavam com o Brasil, comprando e vendendo açúcar, sem desvalimento na prosápia, como em Veneza e Gênova, "contra o costume das mais terras de Portugal, que os louvam e não os seguem, invejam a felicidade e bons sucessos do trato, e não sabem imitar a indústria", comentava o biógrafo de D. Frei Bartolomeu dos Mártires, o Santo Arcebispo de Braga.

Os da Vila de Viana, importadores e exportadores, eram influentes e prestigiosos. D. João V proibira a viagem dos navios isolados para o Brasil (Decreto Real de 6 de abril de 1739), devendo reunirem-se às esquadras comboiadas por naus de guerra. Os vianeses obtiveram d'El-Rei D. José

(Decreto Real de 30 setembro de 1756) liberdade para a travessia direta, independente da custódia naval, respeitando apenas a época da monção. Para que o futuro Marquês de Pombal concordasse com tal privilégio seriam poderosas as razões expostas e convincentes à sua onipotência. A autorização denunciava a importância do intercâmbio, com as alternativas de excesso e carência. O decreto régio de 14 de setembro de 1758 vetava o envio do açúcar para fora do Reino. A decisão do Rei em 2 de março de 1759 derrogava o anterior, permitindo exportação de 700 caixas, por haver superabundância de 400, além do consumo ordinário, previsto até abril "em que deve chegar a frota de Pernambuco".

Partindo entre Porto e Caminha, notadamente os "naturais da Ribeira Lima" povoaram e determinaram a zona canavieira de Pernambuco, irradiação no Recôncavo da Bahia, no mesmo ritmo senhorial. Não foram no Nordeste do Brasil os nobres ávidos, bestiais, heroicos, aventureiros da Índia, credenciados pela repulsa moral de Diogo do Couto e João de Barros. Sádicos, ociosos, bulhentos. No Brasil, o fidalgo seria senhor de Engenho, plantando canas, fabricando açúcar. Castelão da Casa-Grande. Sem El-Rei, defenderia o solo, a língua, a raça tropical, unicamente criada na Terra de Santa Cruz, e não mais em parte alguma. Guardaria as permanentes psicológicas, firmando os basaltos do alicerce familiar. As confianças na aliança vizinhal. As alegrias da convivência festiva. O prazer solidarista da fartura epulária. Fernão Cardim registrou-o. Não mudaria no Tempo. Quando o doutor Antônio de Siqueira Carneiro da Cunha (1857-1913) voltou da Europa em 1896, todos os membros da família reuniram-se no Engenho Bertioga, de Mariano Xavier Carneiro da Cunha, em Ipojuca, num almoço que durou três dias e três noites. Tanto quanto no ciclo pastoril do Rio Grande do Sul, manteria a tradição do Cavalo, a boa mão de rédeas, fiel à herança Marialva. Não aclimataria a tourada, mas eternizou a cavalgata, o desfile triunfal, o séquito consagrador. Tempo em que os homens eram cavaleiros e montavam cavalos. Não eram transportados.

Do Minho permanece a mania demandista, a superstição cartorária, as intermináveis questões de terra, onde as sentenças confirmadas nos Tribunais pareciam meros despachos interlocutórios. O Senhor Tapadas, da *Morgadinha dos Canaviais* (1868), de Júlio Diniz, vale o Barão de Gindahy, de Barreiros, cuja vida foi toda ela uma constante demanda de limites de propriedades, lembrava Júlio Bello.

A presença do escravo africano evitaria a transplantação integral e sonora dos desafios, desgarradas e descantes. Mas o contágio melodioso do Minhoto acordou a célula musical da escravaria, silenciosa pelo pavor, enchendo de cantigas a bagaceira e o canavial. Não ocorreria semelhantemente nas labutas comerciais de Goa, Moçambique, Angola, Guiné. Sim, nos Açores, Madeira, Cabo Verde. A Índia, musicalmente, foi a solidão do cativeiro triste. O patrimônio de literatura oral brasileira, emergido do canavial, enobrece a recriação mestiça e negra nos trópicos, quanto infecunda e pobre nas possessões portuguesas do Ultramar. Murmúrios de Goa, Macau, Timor, comparando-se com a polifonia verbal do Brasil açucareiro. É de notar, bem lamentavelmente, que o Café não haja determinado a comunicação do seu Mundo, humano e lógico, nas réplicas às evocações de Júlio Bello e aos romances de José Lins do Rego. Era o que, em 1938, sugeria o Sr. Sérgio Milliet.

Acompanhando para o Brasil os parentes que El-Rei, fizera Donatários, levaram a vocação de comando e o instinto do lucro não os perverteu inteiramente no exercício da mercancia. Ainda em 1822 Saint-Hilaire espantava-se em Minas Gerais encontrando tangedores de burros que eram herdeiros de 300.000 cruzados. E latifundiários vivendo em casebres de taipa oscilante, dormindo nas camas de couro, os ásperos *isidoros* nordestinos. O sangue novo da gente antiga daria melhor plantio aos rendimentos canavieiros. Evitou que os filhos fossem tropeiros, habituando-os na Arte de bem cavalgar toda sela.

Caracteristicamente possuíam a paixão pela residência forte, airosa e linda, distinguindo-se entre o rebanho vulgar do casario plebeu. Quatro--águas, planta elevada, janelário infindo, alpendre circunjacente onde redes ou cadeirões de sola abrigariam as conversas digestivas, escadório para o adro de barro batido. Capela na extremidade. Cemitério com o Cruzeiro maciço. Ou edifício retangular, de um ou mais andares, sem terraços, o Palácio do campo, de vida interior, invisível aos olhares transeuntes, sem a comunicação democrática dos varandados. As primeiras moradas ligavam-se à casa do Engenho na contínua vigilância. Depois veio distância, distinção, nobreza. Falem as Casas-Grandes fluminenses, baianas, pernambucanas, sobradadas, sólidas, presidindo a paisagem rural, traduzindo mando, domínio, conforto! As dimensões eram equilibradas e as linhas verticais sobre a horizontalidade abrigadora mantinham a elegância do conjunto ainda imponente na majestade das ruínas harmoniosas. São as repercussões tropiciais da Ribeira Lima onde as famílias moravam, e, sobretudo, residiam. Colmeias dignas da tarefa incessante e melíflua. Tradição impositiva do Paço sobre a suficiência do limitarismo utilitário e egoísta. Alegre visual das amplitudes domiciliares que o Progresso apenas permitiria na maciça elevação do arranha-céu. As diferenciações inajustáveis e lógicas entre o ninho da Casa-Grande e a colônia de cupins dos "apartamentos".

O colar esparso das habitações aristocráticas afastava-se da orla das estradas ruidosas e banais, notadamente dos caminhos regulares dos carros guinchantes e das récuas transportadoras, aciduladas a estalos de chicote e berros dos almocreves. Erguiam-se longe dos pousos, vendas, arranchos de comboieiros e passadores de gado. Violas, palmas, cateretê. Briga, faca de ponta, cachaça. Bodegas em que D. Quixote de la Mancha vira mansão e castelã. A Casa-Grande era visível logo ao desdobrar a perspectiva ondulada e verde da várzea. Seria indispensável a determinação da visita. Não estava ao correr da via pública, disponível à curiosidade itinerante. Facilmente notada, mas não acessível à descerimônia niveladora do viajante. Ostentava notoriedade e recato. Não é assim a casa nobre, viva ou morta, da carreira do Douro à lentidão do Minho, notadamente o Lima, vindo da Galiza, Rio do Esquecimento, *fluvium Oblivionem*, onde subira a "grossura dos açúcares do Brasil"? Vista pelo Conde de Aurora, ouvida por Armando Leça, a Ribeira Lima foi aos meus olhos uma presença pernambucana, quando evidenciava origens e modelos da distante aristocracia agrária brasileira. Ao vencer a encosta leve ou transpor o listrão das árvores velhas, derramava-se o panorama virente, ponteado pelos solares de sua cor e forma, no campo sinopla do brasão limiano. A aragem heráldica dissipava as imagens apocalípticas de Manhattan, todas as vitórias efêmeras da hirta geometria sobre a paisagem que esses solares enobreciam e legitimavam na força graciosa das soluções construtivas. Pertenceram ao armorial da Casa--Grande cavalo, cão, espingarda de caça. Não seriam separáveis de um solar português. Não evoco as tradições sertanejas em que essas três entidades eram quase sagradas. "Cachorro, arma e mulher não se emprestam!" Tornar--se-iam inservíveis, inoperantes, indignas de confiança funcional. De uso privativo, pessoal, intransferível. Sobre o cavalo e as armas viviam todas as reminiscências medievais, de ciúme, cuidado, preservação. Regras de "Dom Gayfeiros": —

> *Minhas armas não te empresto,*
> *Que as não posso desarmar;*
> *Meu cavalo bem vezeiro*
> *Não o quero mal vezar!*

E segue sendo o padrão da galanteria canavieira, como Tobias Barreto (1839-1889) cantava nos "Os Tabaréus": —

> *Conversar?! e vim disposto*
> *A carregá-la também*

Nas ancas do meu murzélo,
Demônio que só eu sélo,
Só eu monto e mais ninguém!

"Cachorro de caça, caça com o Dono! Arma emprestada perde o tiro!" Com as ramas de Aquiles, Pátroclo sucumbiu às mãos de Heitor.

O cavalo do fazendeiro ou do antigo senhor de Engenho, nem os filhos montavam, senão às ocultas. Inacreditável que alguém galgasse a sela sem permissão senhoril.

Não eram as leis consuetudinárias no Velho Portugal?

O Brasil seria a sedução fascinante. Na foz do Lima vogavam "oitenta barcas de pescadores naturais, cinquenta anos atrás... hoje não há nenhuma", escrevia Frei Luís de Souza em 1619: — "deixando todos animosamente a pobreza das redes e a segurança das praias, polas esperanças e perigos do alto". Onde estavam? Nas ondas do Atlântico austral. "Trazendo-lhe grande cópia de mercadorias de toda a sorte, e muito pão à conta do retorno que levam da grossura dos açúcares do Brasil, que não há esgotá-los, segundo os muitos que cada dia entram pela barra".

As lufadas do interesse mercantil sacudiam a todos na ansiedade sôfrega, porque "não só Viana, mas toda a terra de Entre-Douro-e-Minho é uma feira contínua de comprar e vender, e embarcar, e mercadejar, a gente toda trabalhadora, e negociadora da vida!" A Índia não oferecia clima para os frutos da ganância pacífica. Sempre os despojos obtidos pela espada.

O Reino não se despovoaria pelo cheiro da canela, como lamentara Sá de Miranda, mas na tentação fulgurante da *"Terra Santa Cruz pouco sabida"*, talqualmente poetara Luís de Camões louvando Gândavo, que dera a Pernambuco a prioridade da navegação comercial na época: — "A esta Capitania vão cada ano mais navios que a nenhuma das outras". Seria entre 1558-1572, ano dos *Lusíadas*, governo de Mem de Sá, no período em que os pescadores do Lima tornaram-se marujos do Mar. Os homens da Bahia preferiam a cultura do algodão à moagem dos dezoito Engenhos de açúcar. No terceiro dos *Diálogos das grandezas do Brasil*, 1618, conta-se como a pacotilha levada a crédito de Lisboa formava riqueza no tráfico do consumo transatlântico. Vimos como em 1756 os mercadores de Viana impacientaram-se com a lentidão dos comboios navais, conquistando a rara permissão da viagem "solta", autônoma, através do Oceano sem patrulhas. Os traficantes de Lisboa e Porto não tiveram a audácia de pleitear a concessão privilegiada. É de presumir que a iniciativa animasse a continuidade proveitosa do esforço econômico. O requerimento demonstrava uma consciência capaz de transformar a necessidade do grupo em direitos da Grey.

Essa gente minhota é movimentada em campo e mar, caçando peixes, criando gado, enamorada do esforço plantador, da companhia jubilosa; não pode alegrar-se sem bailar, chora com saudades e põe luto ao ausente; fiel aos compadres e vizinhos, às Lapinhas e Festadas, viola e vinho--verde, castanha e lombo de porco, rutilantes trajes à lavradeira, devoção às Alminhas, Bom Jesus de Braga, Senhora do Sameiro; respeitos ao Senhor Pai, temerosa do Mafarrico, crente nos amuletos, ousada e teimosa, sentimental e grave, batendo o adufe, calcorreando romarias, cantigas no trabalho, silêncio nas tarefas industriais. As incomparáveis *Minho Manor houses*, iluminadas de azulejos, encantando Rodney Gallop: *when Brazilian gold gave an immense impulse to construction:* Minho*! is the show province of Portugal!* Casas feitas para agasalhar amigos. Cama para corpos distantes, indispensável prever visitas que dormem e fomes candidatas às repleções maciças.

Essas permanentes replantadas renasceram no Brasil canavieiro. Casa--Grande do Engenho Freguesia em Matoim, com trinta e dois quartos. Cozinhas para Regimentos ou frades de Alcobaça. Painéis idílicos, brasões no teto, claridade de azulejos úmidos moldurando portas, janelões, escadarias. Em vez de oliveiras e vinhedos, canaviais, gementes como os pinheiros de S. Miguel de Seide.

As Mortas Dimensões
da Casa-Grande

A noite descendo vinha
derramar-se no terreiro
da casa que ainda é grande
na dimensão sem medida
de um mundo que se perdeu.
Celina de Holanda Cavalcanti

O senhor de Engenho dificilmente alcançava manter uma terceira geração no domínio canavieiro. Os descendentes dispersavam-se na burocracia urbana, fixados no Sul do País, dissolvidos na Política, Comércio, outras Indústrias no cinturão das cidades grandes. As exceções são exceções. Luís Lopes Varela é o quarto senhor de S. Francisco no Ceará-Mirim. O Engenho Cunhaú, safrejando em 1614, pertenceu até 1925 aos Albuquerques Maranhões, de Canguaretama. Como Rijckevorsel disse a José Veríssimo sobre os holandeses no Nordeste brasileiro não suportarem o clima social em que deveriam viver, de avô a neto, uma família de senhores de Engenho pode resistir ao tempo, mas não ao Espaço. Mudam os penates, conservando a Fé sem o culto.

Rijckevorsel tinha razão porque o fenômeno, não climático, mas psicológico, ocorreu na Guiana Holandesa e em Java. O batavo não seria dominador do canavial, mas financiador e distribuidor do açúcar.

O costume antigo era agrupar a família na franja da Casa-Grande, tornada foco. A maioria senhorial pertencia ao norte português. Essa aglutinação sentimental com apoio econômico é a fórmula do Minho lavrador. De lá havia de vir a percentagem decisiva dos modelos arquiteturais das Casas- -Grandes. E a mentalidade do domínio patriarcal.

No Nordeste o direito consuetudinário mantinha o primogênito à frente do morgado intencional. É o que se lê nos testamentos, desde finais do século XVI. Procurava-se não desfalcar os recursos do herdeiro presuntivo, armando-o de possibilidades mais econômicas que financeiras. Essas seriam supridas pelo crédito. Quase sempre recebia o motor sem combustível. Os filhos segundos, as "meninas" solteironas, os sobrinhos em menoridades vitalícias, constituíam séquito decorativo sem finalidade objetiva. O encargo de manter os hóspedes profissionais, as "crias de casa", remotos parentes na indolência incurável, em convalescências infindas de enfermidades imaginadas pela preguiça, os *mumbavas* do Brasil meridional e central, genros mandriões e filhas prolíferas, justifica a Corte, onde o casamento era uma pura função biológica sem consequências na coadjuvação financeira. Essa Corte transmitia-se na herança dos bens de raiz como os antigos haréns participavam do conjunto patrimonial do Sultão, entregue ao sucessor. Um senhor, uma senhora de Engenho, julgar-se-iam desmoralizados com qualquer diminuição no pessoal herdado, dentro ou fora da Casa-Grande. Inscreviam no rol da cozinha os descendentes dos velhos escravos ou empregadas antigas. Todos tinham direito a *um prato* no momento de angústia carencial. Não apareceu um Paulo VI apagando a Corte Papal, solene e fátua, eliminando cargos do século XV. Não se ousava afastar os grupos parasitários porque eram uma ancianidade, mesmo sugadora, mas articulada ao conjunto doméstico, como móveis velhos sentimentalmente valorizados mas imprestáveis. Não seria "uma falta de caridade" vendê-los ou queimá-los? Logicamente seria a solução, mas a Casa-Grande defendia outra lógica.

Impossível convencer a um *economist made 1970* que a Casa-Grande tivera projeção mais social que financeira. Os recursos mais se destinavam à circulação festiva que às garantias da produção futura. Dinheiro queimava o bolso do senhor de Engenho. As desaparecidas moedas de ouro valiam brasas para alimentar fogueirinhas bonitas. Os mais equilibrados permitiam- -se divertimentos consumidores. "Deixem o Velho viver!" Avarentos, cauíras, vinagres, usurários figuravam noutra gaiola, execrada além dos momentos do empréstimo e cálculo de juros "módicos", para amigos ansiosos. Mesmo possuindo Engenhos não pertenciam à nobre galeria conspícua. Eram os sinistros gaviões do galinheiro rural. Evitados como varíolas. O senhor de Engenho jamais possuiu reservas. Aplicava os fortuitos *superávits* em construções, melhorias, agrados, retribuições às contribuintes lúdicas. Não houve caso de encontrar-se ouro nos espólios famosos pela esperada abundância. Nasce a lenda do ouro enterrado. Assim existe o tesouro do Barão de Mipibu e vive a saca de dobrões reluzentes do Barão do Ceará- -Mirim, jamais deparados pelos herdeiros.

Essencial e típico era atender aos pedidos, súplicas, insinuações aproveitáveis. Legalizar, apoiado no antecedente, a chuvinha de maio quando as nuvens da safra traziam água, molhando a redondeza da propriedade e das entidades possuídas Assim como no Brasil *técnico*, desdobravam os cargos sem funções e as funções sem utilidades. A finalidade era a permanência no cevadouro. Como na Rússia tzarista ou na Turquia dos paxás, esse mundo vivia em regime de meia-ração, do mínimo-real que a honraria compensava. Era uma nobreza imponente e faminta, ornamental e sórdida, porque as migalhas que o Fisco arrancava ao produtor eram insuficientes para os bonecos reluzentes. As bocas infinitamente superiores às fontes. O título valia subsídio. Ficou-nos a imagem do "Fidalgo de Meia-Tigela" (*Locuções Tradicionais no Brasil*,[1] 198).

Os estudiosos do patriarcalismo rural pernambucano, Gilberto Freyre, ou que a ele pertenceram, Júlio Celso de Albuquerque Bello (1873-1951), destacaram os filhos-família tornados ociosos, numa passividade conformada e serena, lentos, agradáveis de convivência, incapazes de esforço, interesse, auxílio continuado. Guardavam a dignidade da casta, orgulho do sangue, vaidade do nome. Apenas alfabetizados ou mesmo tendo cursos superiores, eram indiferentes ao quotidiano, ao reclamo econômico, desiludidos, recebendo curtos dinheiros das sobrinhas ou irmãs, afeitos a uma inocuidade de sombras com carne. Às vezes, rapagões sadios, cavaleiros excelentes, caçadores natos, conversando bem, ficavam despidos de esperança, ambição, mantidos pelas virtudes negativas da preguiça e compensações da ignorância desdenhosa. Quando empurrados para o matrimônio, ocupavam-se na fecundação das fêmeas, comer e dormir, no mais, permanentemente fatigados e apáticos. Godofredo Rangel (*Vida ociosa*, 1921) evocou em Minas Gerais quadro semelhante numa fazenda. Os maridos fazendo filhos e as esposas tomando conta da vida, negócios, dívidas, iniciativas. Era o papel desses velhos filhinhos do Engenho, mãos finas, pés sensíveis, cabeça oca, descuidados, arredios, úteis para o Recenseamento paroquial. Murchavam sem amadurecer, lendo romances antigos e compondo charadas. Não possuíam armas, cavalos, cães, tomando-os emprestados, usando-os sem solicitação, prerrogativas usufrutárias como Príncipes-Infantes da família. Conheci dois, septuagenários, bem-postos, um solteirão, o outro casado. Jamais haviam trabalhado. Sabiam esculpir em casca de cajá. Oposicionistas espontâneos. Não inferiores, mas incapazes.

---

[1] Edição atual – 2. ed. São Paulo: Global, 2004. (N.E.)

Muitos, com força na asa juvenil, largavam a gaiola familiar e os alpistes domésticos, enfrentando os ventos do Mar alto. O Engenho vivia presença íntima e lírica. Nos rápidos retornos à província, infalivelmente iam visitar o que restava da Casa-Grande. O Marquês de Olinda, ex-Regente do Império, não voltava a Pernambuco sem hospedar-se no Engenho Antas, onde nascera, em Sirinhaém, hoje Gameleira. Quando da elevação nobiliárquica, indicavam para os títulos "os nomes dos Engenhos, Camaragibe, Rio Formoso, Muribeca, Morenos, Suassuna". Cem outros. Rara a progressão ascensional, com ambivalência política, como Estácio Coimbra (1872-1937), senhor de Engenho, Usineiro, Governador de Pernambuco, Vice-Presidente da República, numa inalterável paralela. Antes, fora modelo o baiano senhor de Engenho José Antônio Saraiva (1823-1895), "Messias de Pojuca", duas vezes presidente do Conselho de Ministros, criador da eleição direta (1881), único Senador do Império participando do Senado da República.

***

O Engenho possuiu outra classe indefinível e típica: — a dos *Encostados,* suplentes de perpétuas vacâncias. "Arranjou um *encosto* no Engenho!", sobressalente de aplicação problemática, com aptidões abstratas na imobilidade remunerada. Ficavam esperando uma tarefa ocasional, completar um serviço, "tapar um buraco". Diziam entender de tudo. "Só sabe trabalhar com os queixos!" Alguns eram expeditos, sacudidos, *too fast* mas inoportunos, perturbadores do encargo na intenção de ajudá-lo, como os Tônies circenses. Permaneciam moradores, visíveis e despercebidos como travessões de porteira. Indistintos e baços, pertenciam ao "povo do Engenho" sem ocupação exata. Miliciano inútil naquele confuso Regimento. Pagava-se a presença, como a um Acadêmico. Funcionalmente, era *um pau para dar no Diabo*! Levava encomendas à Cidade. "Postar" cartas no Correio. Despachar telegramas. "Correger" uma sela. Missões rápidas, "maneiras", limpas. Nada pesado, definitivo, regular. Cliente romano, assistente na antessala fidalga, aguardando recado. Alardeavam a indispensabilidade pessoal. Ficavam, horas, sentados num batente do terraço, sentinela ao pátio vazio, cheio de sol. Havia de estado mais humilde, gravitando os "graduados" sem aproximar-se da salinha onde o Patrão pigarreava. Não tinha história, antecedentes, reminiscências. Viera de *encostos* anteriores, às vezes recomendado por quem se livrara dele. Nenhuma intimidade. Quase sempre sozinho, agasalhava-se em qualquer recanto, na puçá, sujo *quitangue* sem varandas. Saco e malinha. Alpercatas e chapéu de palha. Camisa e calça. Paletó indo à Rua. Ao fim explicava problemas distantes resolvíveis por ele. O Patrão dava um *agrado*. Desaparecia. Sem rasto de pecado, cachaça, mulher, furto. Vi-os menino, rapaz, homem feito, comparando-os ao *L'Étranger*, de Sully Prudhomme. Depois de 1930 não havia clima para seus pulmões errantes. Dissolveram-se na sombra dos Engenhos mortos.

***

Pelo século XVIII e ao passar do XIX os latifúndios canavieiros eram divididos pelos dotes das filhas e filhos, construindo-se residência e dependências. Fixava-se o descendente, assegurando a continuidade profissional. Não era aconselhável mais de duas famílias no mesmo solar. Duas rainhas num único poleiro possibilitariam conflitos de jurisdição positiva. Assim, filhos e filhas segundas passavam a ter domínio próprio e próximo. A endogamia tradicional evitava a dispersão do sangue e dos haveres. A exceção seria aliança social; política, econômica, imitando, sem saber, a fórmula sagrada dos Habsburgos.

Nem todos poderiam ficar ao derredor da velha colmeia, ao *alcance do grito*, num raio de imediata audição à voz do *Velho*.

Os netos, terminando os estudos, pressentiam ausência de ocupação compensadora à sombra do patriarca. Tomavam o arranco emigratório. A jovem abelha tentaria conquistar um reino pessoal. Seria um voo em leque e não mais uma linha contínua como caravana no deserto ou as tubíbas no Sertão.

Entre os que continuavam a tarefa ancestral e os que iam procurar trabalho distante, apareciam os tios arrastando a sorridente madraçaria, mantidos, como em Samoa, pelo dever grupal. *No house to live in! Are there no house belonging to his friends?* Alguns dividiam os períodos da hospitalidade compulsória entre a parentela resignada ao costume. Aí ficavam, jogando gamão e sueca, *chamando* humoristicamente as pedras de víspora, contando casos sentimentais inacreditáveis, confirmando exageros, mentindo, imaginando, na independência da credibilidade alheia. Os mais úteis seriam arredados por infuncionais. Representações brasileiras do *Fidalgos da casa mourisca*, sem agressividade, ou contrafação dos *Snobs* de Thackeray, na aparência do conforto imaginário. Refugos ou prófugos da Cidade indiferente. A energia individual não se gastara: — evaporara-se na imobilidade da ação em perpétuo potencial. Ignoravam o advento das escadas rolantes, fazendo ascender sem a impulsão pessoal.

***

A zona canavieira incluía-se nas sesmarias, doações anteriores ou simples posse ao longo das águas úteis, rios perenes e, no Nordeste normalmente torrenciais. As doações reclamavam a necessidade de localizar trechos para os futuros *ingenios*. Nas primeiras informações históricas do Rio Grande do Norte, 1607 e 1614, o registro é inevitável. Cito o Rio Grande do Norte pela sua pequenina importância na documentária das concessões territoriais. O patrimônio seria a pastorícia.

O critério designador era a *Ribeira*, denominação dada pelo rio principal, como maior número de afluentes. Essas doações dependiam, quanto à extensão, do arbítrio do Governador-Geral. Sabemos do patrimônio dos Garcia d'Ávila e dos Guedes de Brito na Bahia. Nas demais Capitanias a fórmula era a simpatia prestigiosa que os pretendentes merecessem, no tipo do insaciável João Fernandes Vieira, ou as Ordens Religiosas, com maior reino na terra que direitos nos céus. Recebiam áreas correspondentes a países soberanos. Apenas a Carta Régia de 7 de dezembro de 1698 limitou a sesmaria a três léguas de longo por uma de largo, 83.635.200 metros quadrados. Prazo de um ano para requerer confirmação a El-Rei. Demarcar e povoar dentro de um quinquênio, sob pena de comisso (*Nomes da terra: história, geografia, toponímia do Rio Grande do Norte*,[2] 1968).

A sesmaria, parcial ou totalmente ocupada, dividia-se nas heranças, posse alheia, firmando usucapião, trechos incultos e abandonados. Nas terras frescas, as *terras fêmeas*, do verso de João Cabral de Melo Neto, o canavial alastrou-se como fogo verde de monturo, assegurando o domínio nas baixadas e vales úmidos. As dotações testamentárias repartiam os partidos de canas como bolo de noiva, partidos presididos pelas sucursais da Casa-Grande inicial. Quando o mercado consumidor impôs a geofagia produtora, a Usina, por compra, cessão debitória, reivindicação, recompôs e ampliou a velha sesmaria, agora "Sociedade Anônima", símbolo do senhorio inominado e multifário.

A percentagem dos senhores de Engenho na promoção usineira é mínima. Mesmo dando a propriedade como quota-parte do futuro capital. O cupim-dívida fofara o miolo. A Usina, ré de crimes alheios, fora apenas a enseada acolhendo os saldos tristes de velhas imprevidências, ostentações serôdias, transações infelizes. Uma visão das deglutições concatenadas, que João Cabral de Melo Neto anotou: —

Entra a gente que a Usina

---

[2] Edição atual - Natal: Sebo Vermelho Edições, 2002. (N.E.)

depois de mastigar largou.
Entra aquele usineiro
que outro maior devorou.
Entra esse banguezeiro
reduzido a fornecedor.
Entra detrás um destes
que agora é simples morador.
Detrás, o morador
que nova safra já não fundou.
Entra, como cassaco,
esse antigo morador.
Entra, enfim, o cassaco
que por todas aquelas bocas passou.
Detrás de cada boca
ele vê que há uma boca maior.

Passara de organismo a maquinismo.

A bocarra usineira fora fatalidade do organismo "técnico". Organismo de superposições interesseiras que o Estado, quando substitui, não modifica a sucção. O Engenho espalhava a inundação efêmera e modesta, enxuta no areal coletivo. A Usina planeja o sistema comunicante e circular, prevendo que as águas, multiplicadas e ricas, voltem às nascentes impulsoras. Como é unicamente local de produção, desapareceu a personalidade humana que encarnava o domínio de outrora. A Cidade recuperou os capitães usineiros e onde se ergueu a Casa-Grande residem os pilotos sucessivos. Telefone, geladeira, televisão, automóvel para interromper o exílio confortável. Não é um panorama brasileiro. Repete-se, exato e fiel, em todas as áreas do Mundo onde os Engenhos viveram. O brasileiro convenceu-se de possuir privilégio dos fenômenos universais, no plano da Economia repercutindo sobre o Popular. Ele é uma simples "Ave-Maria" na imensidade do rosário contemporâneo. Julga-se o único "Padre-Nosso".

Com o senhor de Engenho desapareceu a responsabilidade individual, a pessoa física do mandante. Na Usina inverte-se a pirâmide funcional. O Gerente, vértice, apenas reúne as instruções da Base, ampla, distante, vaga. O Gerente é o bico do funil administrativo. Limita-se à transmissão do líquido recebido. Irresponsável e útil como uma calha. O senhor de Engenho valia origem, fundamento, razão do evento. Fizera ou mandara fazer. O executante fora a mão, o gesto, a lâmina. Para o Povo era dedução de lógica formal. Numa *S.A.* é difícil *apurar* a velocidade inicial da Culpa. Explicação de Machado de Assis: — "O gato dizia que a história do rato era apenas uma longa série de violências contra o gato, e o rato explicava que, se perseguia o gato, é porque o queijo o perseguia a ele". Em Psicanálise, Caim é uma vítima e Judas um irresponsável.

***

Com os descendentes residindo nas proximidades, grudados como em ninho de capuxu, o vínculo do solidarismo, do nome e do grupo, era mais intenso e poderoso. Provocava as sentenças inapeláveis, de execução imediata. José Lagreca (1882-1964) recordava episódio de Palmares. Um senhor de Engenho fora assassinado e a família movimentou-se, unânime, para *vingar o sangue*. Nem um minuto aguardou-se a Justiça local. O matador caiu com um tiro na cabeça ao transpor a fronteira alagoana. José Lagreca encontrou o filho do senhor de Engenho, de quem era amigo: — "Então? Andou depressa!" O rapaz respondeu pesaroso: — "Qual nada! Meu tio chegou primeiro!" Lamentava não ter sido o executor do dever familiar.

Com a debandada persistirá o sentimento mortificante do delito agressivo, mas já não existem os meios da ação punidora. O "conselho de família" perdeu a jurisdição criminal, mas não a consciência de possuí-la. A deposição não prova a ilegitimidade do Rei.

Os proprietários de cafezeiros, sítios de algodões, fazendas de gado, diziam-se "Fazendeiros". Senhor era o senhor de Engenho, com suas botas altas, redingote escuro, chapéu do Chile.

A mentalidade dominadora independia da situação econômica possuída, advindo do estado social vivido, não desempenhado como em função de mandato eleitoral. Significava uma continuidade legítima.

Povo sem tradição monárquica jamais conhecerá as repercussões emocionais ouvindo *el duro monosílabo de oro — el Rey — desempolvado de toda adherencia política*, como escreve D. José Maria Pemán. Constituía persuasão íntima hereditária ou inabalável convicção adquirida ao instalar--se na ordem senhorial dos Engenhos. Beaurepaire-Rohan registra que em S. Paulo, Mato Grosso, Paraná, denominavam *Engenheiro* ao senhor de Engenho, plantando confusão inexistente nas regiões clássicas do açúcar. Deduzia-se o título do exercício mecânico e não do domínio sobre ele. Da Bahia para cima, saudava-se o senhor de Engenho, aristocratizando--se a posse. A "sociedade anônima" despersonalizaria o senhorio secular. Aquela imagem de ter o direito da aplicação de justiça nas suas terras, em pessoas nelas residentes ou trabalhando, vinha tão naturalmente como se emanasse de expressa disposição legal. As "Ordenações do Reino" jamais conseguiram erradicar em Portugal processos tradicionais cuja juridicidade fundamentava-se unicamente no imperativo dos usos e costumes regionais. Justiça de Montemor, de Fafe, de Murça, contra a justiça d'El Rei. *Mata al Rey y vete a Málaga!* "Justiça do Ceará te persiga!" Foros privilegiados que passarão ao adagiário popular. O consuetudinário maquinaliza o raciocínio. Defende a constância de um clima mental, condicionador do julgamento. Sobretudo gestos, atitudes, entonação, garantias do decoro, apanágio, dignidade. Diz-se no Japão: — *Bushi wa kuwanedo taka yôji*, o samurai mata a fome palitando os dentes...

***

A Casa-Grande era um museu disparatado e coerente. Móveis comprados no espólio de outras Casas-Grandes. Herdados. Adquiridos na Cidade, intrusos na harmonia das salas quietas. Cadeirões de jacarandá, mogno, sucupira, pés torneados, espaldar em arabescos, dragões e leopardos. Assentos para enxúndias coronéis, palhinhas, estofo vermelho, ouro, tiras entrançadas. Os de embalo foram posteriores e não tinham as honras do salão deserto. Varanda e sala de jantar, com amplidão de uma praça. Armários, guarda-prata, prateleiras escuras, luzentes, escondendo orgulhos de relevo e formas brancas. Mesas sólidas, intermináveis para refeição ou nas alucinações barrocas, onde pousavam cestas e jarrões de porcelana. Louça velha, Macau, Índia, imitação portuguesa, Inglaterra, França para sobremesa. Cristais, de Murano e Baccarat. Também "carregação", exaltados pela vaga procedência. Espelhos, "corpo inteiro", "de meio", banquinhas frágeis, vencendo gerações, sofás saudosos da saia-balão, anquinhas e pufes. Raros tapetes, leões passantes e flamejantes (ficaria a imagem verbal "leão de tapete", falsa arrogância), prolongando o prestígio das cadeiras de braços, dignas dos Presidentes de Províncias e titulares do Império. Arcas. Baús. Cofres. Camas, com ou sem colunas na armação, lisa ou torcida. Oratórios.

A década 1860-1870 trouxe alguns móveis ingleses ou sob sua influência. Via Paris de Napoleão III. O nosso Imperador não esquecera a Questão Christie. Nunca perdoou o rutilante orgulho vitoriano. Jamais usou a Ordem de Jarreteira. Não deu a grã-cruz brasileira a nenhum estadista britânico. *The Newest Style* não alcançaria o palácio de S. Cristóvão. Algumas Casas-Grandes fluminenses e paulistas, do açúcar e café, possuíram esses modelos, tidos em alto bom gosto, até princípios do século XX.

Mesmo com feição heterogênica e variada, o mobiliário da Casa--Grande era uma fisionomia, uma coerência, uma legitimidade decorativa, imponente, sóbria, distinta. A niveladora e monótona industrialização não unificara a predileção familiar, tornando-a submissa ao conforto banal e comum. A democracia mecânica rastejava, impaciente, a presença aristocrática do artesanato. A mobília não se produzia em série, como tijolos e automóveis. Cada peça era uma personalidade, merecendo os versos de Lamartine: —

> *Objets inanimés, avez-vous donc une âme*
> *Qui s'attache à notre âme et la force d'aimer?*

Não é possível esse "sentimento" aos modernos móveis de gosto, na distância funcional do *feito* ao *fabricado*, entre a mão e o motor. Falta-lhes a dimensão sentimental da convivência.

Essa mobília era severa, triste, cerimoniosa. Não permitia intimidade, deseducação, vulgaridade. Não dava clima para o tédio espreguiçado, pés no assento, esbandalhamento esportivo. Seria dura, hirta, importante. Dava a impressão de estar sempre ocupada por um grupo de fantasmas solenes, discutindo em silêncio um problema de etiqueta. Parecia recusar serviço a gente moça, uso às crianças e aos subalternos. Aguardava a vinda do Imperador, Presidente do Conselho ou General fardado. A cadeira, sozinha e vazia, era irradiação de protocolo, sessão magna, reunião ministerial, com Olinda ou Paraná na cabeceira. Não suportaria coexistência de piquenique, refeição praieira, convescote.

Com esse orgulho de estirpe, esse decoro dinástico, a mobília da Casa-Grande foi a primeira a ser eliminada por desajustamento, repúdio ao emprego servil, rebeldia fidalga. As peças foram sendo distribuídas aos filhos, genros, aos amigos de classe, "cedidas" aos colecionadores de categoria, aos "paredros" da política federal. Não se resistia à visão do conjunto, intacto, sugerindo mortos e épocas incompatíveis ao contemporâneo. Provocando saudades e remorsos irremediáveis. A mobília foi-se dispersando e cada unidade centralizava eloquências explicativas na mansa exibição da raridade. Foram para os antiquários, artistas viajantes, judeus visitadores dos solares moribundos. Certos novos proprietários da Casa-grande quase ressarciam o preço da compra na venda da mobília, unidade por unidade, como quem vende ossos do esqueleto, impossibilitando a reconstituição espectral.

As Usinas quase nada conservaram do recheio das defuntas Casas--Grandes. Uma cadeira, um sofá, uma mesa de escritório, autenticando a sucessão, gritando anacronismo na moldura das fofas e acolhedoras modernidades. A maioria foi parar nos museus, coleções particulares estrangeiras, surpreendendo o brasileiro visitante, como deparando a um retrato de parente emigrado.

Quando as encontro pergunto mentalmente como o marroquino Bou--Maza, prisioneiro em Paris, vendo na festa do Duque de Montpensier a grande tenda de Abd-el-Kader: "Que fazes aqui?"...

***

A industrialização é uma vitória da Cidade. As fábricas recebem a pulsação do sangue arterial, vitalizado na decisão urbana, casa-motriz das ordens, orientações, vendas. A colmeia industrial não guarda sua Rainha no seio do enxame mas vivendo no trono de arranha-céu, governando as obreiras distantes, inarredáveis da matéria-prima. Atuam os prepostos teleguiados e frios. Não existe uma *Residentae Legem* para os mentores da Economia, comandando canaviais e turbinas sem visão direta e diário contato. Dirige as máquinas a mão do gerente, ato reflexo dos técnicos supervisionadores, instalados na Capital. Darão esses capitães os itinerários da circulação proveitosa do quanto recebem do labor coletivo que superintendem sem fiscalizar. Ignoram as fisionomias da equipagem, a chusma indistinta dos remadores sob a vigilância do gerente, patrão da nau. Almirante não põe a mão nas malaguetas do leme.

O gerente da "Firma" mora na sede industrial, mas é transferível como de um comando militar.

A senhora de Engenho residia na Casa-Grande. Diferença entre *morare*, morar, tardar, demorar, e o *re-sedere*, de *sedeo*, assentar-se, fixar-se, continuar, com a duplicativa *re*, reforçando a sugestão da estabilidade do *residente* ante o ocasional *morador*. D. Henrique, Conde de Campo Belo, disse-me "residir" em Vila Nova de Gaia há cinco séculos. Teologicamente há *moradores* no Purgatório e *residentes* no Inferno e no Céu. A permanência residencial concedia um caráter íntimo e distintivo, como os que vivem em Hotel. Apartamento ou Casa térrea, com quintal e jardim. O Escritor Gastão Penalva (Comte. Sebastião Fernandes de Souza, 1887-1944) somente ocupava casa onde pisasse areia, o que já não era fácil nas ruas mais ou menos centrais do Rio de Janeiro. Evitava os edifícios de *style péremptoire*, como sentia Vaudoyer. Um pouco *au ralenti*, para o turbilhão exterior.

A senhora de Engenho deixou a moldura hierárquica, tornando-se "ornamento" social, assunto de cronista especializado e de revistas ilustradas ou sem lustro. Veio para a Cidade onde a Usina mantém escritório de vendas. Transplantação de flor nativa em varandinha de luxo, bem alta da terra inicial.

Pertencia a uma dinastia extinta pouco antes de 1930. Irrenovável, o espírito que se dispersou na fumaça usineira. As modificações da Economia reduziram a Tradição a um sentimento, valorizado na lembrança inconsciente, nas imprevistas ressurreições da memória. Indolência psicológica de quem lê genealogias. Mas, os comandantes de transatlânticos evocam com saudades as manobras veleiras. Quem viveu em Engenho não o esquece. Não paisagem para os olhos, mas respiração para a lembrança. A senhora reina na sociedade local, mas o cenário anterior não se apaga na retentiva obstinada e sinuosa.

A outra geração que não mais sintonizará a dispersa musicalidade da Casa-Grande, longe e vazia, morrendo devagar...

**

A Casa-Grande articulava-se socialmente à sede municipal. Paraninfava as festinhas locais, prestigiando as "iniciativas progressistas", animando as alegrias da convivência. Abastecia-se no mercado próximo e não concorria, frontalmente, com o comércio retalhista, através do "barracão", que nem todos os Engenhos possuíam. Significava a Corte da cidadezinha, projeção valorizadora, renome elegante. A tradição familiar, relações nativas, o bairrismo exaltador, fortaleciam a comunidade dos interesses como uma muralha defensiva à terra natal. Nas zonas canavieiras pernambucanas, as Casas-Grandes espalhavam-se em círculos concêntricos ao derredor dos velhos burgos senhoriais, Goiana, Cabo, Igaraçu, Ipojuca, Rio Formoso, Sirinhaém, tantos outros. No Recôncavo da Bahia a situação era mais dispersa porque tinham nascido de sesmarias incoincidentes com os núcleos demográficos, semelhantemente ao povoamento açucareiro de Campos, partindo as grandes doações territoriais. De Alagoas para o Norte, o ritmo decorrera da velocidade inicial de Pernambuco, Igaraçu, Itamaracá, Olinda.

O senhor de Engenho valia figura primacial municipalista, interessado nas eleições, com elementos participando da edilidade. O "Povo do Engenho" realizava a massa suburbana, integrada na comunidade, recorrendo, no mesmo nível psicológico, ao Vigário, boticário, Delegado de Polícia, Parteira. O cinturão dos Engenhos era alta contribuição às finanças municipais, sobretudo pela colaboração incessante dos pequenos consumidores, fazendo circular os níqueis e humildes cédulas no varejo dos balcões e lojas urbanas. Com feição distinta e típica, o Engenho não se desassociava da Cidade vizinha, tendo a continuidade funcional de uma víscera na harmonia orgânica.

A Usina fez desabar toda essa aparelhagem. Depende unicamente da Capital, origem do financiamento, vendagem, supervisão. Desapareceu a redistribuição local. A rede dos intercâmbios desfez-se por inoperante. O antigo núcleo é perfeitamente dispensável. Vila Operária. Cooperativa. Independência do comércio vizinho. A produção é expedida para a Capital. O gerente reside na sede usineira, mas é elemento transferível para ocupações distantes. Não terá ligações permanentes. A vasta e complexa família do senhor de Engenho mudou-se para a Cidade-Grande. A Usina tem assistência médica, odontológica, farmacêutica. Não há mais velha rezadeira e "garrafada" do Sertão. O enfermo será transportado para o Hospital, de acordo com o Convênio. O sindicato possibilita atenções jurídicas. A cidadezinha não mais oferece a menor tentação, festiva, religiosa, sexual. Não pode competir com a Metrópole.

O Sr. Gileno De Carli (*Aspectos açucareiros de Pernambuco*, Rio de Janeiro, 1940) fixou esse ângulo socioeconômico. A Usina determinando a decadência da sede municipal. Goiana, Igaraçu, Cabo, Ipojuca, Rio Formoso, Sirinhaém, Água-Preta, Gameleira, Quipapá, outrora centralizando a intensidade da vida social e financeira dos Engenhos situados nos arredores, enfraqueceram mercados e promoções lúdicas com a instalação usineira, autárquica, canalizando para a Capital seus interesses. "A Usina substitui a Cidade". É o filho emancipado. O Engenho ampliava-lhe o prestígio funcional.

Torrão de Açúcar

— (Doce colaboração poética sobre o açúcar)

Da engrenagem das usinas,
depois de um labor fecundo,
O açúcar sai, das turbinas,
para os mercados do mundo.

Jaime dos G. Wanderley

Açúcar! Que cousa boa!
Que sabor! Quanta doçura!
Nele a mágoa se esboroa,
Sepultando a nossa agrura.

Anulando o agror do tédio
Que envenena o coração,
O açúcar é um remédio
Para o fel de uma paixão.

Eu tenho no pensamento,
Não no tenha quem quiser,
Que o açúcar é nobre invento
Com doçura de mulher.

Quando Deus formou o mundo,
No seu divino mister,
Pôs um açúcar fecundo
No terno olhar da mulher.

Antídio de Azevedo

Tu tens açúcar na mão;
tu tens açúcar no pé,
té mesmo no coração,
só não tens no teu café.

José Amaral

O açúcar, que vai à mesa,
e me servem, com carinho,
é o mesmo, tenho a certeza,
que adoça o do Cascudinho.

Alberto Wanderley

Doçura em mulher engana,
só provando é que se sente.
— Açúcar sem ser de cana
traz amargo a muita gente.

Queria ser usineiro
se a mulher açúcar fosse,
pra no parque açucareiro
controlar todo esse doce.

Doçura pra se igualar
à dos lábios do meu bem,
só se na cana eu achar
todo açúcar que ela tem.

Giovani Xavier da Cunha

BRASIL, — possues o condão
duma natureza rara
que, *de açúcar*, deu-te um *pão*,
no seio da Guanabara.

Lábios de mel! Adivinho
promessas de um paraíso.
Há virtudes de um bom vinho,
no açúcar do teu sorriso.

As doçuras das cantigas,
os erotismos das danças...

Sabor das coisas antigas
há no *açúcar* das cheganças.

Quem sabe libar na Vida
a doçura que ela tem,
traz a su'alma provida
de muito açúcar, também.

Vem da nossa formação,
nos tempos da escravatura...
Foi o açúcar, desde então,
um legado de *doçura*.

Lendas, estórias, flagrantes
que provocam gargalhadas,
são menos interessantes
que este *açúcar* das piadas

Mariano Coelho

Qual tela de Rafael,
Da Iracema, de Alencar,
Se os lábios eram de mel,
De açúcar-cândi era o olhar.

Demerara ou triturado,
Feito da cana mais pura,
Todo açúcar refinado
É mesmo uma gostosura.

Oliveira Junior

Minha vida amargurada,
Santo Deus, antes não fosse!
Se ela fosse açucarada,
Seria uma vida doce!

Francisco Xavier de Araujo

Açúcar, é coisa sabida,
A experiência denota,
Que faz amarga a bebida
Mas quando não se lho bóta!

S.A.O.

Mestre Cascudo: — Como deve V. saber, o açúcar preto e a rapadura sempre foram a carne do trabalhador do eito, do homem da enxada, do roçado de todas as zonas fisiográficas do nosso Rio Grande do Norte. A usina, como um cavalo de Átila, esmagou o engenho de açúcar e de rapadura. Deveria, aliás, haver um jeito, pelos nossos governos, para salvar, ao menos um pouco, esta fonte de alimento dos nossos homens do campo, alimento tão forte e tão rico em glicose.

Agora, a trovinha que V. me pede, de minha autoria, ou melhor dizendo, do *meu roçado*: —

> Era na roça, à noitinha,
> Em nosso sítio, o Transval,
> Açúcar preto e farinha,
> A ceia do pessoal.

Com um abraço do amigo e admirador —

Minervino Wanderley

> Da seiva do vale quente,
> Como se uma bomba fosse,
> a cana, em trabalho ingente,
> dá-nos o açúcar tão doce.

> A seiva, que sai da lama,
> sobe à cana, num momento
> e, já no engenho, se chama
> açúcar, santo alimento.

> No chão dos canaviais
> há um milagre constante:
> do húmus sujo demais
> sai um açúcar brilhante.

> Sobre a seiva já na cana
> incrível transformação;
> açúcar puro, que emana
> do húmus podre do chão.

Do humo à seiva, à garapa,
ao mel, que cristalizado,
forma o açúcar e, por etapa,
cada petisco adoçado.

Como se um milagre fosse,
a cana, no seu labor,
faz nosso açúcar, tão doce,
do chão sujo e sem sabor.

Da seiva bruta à garapa,
para o açúcar e a aguardente.
A cana faz, por etapa,
esse trabalho excelente.

De todos os alimentos
o que saboreamos mais,
em quase todos momentos,
nos vem dos canaviais.

Arlindo Castor de Lima

Singular o que prevejo,
Em beijar-te, meu amor:
Todo açúcar no teu beijo
E no açúcar, amargor!

I. M. S.

TROVAS SOBRE AÇÚCAR PARA O MESTRE CASCUDINHO

1

Sobre açúcar eu vou falar,
contradiga quem puder!
— nasceu do doce sem par
de um beijinho de mulher.

Wilson Dantas

2

Do açúcar (coisa gostosa!)
lição válida nos vem:

— Nesta existência amargosa
nem muito açúcar faz bem.

Wilson Dantas

3

O teu corpo bronzeado,
por não ser de açúcar bruto,
é de açúcar refinado,
saboroso, morno e enxuto.

Wilson Dantas

4

Vem do engenho fumegante,
no açúcar, queiram ou não,
uma parcela atuante
da riqueza da nação.

Wilson Dantas

AÇÚCAR

Wilson Dantas

Da chaminé da usina açucareira,
Sai, para o espaço azul, fumaça escura,
Enquanto como inferno a bagaceira
Nas chamas das coivaras se tritura.

É um contraste de luta e de ternura
Dentro de uma passagem feiticeira,
De onde ressumbra fonte de fartura
E tradição da terra brasileira.

Lembrando o escravo ao peso do vergalho,
O homem, cujo valor não se descreve,
À máquina une os braços no trabalho...

E então, na usina, dessa luta acesa,
Surge o açúcar, tão branco como a neve,
— Doce e feliz milagre da riqueza.

Natal, 3/10/1970.

Moagem
· · · · · · · · ·

Pequena antologia do açúcar

— El azúcar en la Medicina

En la Medicina no se empleó en ningún momento el azúcar, la miel y demás productos edulcorantes por algún poder mágico; siempre fue por otras cualidades empiricas, que luego la ciencia demonstró su razón de ser, tal como el valor nutritivo de los hidratos de carbono y de su metabolismo hasta hacerse azúcares absorbibles y asimilables, poder termógeno, osmorregulador, etc., y por la propriedad conocida por el hombre desde la más remota antigüedad: el sabor dulce.

En las recetas clásicas de los médicos formaba parte de la fórmula magistral el elemento correctivo: este estaba formado por el jarabe preparado con azúcar blanca o morena, y muchas veces, en los pueblos, sencillamente con miel. En la medicina casera no hay mujer que no sepa enmascarar el amargor de un medicamento con azúcar o la repugnancia de un aceite purgante con alguna golosina que permita disimular el mal sabor; también sabe preparar fórmulas de hidromiel para endulzar el agua panada que tomarán las madres lactantes para tener más leche, y con esmero hace también miel rosada, con que frotará las encías de los niños para que los dientes de leche broten con más facilidad y menor dolor. Con azúcar todo es dulce, y con dinero todo es placentero, adagio de sentido real y simbólico, pues por el segundo "se dora la pildora"...

Un remedio que hemos visto aplicar en nuestra práctica rural fue el de hacer tomar vino cocido con miel, y caliente, a los enfermos con enfriamiento, bronquitis y dolor de costado con amenaza de pulmonia, según el vulgo. Como esta preparación se hace en pucheros y se sirve en jarras de barro, para que conserve el calor, dice el adagio: *el catarro se cura con el jarro*. En verdad que no es mal remedio, porque a la acción termógena del vino y el azúcar se añade la estimulante del alcohol y la tonicardíaca del azúcar; y si a la vez estos enfermos son alcohólicos y están excitados, esta bebida les sirve de sedante; mas como para el buen bebedor — el vino da he saber a vino —, este vino enmelado y caliente no le agrada, a pesar de sus buenos efectos curativos, por eso dice el refrán que el vino con miel sabe mal y hace bien.

La miel forma parte de los grandes remedios que utilizan y aprovechan los ancianos: tres triacas tiene el viejo: miel, vino y sueño.

Dr. Antonio Castillo de Lucas, *El azúcar: refranes y creencias sobre esta sustancia, alimentos y remedios azucarados y simbolismos de la dulzura en las relaciones humanas*. Bol. Información Sanitaria Ibys, julio de 1966, Madrid.

***

Tarefa: — *s.f.* (Bahia) medida agrária igual a 900 braças quadradas (4.356 m. q.) com destino à cultura da cana-de-açúcar. Há *tarefas de rego* (cana novamente plantada) e *tarefas de soca* (cana já cortada uma e mais vezes, e cujos brotos se vão sucedendo anualmente). A produção de um Engenho se avalia pelo número de tarefas cultivadas. Segundo Moraes, a moagem de cada tarefa de cana, em um bom Engenho movido por água, pode ser executada em 24 horas, produzindo pelo menos oito *meladuras*, o que se chama *tarefa redonda*: Beaurepaire-Rohan, *Dicionário de Vocábulos Brasileiros*. Rio de Janeiro, 1889.

***

Meladura: — *s.f.* (províncias do Norte) nome que dão à quantidade de caldo de cana, que, nos Engenhos de Açúcar, leva a caldeira onde primeiro se limpa, ou descachaça e escuma, logo depois de espremido. Assim dizem: — "Faz este Engenho oito meladuras por tarefa, isto é, em 24 horas". Nos Engenhos movidos por animais, chama-se também *meladura* o tempo que se gasta em moer ou espremer a cana cujo caldo enche a caldeira. Assim se diz: — "estes animais já tiraram uma *meladura*" (Barão de Maceió): Beaurepaire-Rohan, cit.

***

CABEÇAS DE PRETOS NA FABRICAÇÃO DO AÇÚCAR

O etnógrafo de Angola, meu amigo Óscar Bento Ribas, escreve-me de Luanda em 31 de outubro de 1970: — "Quanto ao açúcar, existe, e fortemente arreigada no espírito dos nativos, a crença de que as máquinas de tais fábricas, para boa laboração, são acionadas com cabeças humanas. Mas só de pretos. Existem nas matas bandoleiros que se dedicam ao decepamento de cabeças humanas: os quifumbes. Então o povo acha que elas se destinam a essa finalidade. Confusão com os ossos para refinação... Isto acontecendo no interior do quimbundo, digo, Luanda. Informar-me-ei se no Sul ocorre idêntica versão".

***

O AÇÚCAR PERNAMBUCANO DE 1526

Vimos na seção precedente como já no reinado de D. Manuel, e pelo menos desde 1516, haviam sido dadas algumas providências em favor da colonização e cultura do Brasil. Sabemos, além disso, que depois o mesmo rei, ou pelo menos o seu sucessor, apenas começou a reinar, criou no Brasil algumas pequenas capitanias, e que de uma delas foi capitão um Pero Capico, o qual chegou a juntar algum cabedal. Igualmente sabemos que os produtos, que iam então do Brasil ao reino, pagavam de direitos, na casa da Índia, o quarto e vintena dos respectivos valores, e que, no número desses produtos, entravam não só alguns escravos, como, em 1526, algum açúcar de Pernambuco e Tamaracá. Visconde de Porto Seguro, (Francisco Adolfo de Varnhagen, 1816-1878). *História geral do Brasil*, 1º, 124, S. Paulo, 1927.

***

Zucker, sucre, sugar, zucchero, azúcar, açúcar, em alemão, francês, inglês, italiano, espanhol, português. Açucre, açuquer, sucre, suca, o doce, na linguagem popular brasileira.

***

Todos os Deuses ignoraram o açúcar

Bênção do Engenho: — "Costumam eles a primeira vez que deitam a moer os Engenhos benzê-los, e neste dia fazem grande festa convidando uns aos outros". Padre Fernão Cardim, em Pernambuco, (Olinda), 1584.

GARAPA

Sem açúcar não há garapa. O sinônimo popular é de todo líquido demasiadamente adoçado. "Doce como uma garapa". "Esse café está uma garapa". Fácil, gostoso, agradável, "é uma garapa". É o refresco, cuja função social é diária e complexa. Na Europa até as bebidas alcoólicas tomam o nome inocente de *refroidissantes*. Pois sim.

Vocábulo indígena, nhengatu, tupi, de *guarab*, o revolvido, remexido. Ensinou Teodoro Sampaio: "é a bebida adoçada com mel ou açúcar para refresco; designa hoje mais especialmente o caldo da cana".

Não é africanismo, como supunha mestre Sílvio Romero. Não é termo vulgar pela África Negra como ainda ocorre no Brasil.

Esse verbete de Francisco Augusto Pereira da Costa (1851-1923) fixa o motivo que não podia ser excluído do território açucareiro.

— "*Garapa* — Nome comum de diversas bebidas refrigerantes feitas com água, açúcar ou mel, e o suco de frutas ácidas, como o tamarindo, maracujá, laranja e outras; as do limão, porém, têm o nome particular de *limonada*; a do caju *ponche*, ou *cajuada*, e a do mel de furo com milho em grão, *garapa picada*, por fermentar, ficar espumante, *picante*. No sertão dá-se o nome de *garapa* ao caldo da cana tirado das moendas das engenhocas ou usinas, também ao mesmo caldo, mas com certa dosagem de água, para o fabrico da aguardente. Expressão de uma coisa fácil de adquirir; que se liga pouca importância e manifestada mesmo com um certo tom de desprezo, de desdém: — *Para mim é aquela garapa*; ou de uma coisa boa, agradável, 'O banho aqui, no impagável Pirapama, e aquela garapa!' (*A Pimenta*, n. 16 de 1901). 'Um choro baita, que veio terminar cá pela Boa Vista. Foi aquela garapa' (*Jornal Pequeno*, n. 20 de 1916). *Danado por garapa*, desejo, vontade de qualquer coisa. 'Polacas africanas, danadas por garapa, a saracotear pela sala' (*Jornal Pequeno*, n. 14 de 1916).

Garapa, segundo Sílvio Romero, é um vocábulo de origem africana com a expressão de *bebida*; e assim já muito vulgar entre nós no século XVII, como se vê de Guilherme Pisonis, nomeadamente, que frequentemente o emprega, e por sua vez também o Padre Simão de Vasconcelos, que mencionando os vinhos usados pelos índios incluem um de mel silvestre, ou de açúcar, a que chamam *garapa*. Constituindo uma certa espécie de garapa, naturalmente a *picada*, uma indústria lucrativa pela sua pública vendagem, foi criada uma imposição particular sobre o gênero logo depois da restauração do domínio holandês, e assim, o *Imposto da garapa que se fazia no distrito da cidade de Olinda, no Recife, na banda de Santo Antônio até os Afogados, e nas Salinas*, foi arrematado em 1659 por 16$000, cujo tributo subiu tanto pelo desenvolvimento da indústria, que no triênio de 1744 a 1747 foi o seu contrato arrematado por 459$000. Derivados: *Garapada*. O mesmo que garapa. *Garapão*: bebida picante, fermentada, em outros tempos muito apreciada pelos africanos, apesar de uma embriaguez imediata e forte; casa de vender a bebida. 'O fiscal de S. José tem estado em atividade acerca dos *garapões* que existiam na freguesia desde longa data' (*O Campeão*, n. 90, de 1862). 'O *garapão* de Santa Cecília ainda continua a refrescar os africanos' (idem, n. 97). 'Apimentados quitutes e espumoso *garapão* (*América Ilustrada* de 1º de março de 1874). *Garapear*: tomar, dar garapa: *Garapear os cavalos*. *Garapeira* — telheiro junto às casas de rancho situadas nas estradas, para fornecer garapa aos cavalos em trânsito. 'O rancho não era mais do que o prolongamento da garapeira, com a qual tinha comunicação interna. Um rancho dezenas de passos antes da povoação... De um lado estava a longa manjedoura' (Franklin Távora). 'Raramente passa um cargueiro nas garapeiras sem que dê a seu animal uma ração de melaço' (Artur Orlando)".

Vocabulário pernambucano, Revista do Instituto Arqueológico, Histórico e Geográfico de Pernambuco, volume XXXIV, Recife, 1937.

***

Sonhar com açúcar é aviso de *faux amis, discours menteurs*, registra o *Dicionário das Ciências Ocultas*, de Frédéric Boutet, Paris, 1937.

***

O açúcar é substância antimágica. Não recebe nem transmite forças impostas artificialmente. É inútil nos feitiços, coisas-feitas, ebós. Desobedece às determinações da Bruxaria. Não serve de amuleto.

Elogio da Gulodice

O dominicano Frei Lucas de Santa Catarina (1660-1740), lisboeta de vida e morte, Cronista-Mor da Ordem, um dos cinquenta membros da Academia Real de História, escolhidos por El-Rei D. João V, com o então feliz pseudônimo de "Padre Frei Francisco Rey de Abreu Mata Zefyrino" publicou os três últimos dos cinco grossos volumes do *Anatômico Jocoso,* fazendo as delícias da gastronomia intelectual nos portugueses daquele tempo. Conheço apenas os "Exceptos da obra assim intitulada", que a Biblioteca Universal Antiga e Moderna, 10ª série, n. 40, divulgou em Lisboa, 1889. As demais lucubrações do frade, recenseadas no *Dicionário de Inocêncio,* terão leitores de sinistras intenções filológicas ou exercício penitencial para cálculo da resistência mental receptiva. Frei Lucas de Santa Catarina deixou fama de boa facécia fradesca, adubada de trocadilhos e chalaças legíveis, numa linguagem vigorosa, sadia, rumorejante, água viva de rio corrente, repugnável às nossas destilações contemporâneas, transparentes e artificiais.

Acontece que um Deão enviara ao frade um marrão, porquinho novo que deixara de ser mamote (ensina-me Moraes); leitão de carnes tenras, delindo-se sem mastigação coadjuvante. Frei Lucas agradeceu em carta digna de antologia digestiva, emergindo das nobres tradições do barrete doutoral *in utroque jure,* cortesia e gulosice.

*M*eu Sr. Deão. Chega o venerável segredo da incredulidade: entrei no exame suspenso, saí desenganado; e a quem comer sucederá o mesmo. O de que me queixo é de que o nosso idioma, ou grosseiro, ou desagradecido, chame àquilo Marrão; chamara-lhe eu néctar corpóreo ou ambrosia coalhada, se os deuses do gentilismo mereceram ter o meu palato. Agora sim, agora ficarei desvanecido de guloso; e ainda que o moço espere meia hora, eu quero desencarregar a minha consciência. Senhor, o povo é idiota indoutrinável; e tão bárbaro, que chama guloso ao maroto que anda rondando a ameixa: ao rapaz que surra a alfarroba; ao mochila, que pilha a castanha; sem saber que n'estes não é gulodice, porque tudo aquilo é fome. Há ignorância mais crassa, que chamarem gulosos aos pajens, freiras e mulheres famintas, que é gente, que não passa de alféloa e alcomonia! Senhor, a gulosina é um apetite propenso ao comestível delicado; porque aos gulosos não lembram mais que bons bocados. Aí não há verdadeiro guloso, sem paladar fidalgo, nem paladar fidalgo que não seja guloso. Se não, diga-me Vossa Senhoria, viu algum dia vilão ruim guloso? Suspiro de parrilha e de bota encabeçada, tem mais motivo ou mais emprego, que uma sardinha de espicha ou uma sarda escalada com seu escabeche de taberna? O guloso legítimo lá vai buscar a excelência do cidrão brando: lá trabalha na mesa por ganhar os bolos de ovos; lá se cria aos peitos do manjar-branco; lá o entretém a impertinência de rola cevada, a negaça da geleia incorpórea, e a travessura do pastelinho de nata.

O verdadeiro guloso é nobre por exercício; porque a gulosina não nasceu nas cabanas, nasceu nos palácios; não se conserva nas tabernas, prepara-se nas copas; não se acha no mal cozinhado, lá se topa na confeitaria: é prenda do bom gosto, porque os tolos não são gulosos, são lambazes. A gulosina é privilégio da nobreza; porque não olha para farturas, mas para quintessências. A gulosina é morgada do apetite, e os morgados criam-se com mimos. A mesa da gulosina não importa que esteja cheia, há de estar ornada: d'onde disse o nosso Sá de Miranda: —

> Onde quer se mata a fome,
> Matam-se apetites mal.

Finalmente, a gulosina nos nobres é uma esquisita escolha de manjares: nas mulheres tem exercícios mais singulares, nas formosas é enfeite, nas damas melindre e nas senhoras costume.

O que eu receio é que se não vulgarizem as nobres qualidades da gulosina verdadeira: porque de invejosos, e muitos, nos comeremos uns aos outros. Deixemos viver o mundo rasteiro n'aquele engano de se envergonhar de guloso; e livre-nos a Fortuna de que chegue a construir o epíteto; porque se estancarão os rabaceiros, e não haverá idiota do paladar que se não queira meter a professor do bom gosto, e intente subir por vício àquele grau, em que nos achamos por gênio; ainda que estou certo que gentes vulgares perdem o merecimento, por mais que consigam o exercício; porque, ainda que a vulto se lhes facilite a contingência do bom bocado, terão a materialidade do comer, mas sempre lhes falta a fidalguia do avaliar.

Ainda cá ficam vários documentos para convencer incrédulos; mas o tempo é tão escasso, como o mimo de Vossa Senhoria grandioso: e como ele me tapa a boca, depois de comer darei graças; sendo a primeira de ver a minha obediência tão bem ocupada, como a grandeza de Vossa Senhoria deixa esta cela.

Amicus ex-corde.

***

Durante séculos os engenhos da Ilha de São Tomé produziam unicamente o açúcar negro, com notável preferência popular sobre o "branco".

A MOAGEM

"Chegara o dia de principiar a moagem. Já de véspera tinham os negros andado em uma faina a varrer a casa no engenho, a lavar os cochos e as bicas, a arear, a polir as caldeiras e o alambique, com grandes gastos de limão e cinza.

Mal amanhecera entrou-se a ver no canavial fronteiro uma fita estreita de emurchecimento que aumentava, que avançava gradualmente no sentido da largura. Era o *corte* que começara. As roupas brancas de algodão, as saias azuis das pretas, as camisas de baeta vermelha dos pretos punham notas vivas, picantes, naquele oceano de verdura clara, agitado por lufadas de vento quente. No casarão do engenho, varrido, asseado, quatro caldeiras e o alambique de cobre vermelho reverberavam polidos, refletindo à luz que entrava pelas largas frestas. As fornalhas afundavam-se lôbregas, escancarando as grandes bocas gulosas.

A água, ainda presa na calha, espirrava pelas juntas da comporta sobre as línguas da roda, em filetes cristalinos. As moendas brilhavam limpas, e os eixos e endentações luziam negros de graxa. Compridos cochos e vasta resfriadeira abriam os bojos amplos, absorvendo a luz no pardo fosco da madeira muito lavada.

Ao longe, quase indistinto a princípio, mas progressivamente acentuado, fez-se ouvir um chiar agudo, contínuo, monótono, irritante.

A crioulada reunida em frente ao engenho levantou uma gritaria infrene, tripudiando de júbilo.

Eram os primeiros carros de canas que chegavam.

Arrastados pesadamente por morosos, mas robustos bois de grandes aspas, avançavam os ronceiros veículos estalando, gemendo, sob a carga enorme de grossas e compridas canas, riscadas de verde e roxo.

Carreiros negros, altos, espadaúdos, cingidos na altura dos rins por um tirador de couro cru, estimulavam, dirigiam os ruminantes com longas aguilhadas, com brados estentóricos: —

Eia, Lavarinto! Fasta, Ramalhete! Ruma, Barroso!

Os carros entravam nos compartimentos das moendas. Negros ágeis saltaram para cima deles, a descarregar. Em um momento empilharam-se as canas, de pé, atadas em feixe com as próprias folhas.

Fez-se fogo na fornalha das caldeiras, abriu-se a comporta da calha, a água despenhou-se em queda violenta sobre as línguas da roda, esta começou de mover-se lenta a princípio, depois acelerada.

Cortando os atilhos de um feixe a golpes rápidos de facão, o negro moedor entregou as primeiras canas ao revolver dos cilindros.

Ouviu-se um estalejar de fibras esmagadas, o bagaço vomitado picou de branco o desvão escuro em que giravam as moendas, a garapa principiou a correr pela bica em jorro farto, verdejante. Após pequeno trajeto foi cair no cocho grande, marulhosa, gorgolante, com grande espumarada resistente.

Os negros *banoueiros*, empunhando espumadeiras de compridos cabos, tomavam lugar junto às caldeiras.

Levada por uma bica volante, a garapa encheu-os em um átimo. A fornalha esbraseou-se, escandeceu, irradiando um calor doce por toda a vasta quadra. As espumadeiras destras atiravam ao ar em louras espadanas o melaço fumegante, que tornava a cair nas caldeiras, refervendo, aos gorgolões.

Dominava no ambiente um aroma suave, sacarino, cortado a espaços por uma lufada tépida de cheiro humano áspero, de catinga sufocante exalada dos negros em suor.

A moagem continuava, o canavial se ia convertendo em palhoça; à verdura clara, viva, sucedia um pardo fosco, sujo, muito triste. O vento esfregava as folhas mortas, ressequidas, arrancando delas um som áspero de atrito, estalado, metálico, irritantíssimo. O bagaceiro crescia, avultava: na sua brancura esverdeada punham notas escuras os suínos, bovinos e muares que aí passavam o dia, mastigando, mascando, esmoendo.

De repente armava-se uma grande briga; ouviam-se grunhidos agudos, mugidos roucos, orneios feros. Uma dentada obliqua, um guampaço, uma parelha de coices tinha dado ganho de causa ao mais forte.

O odor suave do primeiro ferver da garapa no começo da moagem se acentuara em um cheiro forte, entontecedor de açúcar cozido, de sacarose fermentada que se fazia sentir a mais de um quarto de légua de distância."

Júlio Ribeiro (1845-1890)
Trecho do romance *A Carne*, 1888.

***

Pão de Açúcar, o rochedo pirâmide característico à entrada da baía da Guanabara, teve esse nome antes que houvesse qualquer fabricação açucareira na região. Pão de Açúcar denomina município em Alagoas, distritos em Poção e Taquaritinga do Norte em Pernambuco. Canápolis em Minas Gerais e Bahia. Canatiba em Minas Gerais. Canavieira no Piauí. Canavieiras na Bahia. Canasvieiras em Santa Catarina. Engenho e Engenho Velho em Mato Grosso. Engenho Araci no Pará. Engenho do Ribeiro e Engenho Novo em Minas Gerais. Engenho Velho no Rio Grande do Sul. Engenho de Dentro em Guanabara. Centenas...

***

Drill, ye tarriers, drill,
And it's work all day
Without sugar in your tay,
When you're working for the U.P. Railway.
Laborer's song during the construction of the Union Pacific Railway.

***

Sugar and spice and all things nice,
And such are young women made of.

Robert Southey (1774-1843)

***

"Formiga é a pessoa que tem paixão pelos doces" (*Pequeno Dicionário da Língua Portuguesa*).

***

As formigas-do-açúcar (gêneros *Monomorium*, *Iridomyrmex*, *Camponotus*), formiga-doceira, formiga-açucareira, podem ser engolidas quando boiando nas caldas das compotas. Não fazem mal. Fazem bem aos olhos. Dizem ser ação do ácido fórmico.

***

MIGUEL RIBEIRO, DO "DIAMANTE"

Há quarenta anos (29 de outubro de 1899) falecia em Ceará-Mirim o 111º Miguel Ribeiro Dantas, senhor do "Diamante", Coronel Comandante Superior da Guarda Nacional na comarca de Ceará-Mirim. Com ele a aristocracia cavalheiresca do vale perdia uma das mais ornamentais expressões. Era o *senhor de Engenho*, faustoso e senhorial, agasalhador e generoso, amável por natureza e pródigo por temperamento. Ia em crepúsculo seu grande dia financeiro, mas Miguel Ribeiro morreu abastado, imponente em seus modos fidalgos. Por alguns anos fora o mais rico proprietário da região, o dono dos mais lindos cavalos de sela em cinquenta léguas derredor. Como um *land lord* legítimo possuía o amor pelos nobres animais, o esplendor da mesa farta, a inocente exibição de conforto e de auxílio. Tudo era instintivo, lógico, desinteressado, espontâneo. Em janeiro de 1888, fiel ao seu *partido*, o Partido Conservador, libertava, sem condições, sessenta escravos. Abria mão, sem poder, de parte valiosa de sua fazenda.

Tinha uma história romântica e sugestiva. O pai, o segundo Miguel Ribeiro, Barão de Mipibu, casara em 1824 com uma prima, Dona Maria, filha do português Antônio Bento Viana, dono do "Carnaubal", e doador à Igreja de quase todas as terras onde correm as ruas da cidade do Ceará- -Mirim. Um mês depois de casado, convidou a mulher para segui-lo à sua residência, em São José. A recém-casada preferia demorar mais. Miguel Ribeiro teimou, e partiu sozinho. Nunca mais viu a esposa que deixara grávida. Nem esta o procurou. Em 1825, nasceu Miguel Ribeiro Dantas, terceiro, do nome. Herdou a fortuna materna. Quando se quis casar escolheu uma tia, Dona Maria Angélica, oito anos mais velha, irmã de seu pai. Toda a família se opôs. Miguel Ribeiro era teimoso por um direito hereditário. Foi a S. José de Mipibu e raptou Dona Maria Angélica, à boa maneira feudal, acompanhado de uma escolta de quatorze escravos de confiança, armados a bacamarte. Desse consórcio veio apenas uma filha, Dona Maria Generosa, que se casou, em junho de 1872, com o Dr. Olinto José Meira, ex-presidente da província do Rio Grande do Norte. Pai de Augusto Meira (1873-1964).

Os setenta e quatro anos de vida de Miguel Ribeiro Dentas foram pacíficos e espalhadores de benefícios. Reencarnava a tradição patriarcal dos barões de outrora. Ninguém saiu do "Diamante" faminto ou chorando. Exploravam sua bondade com a facilidade de quem colhe água numa fonte perene. Seus escravos, criados, libertos, amigos, conhecidos, aderentes, parasitas, gravitavam junto àquele núcleo irradiante de dádivas e de benesses. Nele tudo era intrinsecamente natural emergindo das profundezas de uma alma límpida e rebrilhante como o título de sua casa-grande.

Traço inapagável e vivo era sua paixão pelos cavalos, tratados com detalhes, numa estrebaria famosa. Miguel Ribeiro guardava até um animal que havia de ser montado pelo Imperador. E diziam todos, havia de ser *Barão do Diamante*.

Uma leve história, conservada na literatura oral que o cerca, vale recordação, tantos anos passados.

Um escravo de estimação, noitinha, selava um dos melhores cavalos de Miguel Ribeiro Dantas e galopava até a cidade, voltando pela madrugada. Uma vez, metido num *"fobó"*, esqueceu-se das horas e o Sol nasceu.

Assombrado com o próprio atrevimento, o escravo montou o cavalo e regressou, pensando no merecido castigo. Miguel Ribeiro, na calçada da Casa-Grande avistou, manhãzinha, o negro que, inconscientemente, fazia o animal esquipar, em *baralha-alta*, seguro e direito, como um *Marialva*. Assim entrou no pátio e, defrontando a figura severa do Amo, o escravo *deu-de-rédeas*, sofreando a montada com tal ímpeto que esta, escorregando nas quatro patas, freadas pelo puxão furioso, deslizou até quase o alpendre, deixando um largo sulco, igual e reto, na areia úmida. Miguel Ribeiro Dantas sacudiu os braços para o ar, num entusiasmo de conhecedor:

— É o que te valeu, negro dos seiscentos diabos!... *Vamos medir a risca!...*

E, com o escravo, radiante ambos, curvaram-se para medir o comprimento da trilha riscada pelo cavalo.

Grande poeta, professor de Direito, Senador pelo Pará. Nasceu no engenho "Diamante".

"Acta Diurna", *A República*, Natal, 29/10/1939.

***

Entre o Kassai e Mukenge, no alto Congo, Wissmann encontrou negros adorando o sal e repugnando o açúcar.

***

— Ainda existe no Brasil, produto humilde de engenhocas e banguês, tolerados ou clandestinos, o primeiro açúcar que o homem obteve no Mundo, há mais de quarenta séculos — o açúcar bruto, quase negro, preferido por todo apetite infantil do universo.

***

— A mais antiga imagem de uma substância intrinsecamente doce foi o mel. Ainda resiste na fraseologia popular a suprema comparação: — Doce como o mel!...

***

— O açúcar está ausente no Antigo e Novo Testamento. Iavé prometera aos israelitas a terra que mana leite e mel (Êxodo, 3, 8), os alimentos do mais alto desejo oriental. Jesus Cristo não o provou.

***

— No Código de Manu, Mânava-dhârma-çâstra, que Loiseleur-
-Deslongchamps traduziu do sânscrito, sistemática da jurisprudência hindu
no século XIII antes de Cristo, no art. 318, considera ladrão alguém "por
ter tirado fio, algodão, sementes servindo para favorecer a fermentação de
licores espirituosos, bosta de vaca, *açúcar bruto*, nata, leite, manteiga, água
ou erva".

Não conheço registro anterior referente ao açúcar.

***

PROTEÇÃO AO CEVADOR

— "Os negros que empurram a cana entre os rolos metem as mãos
demasiadamente nos cilindros, e se uma ou ambas são presas, antes que
qualquer auxílio seja dado, os membros, ou mesmo o corpo inteiro fica
esmagado. Nos engenhos pertencentes a proprietários que dão todo
cuidado ao salvamento de seus negros e que desejam que tudo esteja em
ordem, uma barra de ferro e um martelo são postos perto dos rolos, sobre
a mesa que suporta a carga de canas. A barra se destina a ser violentamente
colocada entre os cilindros em caso de acidente, para afastá-los e libertar
o desgraçado escravo. N'alguns lugares vi, junto da barra e do martelo, um
facão afiadíssimo, para separar a parte do corpo julgada necessária. Nessa
desesperada situação os gritos do negro assustam os cavalos que movem
o engenho, acelerando-lhes a velocidade. Conheço duas ou três pessoas
que movimentam seus engenhos com bois e que o motivo principal dessa
substituição foi a diminuição do perigo para os negros que trabalham no
engenho, porque a lentidão dos bois torna difícil que um desses acidentes
aconteça, e mesmo os gritos detêm esses animais."

Henry Koster, *Viagens ao Nordeste do Brasil*,
1816, Londres. Tradução e notas de Luís
da Câmara Cascudo, Brasiliana,
221, São Paulo, 1942.

***

BOTADA DE ENGENHO

(Jaguaribe, Pernambuco, 1812)

"Fizemos os preparativos no mês de agosto para movimentar o engenho. Em muitos pontos da região as canas-de-açúcar não tinham a grossura ordinária e as minhas eram ainda menores por tê-las plantado muito tardiamente. Tudo ficou pronto pelo fim do mês e mandei buscar um Padre para benzer o engenho. Sem que essa cerimônia seja realizada nenhuma das pessoas empregadas no engenho, seja homem livre ou escravo, quer começar sua tarefa, e se algum acidente sobrevém, é explicado como justo castigo do céu pela falta da observação religiosa. O Padre veio e disse a missa, depois da qual almoçamos e fomos para o engenho. O feitor e muitos outros homens livres e negros estavam ao pé da máquina, e certa quantidade de canas-de-açúcar estava prestes a ser levada aos cilindros, e quatro negros, encarregados dessa operação, estavam nos seus postos. Duas velas acesas foram colocadas perto dos cilindros sobre a plataforma que sustenta a cana, e foi disposta entre elas uma pequena imagem do Nosso Salvador na cruz. O Padre tomou seu breviário e leu várias orações e, em certos momentos, com um ramo de arbusto, preparado para esse gesto, mergulhado n'água benta, aspergia o engenho e os presentes. Alguns negros se precipitavam para frente no desejo de receberem uma boa quantidade desse líquido santificado. Depois o mestre das caldeiras levou--nos para a seção do engenho que ele dirigia, e aí houve nova aspersão. Quando voltamos à parte do engenho onde ficam os cilindros, o Padre tomou uma grande cana e eu outra, e a um sinal combinado a porta-d'água foi aberta e a roda começou a mover-se e segundo a tradição, as duas canas que o Padre e eu segurávamos na mão foram as primeiras esmagadas. Ouvira falar muito dessa cerimônia pelas pessoas da região, e confesso que, mesmo que algumas pessoas encontrassem qualquer coisa de ridículo, só a vi como digna de muito respeito. O excitamento do sentimento piedoso entre os escravos, sobretudo esses deveres que a Igreja Católica sabe determinar, são necessários, e se os homens devem viver como escravos, é certo que a religião é a melhor adotada para os indivíduos que estão nesse estado de sujeição. Escravidão e superstição, combinadas, são dois flagelos suficientes para causar a miséria em qualquer parte.

Os carros, os bois e seus condutores não tinham recebido as bênçãos do Padre. Chegaram algum tempo depois, trazendo cargas de canas, os carros enfeitados com as maiores, postas como bandeiras e nelas suspensos os lenços e as fitas. Cada carro se deteve na porta da residência, e o Padre satisfez o desejo dos carreiros."

Henry Koster, *Viagens ao Nordeste do Brasil, op. cit.*

***

CANA-DE-AÇÚCAR NO *CARAMURU*

O mais rico e importante vegetável
É a doce cana, donde o açúcar brota,
Em pouco às nossas canas comparável;
Mas nas do milho proporção se nota:
Com manobra expedita e praticável,
Espremido em moenda, o suco bota,
Que acaso a antiguidade imaginava,
Quando o néctar e ambrosia celebrava.

Frei José de Santa Rita Durão (1737-1784)
Caramuru, VII, XXVI, Lisboa, 1781.

***

Parece muito doce aquela cana,
Descasco-a, provo-a, chupo-a... ilusão treda!
O amor, poeta, é como a cana azeda,
A toda a boca que o não prova engana.

Augusto dos Anjos (1884-1914)
Eu, 1912.

RÉQUIEM POR MADALENA PEREIRA

Maria Madalena Antunes Pereira faleceu hoje, 11 de junho de 1959. Nascera a 25 de maio de 1880.

Não posso ir vê-la, pela primeira vez imóvel e silenciosa, os olhos claros apagados e a voz sem as águas vivas da comunicação criadora.

Morreu uma dama que vencera o Tempo, Sinhá-Moça do Oiteiro, menina de engenho sonoro, colmeia de escravos sem tronco e sem chibata, na labuta dos eitos sem lágrimas.

Morreu aos 79 anos ainda moça. Muito mais moça do que suas trinetas. Conservava a força estudante de um júbilo espontâneo e poderoso que se derramava ao derredor como uma luz cheia de bênçãos.

Última, derradeira sobrevivente da aristocracia rural do Ceará-Mirim, morre fidalga e plebeia, irmã das escravas e senhora das amigas que dominava pelo seu espírito.

Madalena Pereira, para todos nós, era uma valorização feminina. Valorizava o sexo pela graça, pela malícia, pela finura, pela elevação da conduta vivida, em linha reta, erguendo a mão para abençoar e baixando-a para escrever.

Escreveu o primeiro livro de memórias feminina do norte brasileiro. Reviveu o Passado trazendo-o à fixação presente pelo irresistível impulso de sua alegria, sonora e rica como um guizo de ouro e cristal.

Não envelheceu para entristecer-se e anoitecer os dias contemporâneos. Apenas a vida tornou-a mais experiente, mais vibrante, recobrindo de intenção votiva as coisas que tinham desaparecido. Deus lhe deu a varinha de condão de Maria Borralheira. Transformava em músicas, cantigas, festas, coloridos de crepúsculos irreais e noites de luar sideral as paisagens sumidas e pobres. Tudo era possível voltar a viver quando ela queria evocar.

Aquela alegria seráfica, dom do Espírito Santo, prêmio raro dos Eleitos, pairava sobre sua pessoa como um halo, um clarão doce de capelinha romântica. Parecia não ter sofrido, chorado, carpido. Apenas transformava as lágrimas em flores, as flores rústicas das devesas do Ceará-Mirim, como Santa Isabel tornava o pão em rosas, no inverno frio de Tomar.

Quando não pôde andar, sentou-se na sua cadeira como uma rainha num trono, para aceitar a servidão jubilosa de todos os seus, a família e os amigos que eram todos sua família também.

Ficou como uma roseira, flor de todo ano, não precisando mover-se para frutificar e deslocar-se para o milagre do perfume e da compreensão total.

Madalena Pereira lia muito, mas a sua cultura era uma soma de intuições surpreendentes. O livro pouco trazia de ensino. Era sua vida interior que a iluminava toda, como uma lâmpada de prata derrama a transparência clarificadora pela amplidão informe.

Morreu pensando em escrever, escrever para perpetuar sua terra e sua gente num ambiente de ternura, de bondade, de cores, leves e românticas do amanhecer de noivado.

A Vida não conseguiu decepcioná-la. Torturou-a, mas não a venceu. Madalena estava por cima do tempo, da vida, das tempestades que sacodem aqueles que andam arrastados nos caminhos do mundo. Ela voava, livre de todas as leis da gravidade, no tapete mágico do sonho, tendo na mão, fina e nobre, a lâmpada de Aladino.

Só sabia escrever evocando, matando a Morte pela Saudade, enchendo o horizonte de versos, de anseios, de lembranças, de "pensamentos idos e vividos" bailantes, intermináveis, incessantes como pirilampos.

Com ela, voltando para o Céu, deixou-nos a última alegria viva, familiar e linda em sua legitimidade telúrica, da terra verde do Ceará--Mirim.

***

"Réquiem por Madalena Pereira" publicou-se na minha seção "Acta Diurna", em *A República*, em Natal, sexta-feira, 12 de junho de 1959. O texto justificará a inclusão emocional.

Na espécie antecedia-a o *Minha vida de menina*, "Cadernos de uma menina provinciana nos fins do século XIX", de Helena Morley (1942), revivendo a paisagem infantil na mineira Diamantina, com motivação sedutora e diversa entre as duas mocinhas nascidas em 1880. Ambas fixaram o ambiente em que tinham vivido, engenho de açúcar no Rio Grande do Norte, mineração em Minas Gerais. Continuavam a tradição das tarefas paternas na História das duas regiões, longínquas e legítimas, na perpetuidade do esforço familiar.

O ENGENHO EM OITAVAS

Por alta madrugada, à luz dos astros,
Começava a senzala a se agitar,
Chovem do céu estrelas e alabastros
Se põe o engenho, fumegante, a andar.
Fornalha acesa, as chaminés em nastros
De fumo e tudo, em marcha, a trabalhar.
Os galos cantam, as caldeiras fervem,
Todos, em faina, descuidosos, servem!

Trabalha o engenho, corre a roda, à toda,
Ferve a caldeira, e funga a estremecer.
Geme a fornalha, esbraseada e, em roda,
Tambores a girar, sempre a torcer;
A constância, a sorrir, tudo acomoda
Nem há fortuna de maior poder.
Pastam bois à palhoça e a bagaceira
Cresce, como alva e perfumada esteira!

E, aos tombos, corre, voa a roda-d'água,
Água em caixões; que força e que vigor!
Cresce a alegria! Fumegante, em frágua,
Freme o trabalho e canta em derredor.
Quem trabalha adormece a própria mágoa,
Nem há refúgio para a dor melhor!
Que escola de feliz desprendimento!
Lá fora, enrola os coqueirais o vento.

Augusto Meira (1873-1964)
Brasileis, XIV, 21-23, Rio de Janeiro, 1941.

Stanley registrou em 1884 os hipopótamos e búfalos, ao longo do Rio Congo, viajando à noite, atraídos pelos canaviais.

Bibliografia de Luís da Câmara Cascudo

LIVROS

Década de 1920

Alma patrícia. (Crítica literária)
Natal: Atelier Typ. M. Victorino, 1921. 189p.
Edição atual – 2. ed. Mossoró: ESAM, 1991. Coleção Mossoroense, série C, v. 743. 189p.

Histórias que o tempo leva... (Da História do Rio Grande do Norte)
São Paulo: Monteiro Lobato & Co., 1924. 236p.
Edição atual – Mossoró: ESAM, 1991. Coleção Mossoroense, série C, v. 757. 236p.

Joio. (Páginas de literatura e crítica)
Natal: Off. Graf. d'A Imprensa, 1924. 176p.
Edição atual – 2. ed. Mossoró: ESAM, 1991. Coleção Mossoroense, série C, v. 749. 176p.

López do Paraguay.
Natal: Typ. d'A República, 1927. 114p.
Edição atual – 2. ed. Mossoró: ESAM, 1995. Coleção Mossoroense, série C, v. 855. 114p.

Década de 1930

O homem americano e seus temas. (Tentativa de síntese)
Natal: Imprensa Oficial, 1933. 71p.
Edição atual – 2. ed. Mossoró: ESAM, 1992. 71p.

O Conde d'Eu.
São Paulo: Companhia Editora Nacional, 1933. Brasiliana, 11. 166p.

Viajando o sertão.
Natal: Imprensa Oficial, 1934. 52p.
Edição atual – 4. ed. São Paulo: Global, 2009. 102p.

Em memória de Stradelli (1852-1926).
Manaus: Livraria Clássica, 1936. 115p.
Edição atual – 3. ed. revista. Manaus: Editora Valer e Governo do Estado do Amazonas, 2001. 132p.

O Doutor Barata – político, democrata e jornalista.
Bahia: Imprensa Oficial do Estado, 1938. 68p.

O Marquês de Olinda e seu tempo (1793-1870).
São Paulo: Editora Nacional, 1938. Brasiliana, 107. 348p.

Governo do Rio Grande do Norte. (Cronologia dos capitães-mores, presidentes provinciais, governadores republicanos e interventores federais, de 1897 a 1939)
Natal: Livraria Cosmopolita, 1939. 234p.
Edição atual – Mossoró: ESAM, 1989. Coleção Mossoroense, série C, v. DXXVI.

Vaqueiros e cantadores. (Folclore poético do sertão de Pernambuco, Paraíba, Rio Grande do Norte e Ceará)
1. ed. Porto Alegre: Globo, 1939. Biblioteca de investigação e cultura. 274p.
2. ed. Belo Horizonte: Ed. Itatiaia; São Paulo: Ed. da Universidade de São Paulo, 1984. 327p.
Edição atual – 3. ed. São Paulo: Global, 2005. 358p.

DÉCADA DE 1940

Informação de História e Etnografia.
Recife: Of. de Renda, Priori & Cia., 1940. 211p.
Edição atual – Mossoró: ESAM, 1991. Coleção Mossoroense, série C, v. I-II. 211p.

Antologia do folclore brasileiro.
São Paulo: Livraria Martins, 1944. 2v. 502p.
Edição atual – 9. ed. São Paulo: Global, 2004. v. 1. 323p.
Edição atual – 6. ed. São Paulo: Global, 2004. v. 2. 333p.

Os melhores contos populares de Portugal. (Seleção e estudo)
Rio de Janeiro: Dois Mundos Editora, 1944. Coleção Clássicos e
Contemporâneos, 16. 277p.

Lendas Brasileiras. (21 Histórias criadas pela imaginação de nosso povo)
Rio de Janeiro: Leo Jerônimo Schidrowitz, 1945. Confraria dos Bibliófilos
Brasileiros Cattleya Alba. 89p.
Edição atual – 9. ed. São Paulo: Global, 2005. 168p.

Contos tradicionais do Brasil. (Confronto e notas)
Rio de Janeiro: Americ-Edit, 1946. Col. Joaquim Nabuco, 8. 405p.
Edição atual – 13. ed. São Paulo: Global, 2004. 318p.

Geografia dos mitos brasileiros.
Rio de Janeiro: Livraria José Olympio Editora, 1947. Coleção
Documentos Brasileiros, v. 52. 467p.
Edição atual – 3. ed. São Paulo: Global, 2002. 396p.

História da Cidade do Natal.
Natal: Edição da Prefeitura Municipal, 1947. 411p.
Edição atual – 4. ed. Natal, RN: EDUFRN, 2010. 692p. Coleção História
Potiguar.

O homem de espanto.
Natal: Galhardo, 1947. 204p.

Os holandeses no Rio Grande do Norte.
Natal: Editora do Departamento de Educação, 1949. 72p.

DÉCADA DE 1950

Anúbis e outros ensaios: mitologia e folclore.
Rio de Janeiro: Edições O Cruzeiro, 1951. 281p.
Edição atual – 2. ed. Rio de Janeiro: FUNARTE/INF: Achiamé; Natal:
UFRN, 1983. 224p.

Meleagro: depoimento e pesquisa sobre a magia branca no Brasil.
Rio de Janeiro: Livraria Agir Editora, 1951. 196p.
Edição atual – 2. ed. Rio de Janeiro: Livraria Agir Editora, 1978. 208p.

História da Imperatriz Porcina. (Crônica de uma novela do século XVI,
popular em Portugal e Brasil)
Lisboa: Edições de Álvaro Pinto, Revista Ocidente, 1952. 83p.

Literatura Oral no Brasil.
Rio de Janeiro: José Olympio Editora, 1952. Coleção Documentos Brasileiros, v. 6 da História da Literatura Brasileira. 465p.
Edição Atual – 2. ed. São Paulo: Global, 2006. 480p.

Em Sergipe d'El Rey.
Aracaju: Edição do Movimento Cultural de Sergipe, 1953. 106p.

Cinco livros do povo: introdução ao estudo da novelística no Brasil.
Rio de Janeiro: José Olympio Editora, 1953. Coleção Documentos Brasileiros, v. 72. 449p.
Edição Atual – 3. ed. (Fac-similada). João Pessoa: Editora Universitária UFPB, 1994. 449p.

Antologia de Pedro Velho de Albuquerque Maranhão.
Natal: Departamento de Imprensa, 1954. 250p.

Dicionário do Folclore Brasileiro.
Rio de Janeiro: Instituto Nacional do Livro, 1954. 660p.
Edição atual – 12. ed. São Paulo: Global, 2012. 756p.

História de um homem: João Severiano da Câmara.
Natal: Departamento de Imprensa, 1954. 138p.

Contos de encantamento.
Salvador: Editora Progresso, 1954. 124p.

Contos exemplares.
Salvador: Editora Progresso, 1954. 91p.

História do Rio Grande do Norte.
Rio de Janeiro: Ministério da Educação e Cultura, Serviço de Documentação, 1955. 524p.
Edição atual – Natal: Fundação José Augusto/Rio de Janeiro: Achiamé, 1984. 529p.

Notas e documentos para a História de Mossoró.
Natal: Departamento de Imprensa, 1955. Coleção Mossoroense, série C, 2.254p.
Edição atual – 5. ed. Mossoró: Fundação Vingt-un Rosado, 2010. 300p. Coleção Mossoroense, série C, v. 1.571.

Notícia histórica do município de Santana do Matos.
  Natal: Departamento de Imprensa, 1955. 139p.

Trinta "estórias" brasileiras.
  Lisboa: Editora Portucalense, 1955. 170p.

Geografia do Brasil holandês.
  Rio de Janeiro: José Olympio Editora, 1956. Coleção Doc. Bras., v. 79. 303p.

Tradições populares da pecuária nordestina.
  Rio de Janeiro: Serviço de Documentação Agrícola, 1956. Brasil. Doc. Vida Rural, 9. 78p.

Vida de Pedro Velho.
  Natal: Departamento de Imprensa, 1956. 140p.
  Edição atual – Natal: EDUFRN – Editora da UFRN, 2008. 170p. Coleção Câmara Cascudo: memória e biografias.

Jangada: uma pesquisa etnográfica.
  Rio de Janeiro: Ministério da Educação e Cultura, Serviço de Documentação, 1957. Coleção Vida Brasileira. 181p.
  Edição atual – 2. ed. São Paulo: Global, 2002. 170p.

Jangadeiros.
  Rio de Janeiro: Serviço de Documentação Agrícola, 1957. Brasil. Doc. Vida Rural, 11. 60p.

Superstições e costumes. (Pesquisas e notas de etnografia brasileira)
  Rio de Janeiro: Antunes, 1958. 260p.

Canto de muro: romance de costumes.
  Rio de Janeiro: José Olympio Editora, 1959. 266p.
  Edição atual – 4. ed. São Paulo: Global, 2006. 230p.

Rede de dormir: uma pesquisa etnográfica.
  Rio de Janeiro: Ministério da Educação e Cultura, Serviço de Documentação, 1959. Coleção Vida Brasileira, 16. 242p.
  Edição atual – 2. ed. São Paulo: Global, 2003. 231p.

DÉCADA DE 1960

Ateneu norte-rio-grandense: pesquisa e notas para sua história.
  Natal: Imprensa Oficial do Rio Grande do Norte, 1961. Coleção Juvenal Lamartine. 65p.

Vida breve de Auta de Souza, 1876-1901.
Recife: Imprensa Oficial, 1961. 156p.
Edição atual – Natal: EDUFRN – Editora da UFRN, 2008. 196p. Coleção Câmara Cascudo: memória e biografias.

Grande fabulário de Portugal e do Brasil. [Autores: Câmara Cascudo e Vieira de Almeida]
Lisboa: Fólio Edições Artísticas, 1961. 2v.

Dante Alighieri e a tradição popular no Brasil.
Porto Alegre: Pontifícia Universidade Católica do Rio Grande do Sul, 1963. 326p.
Edição atual – 2. ed. Natal: Fundação José Augusto, 1979. 326p.

Motivos da literatura oral da França no Brasil.
Recife: [s.ed.], 1964. 66p.

Dois ensaios de História: A intencionalidade do descobrimento do Brasil. O mais antigo marco de posse.
Natal: Imprensa Universitária do Rio Grande do Norte, 1965. 83p.

História da República no Rio Grande do Norte. Da propaganda à primeira eleição direta para governador.
Rio de Janeiro: Edições do Val, 1965. 306p.

Nosso amigo Castriciano, 1874-1947: reminiscências e notas.
Recife: Imprensa Universitária, 1965. 258p.
Edição atual – Natal: EDUFRN – Editora da UFRN, 2008. Coleção Câmara Cascudo: memória e biografias.

Made in Africa. (Pesquisas e notas)
Rio de Janeiro: Editora Civilização Brasileira, 1965. Perspectivas do Homem, 3. 193p.
Edição atual – 2. ed. São Paulo: Global, 2002. 185p.

Flor de romances trágicos.
Rio de Janeiro: Livraria Editora Cátedra, 1966. 188p.
Edição atual – Natal: Fundação José Augusto/Rio de Janeiro: Cátedra, 1982. 189p.

Voz de Nessus.
João Pessoa: Departamento Cultural da UFPB, 1966. 108p.

Folclore do Brasil. (Pesquisas e notas)
Rio de Janeiro: Fundo de Cultura, 1967. 258p.
Edição atual – 3. ed. São Paulo. Global, 2012. 232p.

Jerônimo Rosado (1861-1930): uma ação brasileira na província.
Rio de Janeiro: Editora Pongetti, 1967. 220p.

Mouros, franceses e judeus: três presenças no Brasil.
Rio de Janeiro: Editora Letras e Artes, 1967. 154p.
Edição atual – 3. ed. São Paulo: Global, 2001. 111p.

História da alimentação no Brasil.
São Paulo: Companhia Editora Nacional, v. 1, 1967. 396p.; v. 2, 1968. 539p.
Edição atual – 4. ed. São Paulo: Global, 2011. 954p.

Coisas que o povo diz.
Rio de Janeiro: Edições Bloch, 1968. 206p.
Edição atual – 2. ed. São Paulo: Global, 2009. 155p.

Nomes da Terra: história, geografia e toponímia do Rio Grande do Norte.
Natal: Fundação José Augusto, 1968. 321p.
Edição atual – Natal: Sebo Vermelho Edições, 2002. 321p.

O tempo e eu: confidências e proposições.
Natal: Imprensa Universitária, 1968. 338p.
Edição atual – Natal: EDUFRN – Editora da UFRN, 2008. Coleção
Câmara Cascudo: memória.

Prelúdio da cachaça. (Etnografia, História e Sociologia da aguardente do
Brasil)
Rio de Janeiro: Instituto do Açúcar e do Álcool, 1968. 98p.
Edição atual – 2. ed. São Paulo: Global, 2006. 86p.

Pequeno manual do doente aprendiz: notas e maginações.
Natal: Imprensa Universitária, 1969. 109p.
Edição atual – 3. ed. Natal: EDUFRN, 2010. 108p. Coleção Câmara
Cascudo: memória.

A vaquejada nordestina e sua origem.
Recife: Instituto Joaquim Nabuco de Pesquisas Sociais – IJNPS/MEC,
969. 60p.

Década de 1970

Gente viva.
Recife: Universidade Federal de Pernambuco, 1970. 189p.
Edição atual – 2. ed. Natal: EDUFRN, 2010. 222p. Coleção Câmara
Cascudo: memória.

Locuções tradicionais no Brasil.
Recife: Editora Universitária, 1970. 237p.
Edição atual – 2. ed. São Paulo: Global, 2004. 332p.

Ensaios de Etnografia Brasileira: pesquisa na cultura popular do Brasil.
Rio de Janeiro: Instituto Nacional do Livro (INL), 1971. 194p.

Na ronda do tempo. (Diário de 1969)
Natal: Universitária, 1971. 168p.
Edição atual – 3. ed. Natal: EDUFRN, 2010. 198p. Coleção Câmara
Cascudo: memória.

Sociologia do açúcar: pesquisa e dedução.
Rio de Janeiro: MIC, Serviço de Documentação do Instituto do Açúcar
e do Álcool, 1971. Coleção Canavieira, 5. 478p.

Tradição, ciência do povo: pesquisas na cultura popular do Brasil.
São Paulo: Editora Perspectiva, 1971. 195p.

Ontem: maginações e notas de um professor de província.
Natal: Editora Universitária, 1972. 257p.
Edição atual – 3. ed. Natal: EDUFRN, 2010. 254p. Coleção Câmara
Cascudo: memória.

*Uma história da Assembleia Legislativa do Rio Grande do Norte:
conclusões, pesquisas e documentários.*
Natal: Fundação José Augusto, 1972. 487p.

Civilização e cultura: pesquisas e notas de etnografia geral.
Rio de Janeiro: José Olympio, 1973. 2v. 741p.
Edição atual – São Paulo: Global, 2004. 726p.

Movimento da Independência no Rio Grande do Norte.
Natal: Fundação José Augusto, 1973. 165p.

Prelúdio e fuga do real.
Natal: Fundação José Augusto, 1974. 384p.
Edição atual – 2. ed. São Paulo: Global, 2014. 328p.

Religião no povo.
João Pessoa: Imprensa Universitária, 1974. 194p.
Edição atual – 2. ed. São Paulo: Global, 2011. 187p.

O livro das velhas figuras.
Natal: Edições do IHGRN, Fundação José Augusto, 1974. v. 1. 156p.

Folclore.
Recife: Secretaria de Educação e Cultura, 1975. 62p.

O livro das velhas figuras.
Natal: Edições do IHGRN, Fundação José Augusto, 1976. v. 2. 170p.

História dos nossos gestos: uma pesquisa na mímica no Brasil.
São Paulo: Edições Melhoramentos, 1976. 252p.
Edição atual – 2. ed. São Paulo: Global, 2004. 277p.

O livro das velhas figuras.
Natal: Edições do IHGRN, Fundação José Augusto, 1977. v. 3. 152p.

O Príncipe Maximiliano de Wied-Neuwied no Brasil (1815-1817).
Rio de Janeiro: Editora Kosmos, 1977. 179p.

Antologia da alimentação no Brasil.
Rio de Janeiro: Livros Técnicos e Científicos, 1977. 254p.
Edição atual – 2. ed. São Paulo: Global, 2008. 304p.

Três ensaios franceses.
Natal: Fundação José Augusto, 1977. 84p.

Contes traditionnels du Brésil. Alléguéde, Bernard [Tradução].
Paris: G. P. Maisonneuve et Larose, 1978. 255p.

Década de 1980

O livro das velhas figuras.
Natal: Edições do IHGRN, Fundação José Augusto, 1980. v. 4. 164p.

Mossoró: região e cidade.
Natal: Editora Universitária, 1980. Coleção Mossoroense, 103. 164p.
Edição atual – 2. ed. Mossoró: ESAM, 1998. Coleção Mossoroense, série C, v. 999. 164p.

O livro das velhas figuras.
Natal: Edições do IHGRN, Fundação José Augusto, 1981. v. 5. 136p.

Superstição no Brasil. (Superstições e costumes, Anúbis e outros ensaios, Religião no povo)
Belo Horizonte: Itatiaia; São Paulo: EDUSP, 1985. Coleção Reconquista do Brasil. 443p.
Edição atual – 5. ed. São Paulo: Global, 2002. 496p.

O livro das velhas figuras.
Natal: Edições do IHGRN, Coojornal, 1989. v. 6. 140p.

DÉCADA DE 1990

Notícia sobre dez municípios potiguares.
Mossoró: ESAM, 1998. Coleção Mossoroense, série C, v. 1.001. 55p.

Os compadres corcundas e outros contos brasileiros.
Rio de Janeiro: Ediouro, 1997. 123p. Leituras Fora de Série.

DÉCADA DE 2000

O livro das velhas figuras.
Natal: Edições do IHGRN, Sebo Vermelho, 2002. v. 7. 260p.

O livro das velhas figuras.
Natal: Edições do IHGRN, EDUFRN – Editora da UFRN, 2002. v. 8. 138p.

O livro das velhas figuras.
Natal: Edições do IHGRN, EDUFRN – Editora da UFRN, 2005. v. 9. 208p.

Lendas brasileiras para jovens.
2. ed. São Paulo: Global, 2008. 126p.

Contos tradicionais do Brasil para jovens.
2. ed. São Paulo: Global, 2006. 125p.

No caminho do avião... Notas de reportagem aérea (1922-1933)
Natal: EDUFRN – Editora da UFRN, 2007. 84p.

O livro das velhas figuras.
Natal: Edições do IHGRN, Sebo Vermelho, 2008. v. 10. 193p.

A Casa de Cunhaú. (História e Genealogia)
  Brasília: Edições do Senado Federal, v. 45, 2008. 182p.

Vaqueiros e cantadores para jovens.
  São Paulo: Global, 2010. 142p.

EDIÇÕES TRADUZIDAS, ORGANIZADAS, COMPILADAS E ANOTADAS

Versos, de Lourival Açucena. [Organização e anotações]
  Natal: Typ. d'A Imprensa, 1927. 93p.
  Edição atual – 2. ed. Natal: Universitária, Coleção Resgate, 1986. 113p.

Viagens ao Nordeste do Brasil, de Henry Koster. [Tradução]
  São Paulo: Editora Nacional, 1942.

Festas e tradições populares do Brasil, de Mello Moraes. [Revisão e notas]
  Rio de Janeiro: Briguiet, 1946. 551p.

Os mitos amazônicos da tartaruga, de Charles Frederick Hartt. [Tradução e notas]
  Recife: Arquivo Público Estadual, 1952. 69p.

Cantos populares do Brasil, de Sílvio Romero. [Anotações]
  Rio de Janeiro: José Olympio Editora, 2v., 1954. Coleção Documentos Brasileiros, Folclore Brasileiro, 1. 711p.

Contos populares do Brasil, de Sílvio Romero. [Anotações]
  Rio de Janeiro: José Olympio Editora, 1954. Coleção Documentos Brasileiros, Folclore Brasileiro, 2. 411p.

Poesia, de Domingos Caldas Barbosa. [Compilação]
  Rio de Janeiro: Editora Agir, 1958. Coleção Nossos Clássicos, 16. 109p.

Poesia, de Antônio Nobre. [Compilação]
  Rio de Janeiro: Editora Agir, 1959. Coleção Nossos Clássicos, 41. 103p.

Paliçadas e gases asfixiantes entre os indígenas da América do Sul, de Erland Nordenskiold. [Introdução e notas]
  Rio de Janeiro: Biblioteca do Exército, 1961. 56p.

Os ciganos e cancioneiros dos ciganos, de Mello Moraes. [Revisão e notas]
  Belo Horizonte: [s.ed.], 1981.

OPÚSCULOS

Década de 1930

A intencionalidade no descobrimento do Brasil.
Natal: Imprensa Oficial, 1933. 30p.

O mais antigo marco colonial do Brasil.
Natal: Centro de Imprensa, 1934. 18p.

O brasão holandês do Rio Grande do Norte.
Natal: Imprensa Oficial, 1936.

Conversa sobre a hipoteca.
São Paulo: [s.ed.], 1936. (Apud Revista da Academia Norte-rio-grandense de Letras, v. 40, n. 28, dez. 1998.)

Os índios conheciam a propriedade privada?
São Paulo: [s.ed.], 1936. (Apud Revista da Academia Norte-rio-grandense de Letras, v. 40, n. 28, dez. 1998.)

Uma interpretação da couvade.
São Paulo: [s.ed.], 1936. (Apud Revista da Academia Norte-rio-grandense de Letras, v. 40, n. 28, dez. 1998.)

Notas para a história do Ateneu.
Natal: Instituto Histórico e Geográfico do Rio Grande do Norte, 1937. (Apud Revista da Academia Norte-rio-grandense de Letras, v. 40, n. 28, dez. 1998.)

Peixes no idioma Tupi.
Rio de Janeiro: [s.ed.], 1938. (Apud Revista da Academia Norte-rio--grandense de Letras, v. 40, n. 28, dez. 1998.)

Década de 1940

Montaigne e o índio brasileiro. [Tradução e notas do capítulo "Des caniballes" do Essais]
São Paulo: Cadernos da Hora Presente, 1940.

O Presidente parrudo.
Natal: [s.ed.], 1941. (Apud Revista da Academia Norte-rio-grandense de Letras, v. 40, n. 28, dez. 1998.)

Sociedade Brasileira de Folk-lore.
Natal: Oficinas do DEIP, 1942. 14p.

Simultaneidade de ciclos temáticos afro-brasileiros.
Porto: [s.ed.], 1948. (Apud Revista da Academia Norte-rio-grandense de Letras, v. 40, n. 28, dez. 1998.)

Conferência (Tricentenário dos Guararapes). [separata]
Revista do Arquivo Público, n. VI. Recife: Imprensa Oficial, 1949. 15p.

Consultando São João: pesquisa sobre a origem de algumas adivinhações.
Natal: Departamento de Imprensa, 1949. Sociedade Brasileira de Folclore, 1. 22p.

Gorgoneion [separata]
Revista "Homenaje a Don Luís de Hoyos Sainz", 1. Madrid: Valerá, 1949. 11p.

Década de 1950

O símbolo jurídico do Pelourinho. [separata]
Revista do Instituto Histórico e Geográfico do Rio Grande do Norte. Natal: [s.ed.], 1950. 21p.

O Folk-lore nos Autos Camoneanos.
Natal: Departamento de Imprensa, 1950. 18p.

Conversa sobre direito internacional público.
Natal: [s.ed.], 1951 (Apud Revista da Academia Norte-rio-grandense de Letras, v. 40, n. 28, dez. 1998.)

Atirei um limão verde.
Porto: [s.ed.], 1951 (Apud Revista da Academia Norte-rio-grandense de Letras, v. 40, n. 28, dez. 1998.)

Os velhos entremezes circenses.
Porto: [s.ed.], 1951 (Apud Revista da Academia Norte-rio-grandense de Letras, v. 40, n. 28, dez. 1998.)

Custódias com campainhas. [separata]
Revista Oficial do Grêmio dos Industriais de Ourivesaria do Norte.
Porto: Ourivesaria Portuguesa, 1951. Capítulo XI. 108p.

A mais antiga igreja do Seridó.
Natal: [s.ed.], 1952 (Apud Revista da Academia Norte-rio-grandense de
Letras, v. 40, n. 28, dez. 1998.)

Tradición de un cuento brasileño. [separata]
Archivos Venezolanos de Folklore. Caracas: Universidade Central, 1952.

Com D. Quixote no folclore brasileiro. [separata]
Revista de Dialectología y Tradiciones Populares. Madrid: C. Bermejo,
1952. 19p.

O poldrinho sertanejo e os filhos do vizir do Egito. [separata]
Revista Bando, ano III, v. III, n. 3. Natal: [s.ed.], 1952. 15p.

Na casa de surdos. [separata]
Revista de Dialectología y Tradiciones Populares, 9. Madrid: C. Bermejo,
1952. 21p.

A origem da vaquejada no Nordeste do Brasil. [separata]
Douro-Litoral, 3/4, 5ª série. Porto: Simões Lopes, 1953. 7p.

Alguns jogos infantis no Brasil. [separata]
Douro-Litoral, 7/8, 5ª série. Porto: Simões Lopes, 1953. 5p.

No tempo em que os bichos falavam.
Salvador: Editora Progresso, 1954. 37p.

Cinco temas do Heptaméron na literatura oral ibérica. [separata]
Douro-Litoral, 5/6, 6ª série. Porto: Simões Lopes, 1954. 12p.

Os velhos caminhos do Nordeste.
Natal: [s.ed.], 1954 (Apud Revista da Academia Norte-rio-grandense de
Letras, v. 40, n. 28, dez. 1998).

Notas para a história da Paróquia de Nova Cruz.
Natal: Arquidiocese de Natal, 1955. 30p.

Paróquias do Rio Grande do Norte.
Natal: Departamento de Imprensa, 1955. 30p.

Bibliografia.
Natal: Lira, 1956. 7p.

Comadre e compadre. [separata]
Revista de Dialectología y Tradiciones Populares, 12. Madrid: C.
Bermejo, 1956. 12p.

Sociologia da abolição em Mossoró. [separata]
Boletim Bibliográfico, n. 95-100. Mossoró: [s.ed.], 1956. 6p.

A função dos arquivos. [separata]
Revista do Arquivo Público, 9/10, 1953. Recife: Arquivo Público
Estadual/SIJ, 1956. 13p.

Exibição da prova de virgindade. [separata]
Revista Brasileira de Medicina, v. XIV, n. 11. Rio de Janeiro: [s.ed.], 1957. 6p.

Três poemas de Walt Whitman. [Tradução]
Recife: Imprensa Oficial, 1957. Coleção Concórdia. 15p.
Edição atual – Mossoró: ESAM, 1992. Coleção Mossoroense, série B, n.
1.137. 15p.

O mosquiteiro é ameríndio? [separata]
Revista de Dialectología y Tradiciones Populares, 13. Madrid: C.
Bermejo, 1957. 7p.

Promessa de jantar aos cães. [separata]
Revista de Dialectología y Tradiciones Populares, 14. Madrid: C.
Bermejo, 1958. 4p.

Assunto latrinário. [separata]
Revista Brasileira de Medicina, v. XVI, n. 7. Rio de Janeiro: [s.ed.], 1959. 7p.

Levantando a saia... [separata]
Revista Brasileira de Medicina, v. XVI, n. 12. Rio de Janeiro: [s.ed.], 1959. 8p.

Universidade e civilização.
Natal: Departamento de Imprensa, 1959. 12p.
Edição atual – 2. ed. Natal: Editora Universitária, 1988. 22p.

Canção da vida breve. [separata]
Sociedade Portuguesa de Antropologia e Etnologia, Faculdade de
Ciências do Porto. Porto: Imprensa Portuguesa, 1959.

Década de 1960

Complexo sociológico do vizinho. [separata]
Actas do Colóquio de Estudos Etnográficos Dr. José Leite de
Vasconcelos, Junta de Província do Douro Litoral, 18, V. II. Porto:
Imprensa Portuguesa, 1960. 10p.

A família do Padre Miguelinho.
Natal: Departamento de Imprensa, 1960. Coleção Mossoroense, série B,
55. 32p.

A noiva de Arraiolos. [separata]
Revista de Dialectología y Tradiciones Populares, 16. Madrid: C.
Bermejo, 1960. 3p.

Etnografia e direito.
Recife: Imprensa Oficial, 1961. 27p.

Breve história do Palácio da Esperança.
Natal: Departamento de Imprensa, 1961. 46p.

Roland no Brasil.
Natal: Tip. Santa Teresinha, 1962. 11p.

Temas do Mireio no folclore de Portugal e Brasil. [separata]
Revista Ocidente, 64, jan. Lisboa: [s.ed.], 1963.

História da alimentação no Brasil. [separata]
Revista de Etnografia, 1, Museu de Etnografia e História, Junta Distrital
do Porto. Porto: Imprensa Portuguesa, 1963. 7p.

A cozinha africana no Brasil.
Luanda: Imprensa Nacional de Angola, 1964. Publicação do Museu de
Angola. 36p.

O bom paladar é dos ricos ou dos pobres? [separata]
Revista de Etnografia, Museu de Etnografia e História. Porto: Imprensa
Portuguesa, 1964. 6p.

Ecce iterum macaco e combuca. [separata]
Revista de Etnografia, 7, Museu de Etnografia e História, Junta Distrital
do Porto. Porto: Imprensa Portuguesa, 1965. 4p.

Macaco velho não mete a mão em cambuca. [separata]
Revista de Etnografia, 6, Museu de Etnografia e História, Junta Distrital do Porto. Porto: Imprensa Portuguesa, 1965. 4p.

Prelúdio da Gaita. [separata]
Revista de Etnografia, 8, Museu de Etnografia e História, Junta Distrital do Porto. Porto: Imprensa Portuguesa, 1965. 4p.

Presença moura no Brasil. [separata]
Revista de Etnografia, 9, Museu de Etnografia e História, Junta Distrital do Porto. Porto: Imprensa Portuguesa, 1965. 13p.

Prelúdio da cachaça. [separata]
Revista de Etnografia, 11, Museu de Etnografia e História, Junta Distrital do Porto. Porto: Imprensa Portuguesa, 1966. 17p.

História de um livro perdido. [separata]
Arquivos do Instituto de Antropologia Câmara Cascudo, v. II, n. 1-2. Natal: UFRN, 1966. 19p.

Abóbora e jirimum. [separata]
Revista de Etnografia, 12, Museu de Etnografia e História, Junta Distrital do Porto. Porto: Imprensa Portuguesa, 1966. 6p.

O mais pobre dos dois... [separata]
Revista de Dialectología y Tradiciones Populares, tomo XXII, Cuadernos 1º y 2º. Madrid: C. Bermejo, 1966. 6p.

Duó.
Mossoró: ESAM, 1966. Coleção Mossoroense, série B, n. 82. 19p.

Viagem com Mofina Mendes ou da imaginação determinante. [separata]
Memórias da Academia das Ciências de Lisboa, Classe de Letras, 9. Lisboa: [s.ed.], 1966. 18p.

Ancha es Castilla! [separata]
Memórias da Academia das Ciências de Lisboa, Classe de Letras, tomo X. Lisboa: Academia de Ciências de Lisboa, 1967. 11p.

Folclore do mar. [separata]
Revista de Etnografia, 13, Museu de Etnografia e História, Junta Distrital do Porto. Porto: Imprensa Portuguesa, 1967. 8p.

A banana no Paraíso. [separata]
Revista de Etnografia, 14, Museu de Etnografia e História, Junta Distrital do Porto. Porto: Imprensa Portuguesa, 1967. 4p.

Desejo e Couvade. [separata]
Revista de Etnografia, 17, Museu de Etnografia e História, Junta Distrital do Porto. Porto: Imprensa Portuguesa, 1967. 4p.

Terras de Espanha, voz do Brasil (Confrontos e semelhanças). [separata]
Revista de Etnografia, 16, Museu de Etnografia e História, Junta Distrital do Porto. Porto: Imprensa Portuguesa, 1967. 25p.

Calendário das festas.
Rio de Janeiro: MEC, 1968. Caderno de Folclore, 5. 8p.

Às de Vila Diogo. [separata]
Revista de Etnografia, 18, Museu de Etnografia e História, Junta Distrital do Porto. Porto: Imprensa Portuguesa, 1968. 4p.

Assunto gago. [separata]
Revista de Etnografia, 19, Museu de Etnografia e História, Junta Distrital do Porto. Porto: Imprensa Portuguesa, 1968. 5p.

Vista de Londres. [separata]
Revista de Etnografia, 20, Museu de Etnografia e História, Junta Distrital do Porto. Porto: Imprensa Portuguesa, 1968. 29p.

A vaquejada nordestina e sua origem.
Recife: Instituto Joaquim Nabuco de Pesquisas Sociais, 1969. 48p.

Aristófanes. Viva o seu Personagem... [separata]
Revista "Dionysos", 14(17), jul. 1969. Rio de Janeiro: SNT/MEC, 1969. 11p.

Ceca e Meca. [separata]
Revista de Etnografia, 22, Museu de Etnografia e História da Junta Distrital do Porto. Porto: Imprensa Portuguesa, 1969. 9p.

Dezembrada e seus heróis: 1868/1968.
Natal: DEI, 1969. 30p.

Disputas gastronômicas. [separata]
Revista de Etnografia, 23, Museu de Etnografia e História, Junta Distrital do Porto. Porto: Imprensa Portuguesa, 1969. 5p.

Esta he Lixboa Prezada... [separata]
Revista de Etnografia, 21, Museu de Etnografia e História, Junta Distrital do Porto. Porto: Imprensa Portuguesa, 1969. 19p.

Locuções tradicionais. [separata]
Revista Brasileira de Cultura, 1, jul/set. Rio de Janeiro: CFC, 1969. 18p.

Alexander von Humboldt: um patrimônio imortal – 1769-1969. [Conferência]
Natal: Nordeste, 1969. 21p.

Desplantes. [separata]
Revista do Arquivo Municipal, v. 176, ano 32. São Paulo: EGTR, 1969. 12p.

DÉCADA DE 1970

Conversa para o estudo afro-brasileiro. [separata]
Cadernos Brasileiros CB, n. 1, ano XII, n. 57, janeiro-fevereiro. Rio de Janeiro: Sociedade Gráfica Vida Doméstica Ltda., 1970. 11p.

O morto no Brasil. [separata]
Revista de Etnografia, 27, Museu de Etnografia e História, Junta Distrital do Porto. Porto: Imprensa Portuguesa, 1970. 18p.

Notícias das chuvas e dos ventos no Brasil. [separata]
Revista de Etnografia, 26, Museu de Etnografia e História, Junta Distrital do Porto. Porto: Imprensa Portuguesa, 1970. 18p.

Três notas brasileiras. [separata]
Boletim da Junta Distrital de Lisboa, 73/74. Lisboa: Ramos, Afonso & Moita Ltda., 1970. 14p.

Água do Lima no Capibaribe. [separata]
Revista de Etnografia, 28, Museu de Etnografia e História, Junta Distrital do Porto. Porto: Imprensa Portuguesa, 1971. 7p.

Divórcio no talher. [separata]
Revista de Etnografia, 32, Museu de Etnografia e História, Junta Distrital do Porto. Porto: Imprensa Portuguesa, 1972. 4p.

Folclore nos Autos Camoneanos. [separata]
Revista de Etnografia, 31, Museu de Etnografia e História, Junta Distrital do Porto. Porto: Imprensa Portuguesa, 1972. 13p.

Uma nota sobre o cachimbo inglês. [separata]
Revista de Etnografia, 30, Museu de Etnografia e História, Junta Distrital do Porto. Porto: Imprensa Portuguesa, 1972. 11p.

Visão do folclore nordestino. [separata]
Revista de Etnografia, 29, Museu de Etnografia e História, Junta Distrital do Porto. Porto: Imprensa Portuguesa, 1972. 7p.

Caminhos da convivência brasileira. [separata]
Revista Ocidente, 84. Lisboa: [s.ed.], 1973.

Meu amigo Thaville: evocações e panorama.
Rio de Janeiro: Editora Pongetti, 1974. 48p.

Mitos brasileiros.
Rio de Janeiro: MEC, 1976. Cadernos de Folclore, 6. 24p.

Imagens de Espanha no popular do Brasil. [separata]
Revista de Dialectología y Tradiciones Populares, 32. Madrid: C. Bermejo, 1976. 9p.

Mouros e judeus na tradição popular do Brasil.
Recife: Governo do Estado de Pernambuco, Departamento de Cultura/ SEC, 1978. 45p.

Breve História do Palácio Potengi.
Natal: Fundação José Augusto, 1978. 48p.

Década de 1990

Jararaca. [separata]
Mossoró: ESAM, 1990. Coleção Mossoroense, série B, n. 716. 13p.

Jesuíno Brilhante. [separata]
Mossoró: ESAM, 1990. Coleção Mossoroense, série B, n. 717. 15p.

Mossoró e Moçoró. [separata]
Mossoró: ESAM, 1991. 10p.

Acari, Caicó e Currais Novos. [separata]
Revista Potyguar. Mossoró: ESAM, 1991.

Caraúbas, Assú e Santa Cruz. [separata]
  Revista Potyguar. Mossoró: ESAM, 1991. 11p.
  Edição atual – Mossoró: ESAM, 1991. Coleção Mossoroense, série B,
  n. 1.047. 11p.

A carnaúba. [fac-símile]
  Revista Brasileira de Geografia. Mossoró: ESAM, 1991. 61p.
  Edição atual – Mossoró: ESAM, 1998. Coleção Mossoroense, série C,
  v. 996. 61p.

Natal. [separata]
  Revista Potyguar. Mossoró: ESAM/FGD, 1991.

Mossoró e Areia Branca. [separata]
  Revista Potyguar. Mossoró: ESAM/FGD, 1991. 17p.

A família norte-rio-grandense do primeiro bispo de Mossoró.
  Mossoró: ESAM/FGD, 1991.

A "cacimba do padre" em Fernando de Noronha.
  Natal: Sebo Vermelho, Fundação José Augusto, 1996. 12p.

O padre Longino, um tema proibido.
  Mossoró: ESAM, 1998. Coleção Mossoroense, série B, n. 1.500. 11p.

Apresentação do livro de José Mauro de Vasconcelos, Banana Brava,
  romance editado pela AGIR em 1944.
  Mossoró: ESAM, 1998. Coleção Mossoroense, série B, n. 1.586. 4p.

História da alimentação no Brasil. [separata]
  Natal: Edições do IHGRN, 1998. 7p.

Cidade do Natal.
  Natal: Sebo Vermelho, 1999. 34p.

O outro Monteiro Lobato. [Acta Diurna]
  Mossoró: Fundação Vingt-un Rosado, 1999. 5p.

DÉCADA DE 2000

O marido da Mãe-d'água. A princesa e o gigante.
  2. ed. São Paulo: Global, 2001. 16p. Coleção Contos de Encantamento.

Maria Gomes.
   3. ed. São Paulo: Global, 2002. 16p. Coleção Contos de Encantamento.

Couro de piolho.
   3. ed. São Paulo: Global, 2002. 16p. Coleção Contos de Encantamento.

A princesa de Bambuluá.
   3. ed. São Paulo: Global, 2003. 16p. Coleção Contos de Encantamento.

La princesa de Bambuluá.
   São Paulo: Global, 2006. 16p. Colección Cuentos de Encantamientos.

El marido de la madre de las aguas. La princesa y el gigante.
   São Paulo: Global, 2006. 16p. Colección Cuentos de Encantamientos.

O papagaio real.
   São Paulo: Global, 2004. 16p. Coleção Contos de Encantamento.

Facécias: contos populares divertidos.
   São Paulo: Global, 2006. 24p.

OBRAS DE LUÍS DA CÂMARA CASCUDO PUBLICADAS PELA GLOBAL EDITORA

Antologia da alimentação do Brasil
Antologia do folclore brasileiro – volume 1
Antologia do folclore brasileiro – volume 2
Câmara Cascudo e Mário de Andrade – Cartas 1924-1944
Canto de muro
Civilização e cultura
Coisas que o povo diz
Contos tradicionais do Brasil
Dicionário do folclore brasileiro
Folclore do Brasil
Geografia dos mitos brasileiros
História da alimentação no Brasil
História dos nossos gestos
Jangada – Uma pesquisa etnográfica
Lendas brasileiras
Literatura oral no Brasil
Locuções tradicionais no Brasil
Made in Africa
Mouros, franceses e judeus – Três presenças no Brasil
Prelúdio da cachaça
Prelúdio e fuga do real
Rede de dormir – Uma pesquisa etnográfica
Religião no povo
Sociologia do açúcar
Superstição no Brasil
Tradição, ciência do povo
Vaqueiros e cantadores
Viajando o sertão

Obras Juvenis

Contos de exemplo
Contos tradicionais do Brasil para jovens
Histórias de vaqueiros e cantadores para jovens
Lendas brasileiras para jovens
Vaqueiros e cantadores para jovens

Obras Infantis

Coleção Contos de Encantamento

A princesa de Bambuluá
Contos de animais
Couro de piolho
Maria Gomes
O marido da Mãe D'Água – A princesa e o gigante
O papagaio real

Coleção Contos Populares Divertidos

Facécias